KB181561

김군을 찾아서

후마니타스　　　　　　김군을 찾아서　　　　　　강상우 지음

20, 51쪽

52쪽

37쪽

64쪽

25쪽

48쪽

50쪽

59쪽

김군을 찾아서

일러두기

1. 2018년 완성하고 2019년 극장 개봉한 다큐멘터리 영화 〈김군〉과 연결된 책이다.

2. 단행본·정기간행물에는 겹낫표(『 』)를, 논문·기사·기고문 등에는 홑낫표(「 」)를, 노래·영화·연극 등의 제목에는 가랑이표(〈 〉)를 사용했다.

3. 영화·책 작업과 관련해 직접 만나 대화하거나 서면으로 받은 구술 및 증언의 인용은 명조체 계열로, 기존의 문헌·자료 등에서 발췌·인용한 부분은 고딕체 계열로 구분해 표기했다.

4. 독자의 이해를 돕기 위해 인용문에 첨가한 내용은 대괄호([ ])로 표기했다.

5. 책에 나오는 증언자 가운데 일부는 요청에 따라 이니셜로 이름을 표기했다.

프롤로그

지난 5년간 우리는 40년 전 촬영된 사진 속 한 사람을 찾았다. 1980년 5월 광주에 있었던 그는 중앙일보 이창성 기자가 촬영한 사진 27장, 합동통신 최종현 기자의 사진 6장, 동아일보 황종건 기자의 사진 5장, 경향신문 정남영 기자의 사진 2장, 전남일보 신복진 기자의 사진 1장, 일본 『세카이』世界 지에 실린 촬영자 미상의 사진 1장, 그리고 2019년 12월 처음 일반에 공개된 계엄군 보안사령부 사진첩에 실린 촬영자 미상의 사진 5장에 자신의 흔적을 남겼다. 누군가의 표현에 따르면 그는 5·18 항쟁 당시 가장 유명한 무명인이었다.

사진 속 인물의 성이 '김' 씨였다는 것을 기억해 낸 사람은 광주 동구 서석동에서 세탁소를 운영하는 주옥 선생이었다. 2015년 5월, 사진을 본 주옥 선생은 사진 속 인물이 동네에서 '김군'으로 불린 넝마주이 청년임을 알아봤다. 공교롭게도 불과 며칠 전, 사진 속 인물의 정체를 둘러싼 논쟁이 점화된 터였다. 우리는 주옥 선생의 증언과 이창성 기자가 촬영한 사진을 기반으로 사진 속 인물의 행방을 수소문했다. 북한특수군 '제1광수'라는 낙인이 붙여진 채 온라인을 떠도는 사진 속 얼굴에 제 이름을 돌려주고 싶었다. 그러나 30여 년이라는 시간의 변수를 간과한 우리의 탐문 과정은 처음 생각처럼 녹록치 않았다. 사진 속 얼굴이 낯익다고 말하는 이들은 꽤 많았지만, 그의 이름을 기억하는 사람은 만날 수 없었다. 퍼즐의 몇 조각을 겨우 맞추고 나면 한동안 방향을 잃고 정처 없이 헤매야 했다.

지난한 탐문 과정에서 영화 제작진은 100여 명의 생존자들을 만났다. 그들 가운데는 반복적인 언론 인터뷰 응대에 익숙해져 증언록의 내용을 토씨 하나 틀리지 않고 말하는 사람도 있었고, 5·18의 기억에 대해 지난 수십 년간 침묵의 태도를 고수해 온 이도 있었다. 우리는 생존자들을 만날 때마다 어김없이 항쟁 당시 촬영된 옛 사진들을 보여 줬다. 사진을 묵묵히 바라보던 중년의 얼굴을 보면서, 그들의 더듬거리는 목소리에 귀 기울이면서 우리는 김군이 당시 마주했던 1980년 5월 광주의 풍경과 그가 느꼈을 감정을 어림잡아 헤아릴 수 있었고, 여전히 그때를 현재로 살아가는 생존자들의 아픔을 미약하나마 느낄 수 있었다.

김군을 추적하는 과정에서 만난 여러 생존자들의 마음이 관객에게 조금이나마 가 닿길 바라며 영화 〈김군〉을 완성했고, 영화에 미처 담지 못했거나 드러내지 못한 이야기들을 정리하는 작업의 필요성을 일깨워 주신 강소영 편집자님의 제안으로 책을 썼다.

2014년 봄, 처음으로 우리를 맞아 주신 주옥 선생님부터 2018년 봄, 어렵게 마지막 증언을 해주신 최진수 선생님에 이르기까지, 내밀하고 고통스러운 기억을 용기 내어 공유해 주신 모든 생존자 분들께 다시 한번 감사의 인사를 전하고 싶다. 귀중한 사진 자료를 흔쾌히 제공해 주신 이창성 기자님과 나경택 기자님, 함께 영화를 만든 제작진, 영화와 책이 완성되기까지 보이지 않는 곳에서 도움을 주신 많은 분들께도 감사드린다. 앞으로도 오월의 기억을 환기하는 작업들이 계속되길 바란다.

김군을 찾아서

— 주장 — 대응 — 추적

내가 언제 5·18을 처음 알게 됐는지는 확실치 않다. 초등학교와 중학교를 다닐 무렵 체포된 전두환, 노태우 씨가 하늘색 옷을 입고 재판 받는 모습을 텔레비전에서 접했던 기억은 나지만, 즐겨 보던 드라마나 만화를 보기 위해 시야에 넣을 수밖에 없었던 배경화면 정도로 남아 있다. 중학생 때 박정희 정권이 추진한 경제개발 5개년 계획이 시험 범위에 포함돼 공부한 기억은 나지만, 교과서 말미에 몇 줄로 등장했을 5·18에 대해서는 별다른 기억이 남아 있지 않다. 오히려 어릴 때부터 집 서가에 있었던 사진집 『광주, 그날』[1]에 실린 피 흘리는 사람들, 총 든 사람들의 모습을 보고 이상하고 무섭다는 느낌을 받았던 순간이 인상적으로 남아 있다. 여기에 '김군'의 얼굴도 포함돼 있었다는 사실을 안 것은 훨씬 나중의 일이었다.

　　　2014년 3월 10일, 나는 독일의 창작 집단 리미니 프로토콜의 공연 〈100% 광주〉의 제작 과정을 기록하는 촬영 스태프로 고용돼 광주에 갔다. 2014년 4월 광주에서 초연된 이 공연은 도시에 사는 시민들의 인구통계학적 자료(성별·연령·계층·계급·혼인 여부)를 바탕으로 선정된 100명의 시민들이, 자기 자신으로 출연하는 다큐멘터리 연극이었다. 나는 안지환 씨(영화 〈김군〉의 조연출)와 함께 실질적인 공연 준비 과정과 공연에 참여한 광주 시민들의 일상을 기록하는 일을 맡아 촬영했다. 우리는 이 작업이 매일 반복적으로 이뤄지는 각자의 사소한 몸짓들을 연결해 도시를 조망하는 작업이 될 수 있겠다고 생각했다.

　　　4월의 첫째 날 아침, 조선대학교병원 근처에서 세탁소를 운영하는 주옥 씨를 만났다. 20여 년간 세탁 일에만 전념해 온 그는 희끗희끗한 단발머리를 하고 있었다. 나는 그가 손님들이 맡긴 옷을 세탁기에 돌리고 바짓단이나 치맛단 등을 수선하는 평소 모습을 그대로 찍을 생각으로, '평소 혼자 있을 때처럼' 일해 달라고 부탁했다. 얼마간 일에 전념하던 주옥 씨는 곧 카메라 뒤에 선 우리에게 말을 걸어왔다. 처음에는 관조적인 촬영 원칙을 흔든 그의 목소리가 당황스러웠지만,

16

1. 동아일보 황종건, 김녕만 사진기자가 펴낸 최초의 5·18 항쟁 사진집.

우리는 이내 그의 이야기에 빠져들었다. 그는 소금 간을 한 주먹밥을 빚어 시민군들에게 전했던 1980년 5월의 기억부터, 수십 년이 지난 지금도 조선대학교 축제 때면 들려오는 폭죽 소리가 총소리처럼 느껴져 이불을 뒤집어쓰고 운 일까지, 누구에게도 터놓지 못했던 이야기를 낯선 우리에게 들려줬다. 어쩌면 영화 〈김군〉의 촬영 방식은 주옥 씨가 우리에게 말을 건 이날, 우리도 모르는 사이에 결정된 것 같다.

그로부터 2주 뒤, 광주에서 촬영을 이어 가던 어느 저녁, 세월호가 바다에 가라앉았다는 뉴스를 접했다. 이날 이후 한동안 광주 시민들의 일상은 이전 같지 않았다. 그즈음 만난 주옥 씨의 보험설계사인 주서윤 씨는 이런 분위기에서 사람들을 찾아가 보험 상품을 소개하는 일이 두렵다고 말하면서, 5·18 당시 수십 명의 사람들과 지하에 숨어 있을 때 들었던 군홧발 소리에 대해 이야기했다. 그때 그 기억 때문인지 그는 지금도 좁은 골목이나 공간에 들어서면 숨을 쉬기 어렵다고 말했다.

주서윤   이번에 큰 사건[세월호 참사]을 보면서도 마음이 안 좋은 게, 내가 정확하게 기억하지는 않지만, 내가 직접 겪은 일은 아니지만, 광주에 큰 아픔이 있잖아요. 5·18 때도 젊은 친구들이 많이 그랬잖아요. 그런 일들을 겪으면서 광주 사람들이 느끼는 게 타지 사람들보다 더 심하지 않을까 싶어. …… 이번에 전체적인 사무실 분위기가, 50, 60명 되는 사람이 밖으로 활동을 못 나가는 거야. 고객들하고 약속이 되어 있어도. 그런 아픔들이 있는 거야. 마음이 많이 안 좋죠. …… 어렸을 때 눈으로 직접 본 건 아니지만 5·18 때 저는 할머니랑 국민학생 때 아마 화순 쪽에 가깝게 갔던 것 같애. 더 위험했던 거지. 가서 보니까 지하실인 것 같애. 앞뒤는 다 기억이 안 나고 캄캄한 데서 사람들이 많고 구둣발 소리가 들리고, 그다음에 어른들이 무슨 얘길 했었냐면 아마 대학생들이 있었나 봐. 와서, 누구 집 아들을 찾으면 일단은 계엄군에 갔다고 해라, 왜냐면 그쪽에서 찾으러 오나 봐. 대학생들은 대부분 시위대로 나갔겠지. 근데 계엄군에 나갔다고 얘기하라고. 우리가 안에서 갇혀 있을 때, 『안네의 일기』 그런 느낌 아니었을까 싶어요. 캄캄하니까, 답답하니까 애들이 꼬맹이들이 울어. 우는 소리. 그러다 어느 순간 잠이 들었던 것 같애. 근데 그런 공포가 지나 놓고 내가 거기를 들어가고 나갔던 과정은 전혀 생각이 안 나요. 다만 그 짤막하게 잠깐의 한 시간 정도였겠죠. 그 생각밖에 없겠죠. 아침에 엄마가 오셨어. 오셔서 우리가 더 위험한 쪽으로 왔다. 광주천 쪽에 사람들 시체가 많이 널부러져 있다더라. 전 정말 어렸을 때 전쟁 난 줄 알았어요. 보지는 못했어. 어떻게 집에까지 왔는지는 생각이 안 나. 다만 그 장면만 생각이 나는 거지. …… 제가 폐쇄된 공간에 대해서 공포증이 있어요. 익숙한 공간은 괜찮은데 문이 닫힌 공간에 혼자 있는 것에 대한 두려움이 크게 있어요. 한번은 제가 어디 캄캄한 델 멋모르고 들어갔다가, 아 이렇게 사람이 죽는구나 싶더라. 심장이 두근두근하고 현기증이 나는데, 저는 제가 왜 이런 공포증이 있는지 몰랐어요. 좁은 골목길을 못 지나가. 절 같은 데 가면 바위와 바위 사이에 동굴 같은 데도 못 지나가. 한 번도 내가 왜 그런 공포가 있는지는 생각을 못 해봤어. 근데 이번에 100인 촬영을 하면서, 내가 왜 도대체 이런 공포가 있는지를 우연히 안 거야. 폐쇄된 공간에 대한 두려움이라고 하면, 그 기억밖에 없는 거지. 아마 그때부터 시작된 게 아닌가 싶어.
— 인터뷰, 2014/04/22

주옥 씨는 세월호 참사 당일 셋째 아들이 제주도행 세월호 탑승권을 예매했다가 일정이 지연돼 타지 않았다는 이야기를 털어놓으며 가슴을 쓸어내렸다.

참사 한 달 뒤인 2014년 5월 16일, 주옥 씨 부부와 함께 망월동 묘역에 처음 방문했다. 이날 묘역을 향해 걸어가던 주옥 씨가

갑자기 묘지를 등지고 서더니 눈물을 흘렸다. 그 자리에 멈춰 서서 마음을
진정시킨 그는 30년이 지나도록 한번도 이곳을 찾지 못한 것이 너무
미안하다고 말했다. 돌아가신 분들의 영정이 놓인 유영봉안소에서 꽤
오랜 시간 액자 속 얼굴들을 유심히 살펴본 그는 그중에 기억나는 얼굴은
없다고 말했다.

2.　　　목격

그로부터 1년이 지난 2015년 5월, 나는 지난해 광주에서 촬영한 영상을
바탕으로 영화를 완성하기 위해 촬영을 이어 가고 있었다. 5월 13일에는
광주 동구 금남로에 있는 가톨릭센터 건물에 5·18민주화운동기록관(이하
'5·18기록관')이 문을 열었다. 이곳에선 5·18 항쟁 당시 촬영된 사진부터
시민궐기대회에서 뿌려진 전단지, 항쟁 기간 한 여고생이 작성했던
일기장, 시위대가 착용한 복면을 만든 재봉틀, 주옥 씨가 당시 시민들에게
주먹밥을 나를 때 사용했던 양은 대야까지 5·18을 증언하는 다양한
자료들과 기록들을 전시하고 있었다. 5·18기록관이 처음 개관한 2015년
5월 13일, 부모님과 함께 그곳에 방문한 주옥 씨는 2층 전시장 벽에
걸린 한 시민군의 사진을 발견한다. 그는 며칠 뒤 전화를 건 우리에게
5·18기록관에서 익숙한 얼굴을 보았다고 말했고, 우리는 2015년 5월
18일 광주에 방문해 그의 증언을 카메라에 담았다.

　　　　　우리는 미리 핸드폰으로 찍어 둔 5·18기록관에 전시된 시민군
사진들을 주옥 씨에게 보여 주며, 어느 얼굴이었는지 알려 달라고 했다.
한 시민군의 단독 사진이 나왔을 때 그는 주저함 없이 '이 사람'이라고
가리키면서, '남자답게 키도 크고 괜찮게 생겼다'고 부연했다. 사진
속 시민군은 총으로 무장한 채 카메라 쪽을 바라보고 있었다. '괜찮게
생겼다'는 평가는 주관적이겠지만, 주옥 씨가 왜 이 청년을 30여 년이 지난
시점까지도 생생하게 기억하는지는 바로 수긍할 수 있었다.

5·18민주화운동기록관 2층 전시장
'우리는 왜 총을 들 수밖에 없었는가?' 코너의
시민군 사진. ⓒ1011필름

주옥   5·18기록관에서 딱 보는 순간 우리 친정엄마한테 "엄마,
이 사람이 차에 주먹밥 올려 줄 때 그 사람 아니야? 그런 거
같애." 짜잘하게 나온 것은 잘 모르겠는데 갑자기 큰 게
딱 나오니깐 얼굴의 느낌이 있잖아요. 그랬더니 찬찬히 보더만,
나이 들어 가지고 기억도 그런데 "'김군'인가 거기 아니요!"
우리 친정아부지한테랑 같이, "김군 같애. 그때 우리 집 왔다
갔다 하면서 5·18 당시 앞에 선봉에 서서 막 이러던데.
그때 주먹밥이랑 물이랑 실어 주면서, '아이고 잘 싸워잉. 절대
죽지 말고 살아서 만나게. 아주 몸 사리지 말고 싸우더라도
목숨은 살아야 되지 않겠는가?' 그랬던 말이 생각나지
않냐"고…… 그러면서 그 이야기 했었지 그때.

제작진   아버님, 어머님도 알아보신 거예요?

주옥   응. 나는 긴가민가했어. 근데 오매, 우리 친정엄마가 아버지한테
하는 말이 "옥이 아버지, 아이 그때 그 사람인 것 같으요.
우리 집에 가끔 왔던 김군 아니요? 봐보슈." "어머 기네." 얼굴이
딱 이렇게 있으니깐. "그때 앞에서 서서 이러고 했었는데 그
모습이 사진 찍혔구만."

제작진   어떻게 기억하시는 거죠?

주옥   가끔 와서, 뭐 같은 거 먹을 때. 음료수도 먹고 술도 한잔씩
             먹고, 밥도 먹고 막 그럴 때 왔을 때 기억에. 우리가 주먹밥
             올려 주면서 "어! 자네도 여기서 같이 싸워?" 그랬던 게 기억이
             나지. 다른 사람은 기억을 못 하겠더라고. 그 사람이 가끔
             집에를 왔었기 때문에 기억을 하지.
            — 인터뷰, 2015/05/18[2]

주옥 씨와 그의 부모는 사진 속 시민군을 '김군'으로 명확하게 기억하고
있었다. 그들의 기억에 따르면 김군은 항쟁 이전부터 주옥 씨네 부모님이
운영하던 막걸리대포집(남광주역 사거리 현 학문외과의원 자리)에
막걸리와 라면 등을 먹으러 거의 매일같이 오던 7~8명의 '넝마주이'들
가운데 하나였다. 주옥 씨의 아버지 주대체 씨에 따르면 당시 김군 일행은
막걸리대포집에서 약 1.2킬로미터 남동쪽에 위치한 광주천 석천다리
(원지교) 밑에 거주하고 있었다고 한다.

       주옥 씨는 항쟁 당시 아버지와 함께 주먹밥과 음료수가 든
궤짝을 올려 주던 와중에 선봉에 섰던 김군과 마주쳤던 일을 이야기해
줬다. 평소 자주 봐서 익숙했던 얼굴이 항쟁 시기 시민군의 모습으로
불쑥 나타난 그 순간, 아버지가 "자네가 어떻게 여기에?" "꼭 살아서 다시
보소" 등의 말을 건넸던 일을 떠올렸고, 항쟁 이후 김군이 다시 가게에 오지
않아 오랫동안 마음이 쓰였다고 했다.

주옥   고아였어. 우리 아버지 말도 고아인데, 천변에서 [쓰레기를]
             줍는 고아였는데, 5·18 선봉에 서서 막 이러던데, 그때 주먹밥

2. 이날 대화는 조연출 안지환 씨가
진행했다(촬영 시기별 인터뷰 진행자는
262쪽을 참조). 광주 가톨릭 평생교육원에서
이뤄진 '페퍼포그차' 관련자 촬영에는
배우 김예은 씨가 인터뷰어로 참여했다
(우리는 김군과 관련된 결정적인
증언자를 만나지 못할 경우 김군을 찾는
'조사자들' 중심의 극영화적 촬영

분량의 비중이 늘어날 수 있겠다고 판단했고,
7월 촬영에는 조사자들이 자료를 찾고
대화를 나누는 장면도 촬영했으나 이는
영화에 포함되지 못했다). 고유희·신연경
프로듀서, 안지환 조연출과 함께 모든
질문을 준비했고, 현장에서 대화의 흐름에
따라 즉흥적으로 질문이 추가되거나
누락되기도 했다.

신고 물이랑 막 실어 주면서, "아이고 잘 싸워. 그래도 목숨은
살아 있어야 되니까, 열심히 싸우더라도 목숨은 꼭 살아
있어서 만나야 되지 않겠는가. 꼭 우리 집에 찾아오소." 그래도
한 번 오지도 않았잖아.

일 년 전 봄 5·18 묘역 유영봉안소에 있는 수백 명의 얼굴을 보면서 아무도
기억나지 않는다고 말했던 것과는 대조적으로, 주옥 씨는 김군과 마주친
순간만큼은 매우 구체적으로 기억하고 있었다. 그의 목소리를 경유하자,
사진 속 김군의 형상이 내게 질문을 던졌다. 궁금했다. 그는 왜 총을
들었을까. 그리고 어쩌다 항쟁의 선봉에 서게 됐을까. 지금은 어디서 어떻게
살고 있을까. 이전까지는 막연하게 느껴졌던 1980년 5월의 광주가 그제야
한 사람의 얼굴을 하고, 실체로 다가오는 기분이 들었다.

3.　　　주장

우리가 주옥 씨로부터 '김군'에 관한 증언을 듣기 직전인 2015년 5월 5일,
일간베스트저장소(이하 '일베') 사용자 '새벽달'이 일베 게시판에 주옥
씨가 '김군'으로 알아본 시민군의 사진을 업로드한다. 그 사진에서
출발한 붉은색의 화살표는 인접한 다른 한 장의 사진 속 얼굴로 이어진다.
"경애하는 김정일 장군님을 결사옹호보위하자!"라는 붉은색 글귀가 눈에
띄는, 북한에서 찍힌 사진. 화살표는 엄숙한 표정의 관중들을 지나 맨
앞자리에 앉은 양복 차림의 한 남성을 가리킨다. 사진에 표시된 반투명의
'연합뉴스' 워터마크를 보고 연합뉴스 보도사진 DB에서 해당 이미지를 찾아
보았다. 2010년 5월 평양 노동자회관에서 촬영된 5·18 기념식 사진이었다.
　　　　　'새벽달'은 1980년 5월 광주에서 촬영된 사진 속 청년이 그로부터
30년 뒤인 2010년 5월 평양에서 촬영된 사진 속 남성과 동일인이라는
의혹을 제기했다. 종종 한국인과 다른 나라 유명인의 닮은꼴 찾기
얼굴 놀이가 유행했던 것처럼 온라인의 해프닝으로 그칠 수도 있었던 이

2010년 5월 평양의 중앙노동자회관에서 열린 5·18 30돌 기념식 행사. ©조선중앙통신

사진적 유사성은 2015년 6월 우익 논객 지만원 씨가 대구에서 연 '5·18 진실 보고회' 기자회견에서 5·18 북한특수군 개입설의 결정적 증거로 언론에 공개된다. 지만원 씨의 주장에 따르면 '노숙자담요'라는 닉네임의 영상분석가는 1980년 5월 광주 사진과 2010년 5월 평양 사진 속 얼굴의 평면 대칭과 음영, 등고선 등을 분석했으며, 그 결과 두 얼굴이 100퍼센트 일치하고, 두 사람이 동일인이라는 결론을 도출해 냈다고 주장했다. 또한 1980년 5월 당시 광주 상황을 실시간으로 중계하던 북한 텔레비전 방송을 보던 인민군 병사 한 사람이 "어, 저거 광수 아니냐?" 하고 알아본 일이 있었다는 한 탈북민의 주장[3]을 근거로 사진 속 인물을 '광수'라고 지목했다.

지만원 씨의 '발견'은 김군 한 명에서 그치지 않았다. 그는 더 나아가 1980년 5월 당시 북한특수군 600명이 '광수'의 지휘를 받아 광주에 침투했고, 항쟁을 배후에서 조종했으며, 이후 다 같이 북한으로 돌아가 유공자 대우를 받으며 살고 있다는 주장을 펼쳤다. 지만원 측은 처음 찾아낸 북한군 이름 '광수'를 대명사화해, 5·18 사진에 있는 사람 가운데 북한 사진 속 사람들과 유사한 얼굴을 찾아 이들을 '제2광수' '제3광수' 등으로 지목하기 시작했다. 지만원 씨와 뜻을 함께하는 수많은 '영상분석가'들은 윈도우 운영 체제에 기본으로 장착된 그림판과 어도비 사의 포토샵 프로그램을 과학적 분석 틀로 삼아, 5·18 때 촬영된

3. 박행운(가명), 「5·18에 숨겨진 진실」, 『화려한 사기극의 실체 5·18』, 광명기획, 2009.

사진 속 얼굴에 붉은 점과 화살표를 그어 북한 사진 속 얼굴들로 연결했다. 이런 '기하학적 분석' 작업을 통해 그들이 발견했다고 주장하는 광주의 북한특수군 '광수'들은 2015년 여름 총 300여 명에 달했다.

사실 지만원 씨의 주장은 결코 새로운 내용이 아니었다. 그는 이미 2002년 『동아일보』와 『문화일보』에 '1980년 5·18 당시 시민군은 없었고 600명의 북한군이 개입해 폭동을 일으켰다'는 내용의 광고를 게재해 유명세를 떨쳤고, 이후 십 수 년간 5·18 북한특수군 개입설을 다양한 각도에서 제기해 오며 언론과 법정에 이름을 올렸던 전적이 있었다. 또한 '제1광수'의 이미지가 등장하기 직전까지 그는 수건 등을 얼굴에 두른 시민군 사진들을 근거로 '복면을 쓴 정체불명의 시민군들이 북한특수군이다'라는 주장을 해왔다.

지만원 씨의 5·18 북한특수군 '광수' 개입설은 언론과 정부에 의해 줄기차게 반박되었다. SBS 권지윤 기자와 박원경 기자는 얼굴 분석 전문가인 최창석 명지대 정보통신학과 교수에게 사진 속 광수로 지목된 시민들의 얼굴과 고소인들의 얼굴 비교 분석을 의뢰해 지만원 씨의 얼굴 분석에 아무런 과학적 근거가 없음을 밝혔고,[4] 경찰은 2017년도에 5·18 북한군 개입설이 사실무근임을 공식적으로 확인했으며, 국방부 역시 북한군 개입설이 사실무근이라는 입장을 여러 차례 밝힌 바 있다.[5] 2017년 기밀이 해제되어 CIA를 통해 공개된 1980년 5월 9일자 미국 국가안전보장회의National Security Council 문건과 1980년 6월 2일자 미국 국가정보위원회National Intelligence Council 문건 역시 북한이 5·18에 개입하지 않았음을 밝히고 있다. 지만원 씨의 5·18 북한특수군 개입설에 대한 실증적인 반박은 5·18 연구자 안종철 씨의 책 『5·18 때 북한군이 광주에 왔다고?』(아시아문화커뮤니티, 2016)에 종합돼 있다.

지만원 씨는 2015년 10월 15일 우리와 나눈 대화에서 '제1광수'의 본명이 '광수'라는 애초의 입장을 수정해, '제3광수'의 본명이 '광수'이며 '제1광수'의 정체는 김창식 전 북한 농림상이라고 주장했다.

4. 「"北 특수군" 거론 인물 안면분석 해보니…… 교활한 왜곡」, SBS, 2016/05/17.

5. 「"5·18 북 개입설, 교도소 습격설도 사실무근" 경찰 공식확인」, 『한겨레』, 2017/10/11.

제작진 　'제1광수', 이 인물에 대해서는 북한에서의 정체가 밝혀졌나요?

지만원 　처음에 이 사람이 군인인 줄 알았다고. 지휘관인 줄 알았다고.
그때 당시는 군인이었겠지. 근데 이 사람이 군인으로 출세를
안 하고, 여기 보면 '광수'들의 신분 정리가 있어. 응? 이거
보세요. 여기 전부 이렇게 정리가 돼있어. 요약이 돼있어.
몇광수 몇광수. '제1광수'가 김창식이고 농업 분야에서
성장하고 농업상까지 했어. 2번 광수가 김성남. 당 중앙위원회
부부장. 3광수가 김광수. 김광수가 진짜 광수네. (웃음)
김광수고. 레슬링 선수예요. 그래 가지고 체육 지도자로
성장한 사람이고. 3광수 이 사람 보면 벌써 평양에 앉아 있는
것만 봐도 어깨가 넓잖아요, 딴 사람보다.

— 인터뷰, 2015/10/15

통일부에서 발간한 『북한 주요인사 인물정보 2015』(통일부 정세분석국,
2015)에 따르면, 김창식 씨는 1939년 남포시에서 출생해 평생을
농업 분야에 종사한 인물이다. 지만원 씨의 주장대로라면, 좌측 사진은
김창식 씨가 41세의 나이로 1980년 5월 광주에 남파됐을 당시
촬영된 모습이고, 우측 사진은 71세의 나이로 2010년 5월 평양에서
촬영된 얼굴이어야만 한다.

1980년 5월 광주에서 촬영된 얼굴(좌). ©이창성
2010년 5월 평양에서 촬영된 얼굴(우).
©조선중앙통신

사실 여부를 떠나 이 한 쌍의 사진은 지만원 씨의 주장을 '구체적인 얼굴'로 증명하는 '증거'로 이용된다는 점에서 특별하다. 두 얼굴이 붉은 화살표로 결합돼 제시되는 '광수'의 시각화 전략은 '북한군이 광주에 왔다'는 다소 막연한 스토리텔링에 인간 얼굴이라는 고유성을 부여했고, 얼굴 이미지에 붉은 점과 화살표를 덧대 만든 조악한 웹자보는 "미국 CIA와 이스라엘 모사드 수준의 영상 분석팀"[6]이 만든 "디지탈[디지털] 시대의 영상 분석 기술"[7]로 허위 포장되어, 5·18 북한군 개입설이라는 신앙을 공유하는 수용자에게 과학적 분석에 근거한 팩트로 소비되고 있었다. 지만원 측은 새롭게 발견한 '광수'의 광주-평양 사진이 '민주화운동'으로 정리된 5·18의 역사가 거짓임을 증명하는 증거라고 주장하며, 5·18 북한특수군 개입 여부를 재조사하라고 요구했다. 1980년부터 '폭동'으로 폄하되다가, 1987년 민주정부 수립 이후 정부에 의해 '민주화운동'으로 인정받은 5·18 서사 자체를, 척결해야 할 대상으로 겨냥했던 것이다.

4.   대응

얼굴 위에 붉은 점과 화살표가 찍히고 '북한특수군 n광수'라고 지목된 5·18 항쟁의 사진들이 일베 등 우익 온라인 커뮤니티를 중심으로 확산되자, 그동안 침묵을 지켜 온 생존자들은 공개적으로 반박할 필요를 느끼게 된다. 5·18기념재단, 5·18민주유공자유족회(이하 '유족회'), 5·18민주화운동부상자회(이하 '부상자회'), 5·18구속부상자회(이하 '구속부상자회')는 북한특수군 '광수'로 지목된 사진 속 시민들을 찾기 위해 2015년 7월부터 세 차례 왜곡 대응 설명회를 열고, 광주시청과 지하철역 등 시내 곳곳에 붉은 점과 화살표가 박힌 항쟁 사진들을 전시해, 사진 속 얼굴의 당사자와 그들을 기억하는 사람을 수소문했다. 또 생존자들도 직접 나서 항쟁 때 활동했던 동료들과 연락을 나누며 북한군으로 지목된 당사자들을 찾기 시작했다. 우리는 5·18기념재단에서 '광수'로 지목된 광주 시민들을 찾는 업무를 담당하는 차종수 연구원을 만나 이야기를 들었다.

6. 인터뷰, 2015/10/15.

7. 위의 인터뷰.

제작진	지금 찾고 계시는 과정이 언제부터 진행된 건가요?
차종수	이 사진은 보수논객 지만원 씨가 '광수'를 자기 인터넷 사이트

"지만원의 시스템클럽"에 게재한 2015년 5월 5일부터입니다. 이 부분에 있어 가지고, 전에는 복면 쓴 사람들을 북한군으로 지적했어요. 복면 쓴 사람만 지적했는데, 그날 이후부터는 [얼굴이 드러난] 광주 시민을 그대로 북한특수군이다 그러면서 인터넷에 게재한 것입니다. 저희 5·18기념재단은 이 사람이 한두 번 그러다 말겠지 하면서 대응을 안 했는데, 갈수록 너무 진실이 왜곡되고 폄하되고 오도되는 거예요. 이런 부분에 대해 가만히 있으면 안 되겠다 해가지고 직접 고소하기로 내부 방침을 정했어요. 제가 해당 업무를 담당하기 때문에 그 당시 광주 시민 사진을 보면서 사람 찾기를 시작했습니다. 사람 찾기는 먼저 지인을 통해 했습니다. 사진을 보여 주면서, 인자 우리 밑에 가면 세 개의 단체가 있습니다. 유족회, 부상자회, 구속부상자회. 그와 관련된 사람들을 이렇게 (시민군 사진 보면서) 이런 분들은 살아 있으면 구속부상자회 회원이거든요. 어머니들 같은 경우는 어머니회. 이런 사진을 지만원 씨가 저기 했을 때는 유족회를 방문해 가지고 유족회 회원들한테 보여 주면서 이분을 알고 계신 분이 계십니까, 그러면 어머니들이, 그러니까 유족회 회원들이 누구인 것 같다, 그러면 제가 아까 그 명단을 가지고 직접 방문을 해가지고 찾아 뵙고. 아닌 분들도 있었어요. 비슷한 게, 35년이 지났기 때문에 정확하지는 못해요. 세월이 많이 지났기 때문에. 그치만 그 부분이 안 되면 '이분과 비슷한 분이 또 누가 있느냐?' 그래 갖고 또 그 사람을 통해 추가로 사람을 찾기 시작했습니다. …… 5·18 당시에는 누가 누구인지 모릅니다. 왜냐면 개인적으로 항쟁에 참여했기 때문에 조직적으로 참여하지 않았기 때문에 내 옆 사람을 모르고 내 옆에 탄 사람을 모르고 했습니다. 지프차를 타고 갔든 트럭을 타고 갔든. 몰라서,

27 **김군을 찾아서**

전혀 몰랐으니까. 보면 서로 아는 사람들은 같은 동네서
활동했던 몇몇은 알고 있더라구요.
— 인터뷰, 2016/01/18

사람 찾기 담당자인 차종수 씨는 5·18 생존자 단체들인 유족, 부상자,
구속부상자 단체에서 활동하는 생존자들에게 사진을 보여 주며 아는
얼굴이 없는지 찾아내는 작업을 진행했고, 이 과정에서 '제n광수'로
지목된 자신의 얼굴을 발견한 사람들이 하나둘 나타났다. 북한군으로
지목된 생존자 상당수는 항쟁 당시 자신이 사진 찍혔다는 사실조차
알지 못했다. 1980년 이후 광주를 떠나 인천에 살고 있는 시민군 박철
씨는 지만원 씨가 자신을 북한특수군 제388광수 '문응조'로 지목하면서
1980년 5월 당시 촬영된 자신의 얼굴을 처음으로 발견했다.

박철 …… 그 당시 각종 언론사에 제가 나름 사진이 많이 찍히고
했는데, 나중에 광주 사진 자료집을 보니까 제 사진은 찾을 수
없었거든요. 함께 고생했던 분이 우연히 그 사진을 보고
저를 알아보고는 38년이 다 됐는데 연락을 줘서 확인해 보니까
제가 맞는 거예요. 당시의 나를 기억하고 있던 같이 싸워 온
동지가 보고 확인을 해준 부분이거든요. 다른 사람이었다면
모르죠…… 사람은 망각의 동물인데. 근데 이걸 저는
본인이니까 바로 알아볼 수 있는데 다들 잘 모르는 거야.
당시에 우리가 21일인가 22일인가 희생자들을
위한 추모식을 도청 분수대에서 했어요. 그때 저는 유족관
[상무관]에 있는 관들을 학생들이랑 여러 사람이 같이 들고
와서 중심으로 해가지고 빙 둘러서 배치를 했고 안치를 하고.
그리고 추모식을 하는데 워낙에 많은 사람들이 몰리다
보니까, 그리고 모여든 사람들이 하나같이 그냥 구경이 아니고,
울분에 찬 마음, 비분강개…… 너무 침통했었고. 그때 앞에서
제가 질서 유지 하고 그 상황을 찍은 사진 같아요.

제388광수로 지목된 시민군 박철 씨의 1980년 5월 사진(위). ⓒ출처 미상
1984년 사진(아래). 젊을 적 청년이 박철 씨다. ⓒ박철

근데 그 사진을 가지고 제가 '시체 선동' 한 사람으로 되어
있더라고요. 제가 북한특수부대 388광수로 지목이
되어 있더라고요. 사진을 봤을 땐 지만원에 대한 생각보다,
'내가 여기에 있네?' …… 솔직히 말씀드려서 뒤통수를
딱 맞는 거 같다 그런 것도 없고요. 그냥 한숨만 나오죠. ……
내가 저때를 잊고 살았단 말이에요, 지금. 마음속엔 있지만
잊으려고 노력해 왔고, 잊고 살아왔기 때문에, 그래서
이걸 반갑다고 표현하면 우습죠. 내가 있구나. 내가 그 자리에
있었구나. ……

정말 딱 한마디만 드리고 싶은 말씀은, 만약 당신이 그 당시 광주 이 현장에 있었다면 어땠을까라는 생각이 들어요.
— 인터뷰, 2018/07/08

박철 씨 외에도 제8광수 '최경성 인민군 소장'으로 지목된 박선재 씨, 제36광수 '최룡해 인민군 대장'으로 지목된 양동남 씨, 제42광수 '리병삼 인민군 상장'으로 지목된 김규식 씨, 제44광수 '전진수 평양시 위수사령관'으로 지목된 고광덕 씨 등 북한특수군 광수로 지목된 광주 시민들이 하나둘 모습을 드러내기 시작했다. '광수'로 지목된 20여 명의 생존자들은 2015년 8월부터 2016년 12월에 이르기까지 민주사회를 위한 변호사모임(이하 '민변') 광주전남지부 변호사들의 법률 지원을 통해 지만원 씨를 허위사실 유포 및 명예훼손 혐의 등으로 네 차례 고소했다.

　　여러 차례 재판을 참관하면서 흥미로웠던 것은 지만원 씨의 방어 논리였다. 하루는 제8광수로 지목된 박선재 씨에게 지만원 씨가 질문하는 광경을 지켜봤는데, 지 씨가 박선재 씨를 향해 북한특수군이라고 주장한 적이 없다고 말하며, 자신이 북한군이라고 주장한 것은 1980년 5월 사진 속 얼굴이기 때문에, 1980년에 촬영된 사진 속 이 얼굴이 박선재 본인임을 증명하는 것은 원고의 책임이라고 주장했다. 실제로 5·18 항쟁 당시 계엄군에 의해 사망한 시신이 안치된 관을 '택배'에 비유하는 내용의 글을 올린 일베 사용자를 상대로 제기된 명예훼손 소송처럼, 피해자가 '특정'되지 않았다는 이유로 무죄판결이 난 사례가 있었다.[8] 한국의 법 특성상 명예훼손 사실을 입증하는 책임은 전부 원고에게 지워지기에, 누군가 자신을 북한특수군으로 지목해 명예훼손의 피해를 입었다는 것을 증명하기 위해서는 광수로 지목된 피해자가 1980년 5월 당시 촬영된 사진 속 자신의 모습이 자신임을 증명해야만 한다.

　　30여 년 전 촬영된 사진 속 '나'의 모습과 현재의 '나'의 동일성을 어떻게 증명할 수 있을까? 1980년 전후로 촬영된 사진이 남아 있다면 그 사진 속 '나'와의 형태적 유사성을 통해 동일인임을 조금

8. 「광주희생자 택배 비유한 일베, 명예훼손 무죄 확정」, 『아시아경제』, 2015/09/20.

더 명확하게 주장할 수 있을 것이다. 하지만 사진 사이의 링크만으로 동일인임을 주장하는 것은 그 얼굴이 아무리 닮았다 하더라도, 지만원 씨의 광주-평양 사진을 근거로 한 동일인 주장처럼 일종의 불확실성을 전제할 수밖에 없다. '광수'로 지목된 생존자들을 대리해 소송을 준비하는 민변 변호인단의 정다은 변호사는 법률적 증명에 있어서는 사진들 간의 비교만으로 판단이 이뤄지지 않는다고 설명했다. '광수'로 지목된 얼굴의 생존자가 1980년 5월 당시 사진이 촬영됐던 정황에 대해 당사자가 아니고서는 할 수 없을 만큼 생생하고 구체적으로 기억을 하고 있으며, 당시의 군, 경찰 기록과 주변인의 증언 등을 통해 당시 사진 속에 찍힌 인물이라는 것이 종합적으로 판단 가능할 경우, 소송을 제기할 수 있는 원고의 자격을 갖춘다. 사진뿐만 아니라 본인의 기억, 주변인의 구술, 객관적인 기록 자료를 통한 종합적인 판단이 요구되는 것이다.

　　　　또한 우리는 북한군으로 지목된 사진 속 얼굴의 당사자가 나타나지 않는 경우, 원고의 존재가 성립되지 않기 때문에 소송을 통한 개입이 불가능하다는 것도 알게 됐다. 다만 피해 당사자가 고인이 된 경우 '제176광수'로 지목된 고 백용수 신부를 대신해 조카인 백성남 씨가 원고가 되어 소송을 진행한 사례처럼, 친족이 망자를 대리해 소송을 진행할 수는 있었다. 그러나 행방이 불투명할 뿐만 아니라 혈연가족이 없는 것으로 추정되는 김군의 경우, 본인이 직접 나타나야만 '사진 속 이 남자가 북한특수군이다'라는 주장의 공표에 대한 명예훼손 소송을 제기할 수 있으며, 자신의 기억과 주변인의 확인, 객관적인 기록 자료들을 제시하는 지난한 과정을 거쳐야만 승소에 희망을 걸 수 있었다. 사진 속 얼굴의 주인공이 나타나지 않는 한, 그를 북한군이라고 주장하는 것은 법률적으로는 아무런 문제가 없는 행위인 셈이다.

나는 5·18 관련 서적과 영상 자료를 살펴보는 과정에서 5·18 북한군
개입설이 지만원 씨에 의해 처음 대두된 것이 아니라, 전두환 씨의 쿠데타
세력에 의해 시작됐다는 사실을 알게 됐다. 1980년 5월 21일 이희성
계엄사령관은 담화문에서 "오늘의 엄청난 사태로 확산된 것은 상당수의
타 지역 불순 인물 및 고정간첩들이 사태를 극한적인 상태로 유도하기
위하여 여러분의 고장에 잠입, 터무니없는 악성 유언비어의 유포와
공공시설 파괴 방화, 장비 및 재산 약탈 행위 등을 통하여 계획적으로
지역감정을 자극, 선동하고 난동 행위를 선도한 데 기인된 것"이라고
주장했다.

　　　　이때 김군을 비롯한 무장 시민군 사진들이 5·18을 대표하는
이미지로 언론에 노출됐고, 북한과의 연루 의혹이 처음 제기됐다. 일례로
5·18 항쟁이 진압된 직후, 주말의 전국 극장가에서 본 영화 시작 전에
의무적으로 상영된 대한뉴스 영상, 그중 1980년 5월 29일자[9]에서는
김군을 비롯한 무장 시민군의 이미지를 5·18 북한군 개입설을
주장하는 내레이션[10]과 함께 선보인다. 이 프로파간다 영상을 제작한
국립영화제작소 제작진은 편집 과정에서 광주 시민군의 이미지에 북한
방송 사운드를 의도적으로 중첩시킴으로써, 5·18에 북한이 연루되는
시청각적인 체험을 직조했다. 김군을 비롯한 무장 시민군들은 1980년
5월 당시부터 무장 폭도인 동시에 북한에 연루된 정체불명의 존재로
각인되었고, 광주에서 있었던 '폭동'의 대표적인 이미지로 사용된 것이다.
　　　　한편 5·18 당시 광주 시민들이 목격했던 상황의 진상을
알리려고 한 생존자들은 대량 복제가 가능한 사진과 영상 매체를
활용했다. 1980년 중반부터 감시의 눈을 피해 전국에서 비공식적으로

9. 「대한뉴스 제1284호-안정만이 살 길」,
〈KTV 대한뉴우스〉, 1980/05/29.
https://www.youtube.com/watch?v=
E-itJ1U-wLE

10. 내레이션: "광주사태가 극렬하게 된
데는 북한의 오열과 공작이 없었다고
볼 수 없습니다. 서울에서 체포된 남파간첩
이창용으로 미루어 보아 이를 짐작케 합니다.
…… 우리의 혼란을 선동하고 있습니다. ……
여기 평양방송 소리를 들어 보겠습니다."
위의 방송에서 발췌.

개최된 광주 사진전과 비디오 상영회를 통해, 관객들은 영문도 모른 채 극단적 폭력에 노출됐던 광주 시민의 이미지를 접했다. 이로써 전두환 군사정권의 언론 검열로 인해 광주의 일을 무장 폭동으로만 알고 있던 타지의 관객들이 "1980년 5월 광주에서 계엄군이 시민을 학살했다"는 사실을 시각 이미지를 통해 처음 알게 된 것이다.

이런 학살 이미지의 공유를 통한 5·18의 재인식과 이로부터 발발한 진상 규명의 의지가 본격적인 민주화운동으로 이어지기도 했다. 민주화 운동과 학원 자율화가 시작된 1983년 말부터 5·18을 '사태' 내지는 '폭동'으로 호명했던 움직임이 사라지고, '광주 의거' '광주 민중항쟁' '광주 학살' '5·18 민중봉기' 등의 이름이 사람들 입에 오르기 시작한다.[11] 1987년 6월 항쟁 이후인 1988년 11월 26일, 노태우 당시 대통령의 특별 담화를 통해 5·18은 '광주 민주화운동'으로 공식 규정되었고,[12] 1990년대 들어 법적·사회적·문화적 장에서 재평가가 이뤄졌다.[13]

한편 5·18이 민주화운동으로 인식되면서, '광주 폭동'의 대표적 이미지였던 총을 든 무장 시민군의 이미지가 사람들 뇌리에서 멀어지기 시작한다. 1990년대 서울에서 유년 시절을 보낸 내 시점으로 한정해 생각해 볼 때, 5·18 하면 떠오르는 대표적 이미지는 머리에 피를 흘리고 옷이 벗겨진 채 연행되는 시민들이나 세상을 떠난 희생자들의 모습, 고등학생 딸의 영정 사진과 관 앞에서 절규하는 어머니의 모습, 아버지의 영정 사진을 들고 있는 어린 아들의 모습과 같은 학살로 인한 '피해'의 이미지였다.

반면 '김군'으로 대표되는 무장 시민군의 이미지는 '5·18 민주화운동'의 언어로는 쉽게 이해하기 어려운 부분이 있었다. 사진이 촬영된 맥락을 알지 못한 채 프레임에 담긴 이미지만을 바라본다면, 대부분의 사람들은 군모와 군복처럼 보이는 의상을 착용하고 총을 든 김군을 군인으로 생각할 것이다. 특히 '단독자'의 모습으로 포착된 김군의 사진은 피해자 내지는 무고한 희생자라고 여기기엔 적절치 않은

11. 이성우, 「국가폭력에 대한 기억투쟁: 5·18과 4·3 비교연구」, 『오토피아』, 경희대학교 인류사회재건연구원, 2011, 79쪽.

12. 위의 책, 80쪽.

13. 위의 책, 80쪽.

강렬한 인상을 품고 있었다. 설사 5·18기록관 2층 전시장이라는 공간적 맥락에서 이 이미지를 접한다 하더라도, 5·18에 대한 풍부한 이해가 없는 관람자들은 '시민군'이라는 설명을 듣고 '정부군'에 맞서 동등한 위치에서 결투를 벌였던 무장 군인을 상상할 수 있으며, 5·18을 '반란' 내지는 '내전'으로 생각할 가능성도 없지 않다. 충분한 맥락화 없이는 예상치 못한 방식으로 독해될 수 있다는 점에서 '민주화운동'을 알리는 이미지로는 부적당했던 것이다.

　　　　뒤로 밀려나 있던 무장 시민군의 이미지가 30여 년 만에 전면에 등장한 것은 바로 지만원 씨의 북한군 개입설 주장 때문이었다. 기존의 5·18 민주화운동 콘텐츠와 달리, 지만원 측의 주장은 사진에서 북한 사람과 닮은 얼굴을 발견해 제보하면, 붉은색 화살표와 점이 찍힌 '광수'의 이미지가 세계관에 추가되는 인터랙티브interactive 서사였다. 지만원 측의 북한군 개입설은 사진이 실제로 촬영된 상황의 사실관계와는 앞뒤가 맞지 않는, 합리적 의심의 영역을 넘어선 비논리적 주장이었지만, 그의 서사가 한국 사회에서 무시할 수 없는 규모의 다수에 의해 소구되고 있다는 점에서, '5·18 민주화운동' 서사에서 밀려난 무장 시민군 이미지의 발화성을 효과적으로 이용하고 있는 흥미로운 픽션으로 느껴지기도 했다.

　　　　우리는 문득 5·18기록관이 '총을 들 수밖에 없었던 상황'을 조명하는 섹션에 김군의 사진을 선택한 것과, 지 씨가 김군을 광주에서 '600명의 북한특수군'을 주도했던 '제1광수'로 지목했다는 사실이, 어쩌면 그의 이미지가 주는 '강렬함'이라는, 동일한 이유 때문일지도 모른다는 생각을 했다. 확실히 사진 속 남자의 모습은 당시 광주에서 촬영된 무장 시민군에게 흔히 보이는 눈빛과 복장, 무장 상태가 아니다. 광주 사건을 연구하고 이미지 자료들을 확보하는 과정에서 일반에 공개된 5·18 시민군 사진 가운데 김군처럼 복장과 무장 상태, 표정에 이르기까지 시각적인 강렬함을 주는 시민군을 보지 못했다. 김군이 5·18 항쟁의 유일무이한 비주얼 아이콘으로 대두될 만큼 강렬한 인상을 남긴 사람이라는 데는, 진영을 불문하고 모두가 동의하는 것처럼 보였다.

　　　　지만원 씨는 5·18 당시 계엄군에 끝까지 저항한 사람들은

"무개념의 10대 학생과 20대의 최하층 콩가루 개별 노동자들"[14]이었다고 말하면서, 북한군의 지원 없이는 '양아치 나부랭이들'이 자동차 공장을 탈취하고 도청을 점거해 단합하여 싸울 수 없었을 것이라고 주장한다. 그는 군대처럼 특별한 '지휘자'와 위계로 갖춰진 체계 없이, 이런 거대한 규모의 시위대를 광주의 나이 어린 '양아치'들이 조직할 수는 없었을 거라는 확신을 가지고 있었다. 군인 출신인 지 씨의 세계관에서는 그 정도로 체계적으로 조직될 수 있다면 광주의 양아치들이 아닌 (한국 군대와 유사한 규모를 갖춘) 북한군일 수밖에 없다는 결론이 도출될 수 있는 것이다.

반면 우리는 주옥 씨의 증언을 통해 김군이 '넝마주이'일 수 있다는 가능성을 타진할 수 있었다. 근대적인 제지업이 시작된 1910년대에 등장하기 시작한 넝마주이는 '헌 옷이나 폐지, 폐품 등을 주워 모으는 일을 하는 사람'을 일컫는 말로 소위 '양아치'로 불렸다. 일반적으로 넝마주이들은 다리 밑이나 뚝방 아래에 임시 거처를 만들어 모여 살았는데, 광주의 경우 광주천변을 따라 넝마주이 무리들이 천막이나 판자로 만든 거처에서 생활했다고 한다. 이들 중에는 전쟁고아이거나 어려서 가족과 떨어져 지내는 사람이 많았고, 오갈 데 없이 거지나 도둑이 될 수밖에 없는 아이들에게 넝마를 줍는 일이 생계를 이어 가는 하나의 직업이 됐던 것이다. 넝마주이 청년이 5·18 항쟁의 선봉에서 활동했다는 사실은, 시민들의 증언들을 통해 구전돼 오긴 했지만 국가에 의해 공인된 '5·18 민주화운동' 서사에서는 잘 이야기되지 않는 부분이다. 오히려 숭고한 민주화운동을 폄하하는 우익 세력의 농간이라는 주장도 존재한다.

1980년 5월 촬영된 한 청년의 이미지가 30여 년 뒤인 현재, 상반된 기억과 주장을 체현하는 논쟁의 한복판에 소환된 상황을 지켜보면서, 어쩌면 이 사진이 우리가 1980년 5월의 광주를 회고담이 아닌, 현재 시제로 들어갈 수 있는 통로가 될 수도 있겠다는 생각이 들었다. 지 씨의 비합리적인 주장과 관련해서는 여러 언론 매체가 일일이 사실을 확인하고 반박하는 작업을 진행하고 있었기에 큰 관심이 없었다.

14. '대국민 보고대회' 강연
(2015/03/19) 녹취록에서 발췌.

다만 나는 김군이 왜 총을 들었고, 사진을 통해 여러 사람에게 알려졌음에도 왜 모습을 드러내지 않는지 알고 싶었다. 그와 행적이 교차한 생존자들을 만나고 그들의 기억을 따라 또 다른 사람들을 만나는 과정을 반복하다 보면, '오답'이 분명한 지만원 씨의 '광수' 세계관은 물론이거니와, 하나의 정답만이 존재하는 것처럼 주입돼 온 '민주화운동' 서사와는 또 다른, 현재의 공기에서 살아 숨쉬는 기억과 관계들의 망을 포착할 수 있겠다는 생각이 들었다.

나는 결국 5·18과 무관한 '현재'의 광주에 대한 영화를 만들려고 했던 애초의 계획을 수정했다.[15] 신연경 프로듀서와 함께 주옥 씨의 증언을 중심으로 새로운 트레일러를 만들었고, 다큐멘터리 구성안을 준비해 제작지원 공모에 신청했다. 그 결과 DMZ국제다큐영화제와 영화진흥위원회 등에서 받은 제작지원금으로 프로듀서 고유희·신연경, 조연출 안지환 씨와 함께 9개월간의 촬영을 진행했다. 영화의 제목은 별다른 고민 없이 '김군'으로 정했다. 이 작업은 처음부터 이중의 목적을 갖고 있었다. 우리는 생존자들의 목소리와 표정의 순간들로 영화를 만들고 싶었고, 김군을 찾고 싶었다.

15. 대신 나는 2014년 봄 촬영한 영상을 편집해 단편영화 〈우리는 없는 것처럼〉(2016)을 완성했다.

©이창성

김군을 찾아서

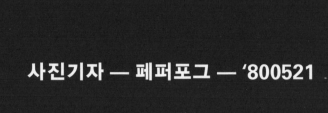

사진기자 ─ 페퍼포그 ─ '800521

8번 롤 '800521 도청 앞 거리'
2번 컷. 도청 앞 분수대와
금남로 일대가 한눈에 보인다.
ⓒ이창성

주옥 선생에게서 '김군' 증언을 들은 2015년 5월 18일, 광주광역시청에서
5·18 연구자 안종철 씨를 만났다. 1980년 5월 당시 전남대학교 4학년
복학생으로 시위에 참여했던 그는 지만원 씨가 얼마 전 북한군이라고
주장했던 '복면 시민군' 아홉 명을 찾는 데 성공했다.

안종철   5·18 사진첩이 대여섯 권 정도 나왔는데 거기서 복면을
         한 사람들을 제가 핸드폰으로 찍어 가지고 카톡으로
         그거를 확대해 가지고 볼 수 있지 않습니까? 그래서 5·18
         관련자들한테 카톡으로 계속 날렸어요. 그랬더니 몇 사람이
         '아, 이 사람 누구누구다. 누구누구다' 그렇게 알려 주는
         사람이 생기더라고요. 광주는 당시 인구가 80만이었거든요.
         익명성이 보장되니깐 복면 한 사람도 있고 안 한 사람도
         많았는데, 특히 광주를 벗어난 시골 영암이라든지
         화순이라든지 나주라든지 이런 데는 불과 인구가 뭐,
         몇 십 만, 10만도 안 되고 5만도 안 되니깐, 사람들의 얼굴이
         알려지게 되지 않겠습니까? 그러면 안 되겠다 해갖고
         그럴 때 특히 영암 같은 경우는 여학생들이 복면을 하고
         다니거든요. 그런데 광주는 복면을 하고 다니지만, 그
         사람들이 경찰한테 잡히고 계엄군에 의해 5월 27일에
         다 진압되고 다 끌려가게 되지 않습니까. 끌려가서
         수사관들한테 진술할 때 복면을 했다는 얘기는 안 해요.
         복면을 했다고 하면 자기가 받게 될 처벌이 몇 년씩 늘어나지
         않겠습니까. 광주 사람들은 복면했다는 말을 안 하는데,
         영암이라든지 화순에서 잡혔던 사람들은 경찰들이
         그 얼굴을 아니깐. '너 누구지, 너 복면했지?' 수사관들이
         취조를 하니깐 '복면했습니다. 복면하고 총을 쐈습니다.'
         그렇게 얘기를 하고. 그 학생들은 사진은 남아 있지 않은데,

수사 기록에는 다 남아 있어요. 그래서 수사 기록을 하나하나
조사하기 시작해서 광주에서 두 사람 이름을 알아내고,
또 전라남도에서 사진은 찍히지 않았지만, [수사 기록에]
이름이 남아 있는 사람 7명을 제가 찾아냅니다. 그래서 현재
9명을, 복면했던 사람들을 저희가 찾아내고 그 사람들과
계속 연락을 취해 가지고, 지만원, 이 사람들을 명예훼손
또는 모욕죄로 고소 고발을 하려고 준비를 하고 있습니다.
— 인터뷰, 2015/05/18

우리는 안종철 씨에게 '제1광수'로 지목된 김군이 촬영된 사진의 출처를
문의했다. 그가 보유한 여러 권의 5·18 항쟁 사진집들을 뒤적이던 중,
『28년 만의 약속』(눈빛, 2008)이라는 제목의 사진집 95쪽에서 주옥 씨가
5·18기록관에서 목격한 김군의 사진을 발견했다. 사진을 촬영한
사람은 이창성 당시 중앙일보 사진기자였다. 저자 프로필에 따르면
그는 1975년 판문점에서 북한군의 핸더슨 미군 소령 구타 사건과
1978년 팬텀기 추락 사고 등을 특종으로 보도했고, 중앙일보 편집국
사진부장으로 재직 중이던 1987년에는 이한열 열사의 사진을 신문 지면에
최초로 게재한 경력이 있었다. 우리가 만난 여러 사진기자들은 이창성
씨를 사진기자들 사이에서 '스타'라고 평했다. 우리는 5·18 사진집
『광주, 그날』을 펴낸 김녕만 동아일보 사진기자와 『사진예술』 윤세영
편집장의 도움으로 이창성 기자의 연락처를 얻었다. 1996년도에
중앙일보에서 정년 퇴임한 그는 서울 생활을 정리하고 고향인 충청남도
유구읍에 귀촌해 살고 있었다.
　　　　2015년 8월 12일, 우리는 광주에서 서울로 올라가는 길에
이창성 기자의 유구읍 자택을 방문했다. 김군을 직접 대면한 몇
안 되는 목격자인 동시에 30여 년이 넘도록 회자되는 김군의 이미지를
포착해 낸 작가. 180센티미터가 넘는 장신에 이국적인 외모, 일흔이
넘은 나이를 가늠하기 어려운 우렁찬 목소리는 듣던 대로 좌중을 압도하는
스타의 아우라가 있었다. 그는 오래전 카메라를 들고 현장을 누비던

순간을 여전히 생생하게 떠올렸고, 이거다 싶은 이미지를 포착하는
순간을 묘사할 때면 마치 그때로 되돌아간 것처럼 눈이 반짝였다.
마치 할리우드 영화에서 보았던 사진기자의 전형을 만난 것 같았다. 앞뒤
가리지 않고 이미지를 쫓는 그의 면모라면, 무장한 김군에게 다가가
망설임 없이 카메라를 들이밀 수 있었겠다는 생각이 들었다.

　　　이창성 기자가 광주에 도착한 것은 1980년 5월 19일 저녁
7시 20분경이었다. 당시 37세였던 그는 가족에게조차 광주에 간다는
사실을 알리지 못한 채 고속버스에 탔다. 광주에 도착해서도 그는
쉽게 카메라를 꺼내지 못했다. 당시 광주 시민들이 자신들을 방화와
약탈을 일삼는 폭도로 보도하는 국내 언론의 취재를 거부했기 때문이다.
5월 21일, 금남로에서 일어난 계엄군의 집단 발포로 수십 명의 시민이
사망한 그날, 한 장의 사진도 찍지 못한 이창성 기자는 밤에 잠을
이루지 못했다.

이창성　　기자로서 한 장도 찍지 못한 건 사명을 다하지 못한 것이죠.
　　　　　밤새도록 생각했어요. 야, 너가, 기자가 광주에 내려가서
　　　　　그 당시에 기자로서 사명을 다했느냐, 뭐했느냐, 라고
　　　　　후배들이 나중에 묻는다면 너는 뭐라고 답하겠느냐. 그래서
　　　　　제가 카메라도 안 가지고 먼동이 틀 무렵 아마 새벽 5시쯤
　　　　　혼자 아무것도 없이 나왔습니다. 데모대 차를 세워 탔어요.
　　　　　카메라도 안 가지고 트럭에 탔어요. 트럭 타고 다니면서
　　　　　밥도 얻어먹고 하면서 시민군들을 사귀어 가지고, 내가 사실은
　　　　　서울에서 내려온 기자인데, 내가 좀 취재를 해야겠다,
　　　　　너희가 도와 달라. 시민군 본부로 데려가 달라고 하니까 22일
　　　　　새벽 도청 본부에 [데려갔는데] 한 20여 명이 앉아 열띤
　　　　　토론을 벌이고 있어요. 서울에서 내려온 기자인데 이 역사의
　　　　　기록을 누군가는 남겨야 된다, 사진을 한 장도 기록을 못 했다,
　　　　　이 기록을 후세들을 위해서나 여러분을 위해서나 여러분이
　　　　　협조를 해주시오, 하니까 절대로 안 된다는 거야. 사진에

찍히면 자기들이 죽기 때문에 절대 허락할 수 없습니다, 그래서 내가 눈물로 하소연하면서 내가 판문점에서 세계적인 특종을 한 사람입니다, 내가 중앙일보 이런 이런 기자인데 이 사람을 확인 한번 해보십쇼. 어딘가에 전화를 한다. 우리들이 기자님을 믿고 허락을 해줄 테니까 어떻게 도와 드리면 좋겠습니까, 하고 묻길래, "지프차를 하나 내주는데 엄호병을 하나 붙여 주십쇼. 그러면 내가 취재를 할 수 있습니다" 해가지고 여인숙으로 달려와서 중앙일보가 TBC와 한 회사이기 때문에 TBC 카메라맨만 살짝 불렀습니다. 다른 기자들이 다 있는데 몰래. 그래 가지고 카메라를 가지고 나와서 그때부터 시민군 지프차에서 엄호를 받으며 사진을 찍었어요. 내가 취재 시작한 건 아침 7시부터였어요.
— 인터뷰, 2016/07/26

그는 프레임 속 인물과 관계를 쌓는다든가 피사체의 감정에 이입하는 것에는 관심이 없어 보였다. 오로지 기록돼야 할 순간들을 강렬하게 포착하는 것이 그의 관심사였다. 그는 5·18 항쟁 당시의 취재를 회고할 때마다 사진기자들이 5월 21일의 집단 발포 상황을 촬영하지 못한 것에 대한 죄책감을 항상 이야기한다. 나 역시 이미지를 포착하는 일을 하는 입장에서, 제대로 된 이미지를 포착하는 데 모든 것을 걸었던 그의 직업 정신을 존경할 수밖에 없었다.

당시 이창성 기자가 촬영한 사진들은 계엄군의 검열로 거의 대부분 지면에 실리지 못했다. 그에 따르면 5·18이 '민주화운동'으로 불리기 시작한 1990년대 들어서야 5월이 되면 특별 지면에 이창성 기자의 사진 일부가 실렸고, 전두환, 노태우 씨를 비롯한 계엄군에 대한 수사가 한창이던 1995년, 한 시민이 계엄군의 총에 맞아 쓰러지는 순간을 담은 사진 몇 컷이 지면에 공개되면서 큰 반향을 일으켰다고 한다. 2008년 그는 사진집 『28년 만의 약속』을 발간해, 항쟁 당시 촬영한 사진 138장을 처음으로 일반에 공개한다. 자신에게 촬영을 허가해 준 시민군들에게

맹세했던 약속을 28년 만에 지킨 것이다.

　　　　2016년 7월 26일, 이창성 기자와 함께 5·18기록관에 방문해 그가 항쟁 당시 촬영한 네거티브필름 원본을 열람했다. 기록관은 이창성 기자가 기증한 네거티브필름을 수장고에 보존하고 있었다. 제작진이 급히 약국에서 사온 의료용 장갑을 손에 낀 이창성 기자는 '무장한 데모대들 거리 모습'이라고 이름 붙은 필름 슬리브에서 다섯 컷씩 잘린 채 보관돼 있던 필름 스트립을 하나씩 라이트박스 위에 올려놓았다. 롤의 마지막 필름 스트립을 라이트박스 위에 올려놓자, 반전된 이미지의 김군이 형체를 드러냈다. 네거티브는 김군의 몸과 화학적으로 감응하여 산화된 은입자들의 흔적을 그대로 보존하고 있었다. 검게 마모된 퍼포레이션 사이로 밝게 빛나는 그의 모습을 보면서, 이 사람이 정말로 살아 있었구나, 생각했다.

　　　　이창성 기자는 자신의 35밀리 필름 원본을 스캔한 파일들이 담긴 외장하드를 우리의 김군 추적 작업을 위해 흔쾌히 빌려 줬다. 외장하드에는 이창성 기자가 5·18 당시 촬영한 2398장의 사진 스캔 파일들이 있었고, 전체 용량은 552기가바이트에 달했다. 필름 스캔으로 생성된 14킬로픽셀(14K) 해상도의 이미지는 셔터가 눌러진 순간 프레임에 담긴 광경을 놀랍도록 선명하게 기록하고 있었다. 이미지를 확대하자, 유기적인 패턴의 그레인 사이로 초점 영역 바깥에 포착된 피사체까지 모습이 드러났다. 과다 노출로 디테일 일부가 하얗게 날아갔거나 구도나 초점이 애매하게 잡혀 그동안 신문과 사진집에 실리지 못했던 숨은 이미지들도 볼 수 있었다. 이창성 기자가 제공한 2000여 장의 사진들은 지금껏 접한 5·18 민주화운동의 정제된 이미지들과는 달리, 하나로 수렴되기 어려운 수많은 존재들의 역동하는 표정과 숨결을 간직하고 있었다.

2.　　페퍼포그

이창성 기자의 5·18 사진 스캔 파일들은 104개의 폴더로 나뉘어 정리돼
있었다. '롤 번호–촬영 날짜–촬영된 내용'의 형식으로 이름 지어진 각각의
폴더에는 20, 30개 내외의 사진 이미지들이 저장돼 있었고, 지리적으로
인접한 공간에서 연속적인 상황을 포착한 것으로 보였다. 한 롤에
촬영된 필름들을 폴더별로 모아 둔 것으로 보였지만, 간혹 컬러사진과
흑백사진이 한 폴더에 같이 있다거나 서울에서 열린 학교 졸업식 사진이
섞인 폴더도 있었다. 따라서 우리는 '104'라는 숫자를 이창성 기자가
5·18 당시 사용한 필름 수의 근사치로만 판단했다. 또한 폴더명에 적힌
롤 넘버가 연대기 순서가 아닌 디지털 스캔 당시 임의적으로 정해진
번호이며, 촬영 날짜가 정확히 기입되지는 않았다는 사실을 작업을
진행하면서야 깨달았다. 다만 각 폴더의 파일 가운데 동일한 롤에서 촬영된
것으로 추정된 이미지에 한해서는 실제 촬영 순서대로 파일 번호가
부여됐다고 판단했다.

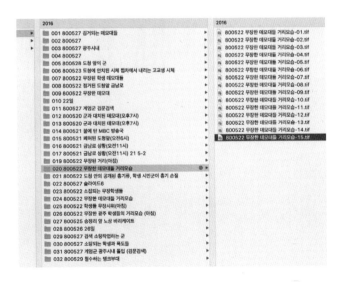

이창성 기자가 5·18 당시 촬영한 35밀리 필름의
디지털 스캔 파일들 ©1011필름

먼저 이창성 기자의 사진들에서 김군으로 보이는 인물이 등장하는 사진들을 선별해 추적의 단서가 될 만한 요소들을 정리했다. 김군이 출현한 사진들의 촬영 일자와 장소, 촬영자의 상황, 그리고 사진에서 명확하게 식별할 수 있는 김군과 관련된 지표적 단서들에 관한 정보를 최대한 수집해 종합했다. 폴더들을 차례로 따라가며 사진을 확인하던 우리는 20번 롤 '800522 무장한 데모대들 거리 모습' 폴더에 저장된 13번과 14번 컷에서 김군을 찾을 수 있었다. 그리고 이 사진 다음에 찍힌 15번 컷이 우리가 김군을 추적하게 된 바로 그 사진이었다.

20번 롤 '800522 무장한 데모대들 거리 모습' 14번 컷. 5월 22일 오전 8~9시경 페퍼포그차에 탄 김군이 금남로4가에서 도청 방향으로 오는 모습이 촬영됐다(위). ⓒ이창성 사진이 촬영된 장소의 현재 모습(아래). ⓒ1011필름

촬영 앵글이 거의 동일한 '800522 무장한 데모대들 거리 모습' 13번과
14번 컷은 5월 22일 오전 이창성 기자가 탑승한 시민군 지프차가
전남도청에서 700~800미터가량 떨어진 금남로4가 거리를 지날 즈음
촬영된 사진들이었다. 후경으로 5·18 사진에서 자주 볼 수 있는 '전라남도민
체육대회 및 전국체전 전남예선대회 선수단'이라고 써있는 아치형
임시 구조물과 도청의 희뿌연 형상이 멀리 보이고, 전경으로는 금남로
거리에 선 열댓 명의 총 든 남자들이 보인다. 이창성 기자의 기억에 따르면
이들은 시민군으로, 질서 유지와 차량 통행 제한을 위해 손을 번쩍 들고
있었다고 한다. 당시 광주에 있었던 서청원 당시 조선일보 기자는
5월 22일 오전, 수백 명의 학생들이 총을 휴대하고 있었고, 시민들이 경찰
페퍼포그차, 장갑차 등을 몰고 질주하고 다녔으며, 경찰 헬멧 등
장비를 쓴 학생들의 모습을 목격했다고 증언한 바 있다.[1] 이 사진에서
우리는 귀가 보일 정도로 짧은 스포츠머리를 한 얼룩무늬 교련복 차림의
고등학생들을 장발머리의 성인 남성들 사이에서 발견할 수 있었다.

      손 든 시민군들 뒤로 어두운 색에 각진 모양을 한 차에 탄 한
사람이 보인다. 확인 결과 이 차는 경찰이 시위 진압용으로 사용했던
'페퍼포그차'로, 아시아자동차(현 기아자동차)에서 생산됐으며
최루가스를 분사할 수 있도록 개조돼 '후추 안개'pepper fog를 뜻하는 애칭이
붙여졌다고 한다. 흰색 페인트로 "전두환 죽여라"라는 문구가 전면에
칠해진 이 페퍼포그차 위로 한 사람의 형체가 보인다. 멀리서 촬영돼
얼굴이 명확히 보이지 않지만, 직후 촬영된 김군의 모습과 대조했을 때,
착용한 모자와 목에 두른 수건 등 그의 복장을 구성하는 요소가 모두
동일하다는 점을 알 수 있다. 이 페퍼포그차에 탄 사람이 바로 김군이다.

      페퍼포그차 상단 좌측에 설치된 확성기에는 "산수2동
새마을금고"라는 글자가 어렴풋이 보인다.『5·18광주민주화운동자료총서』
제21권에 수록된「행정기관 소장 문서 중 광주사태 피해 현황 관련
문서」를 보면, 5월 22일 산수2동 동사무소에서 앰프 1대, 스피커 1대가
피탈됐다는 기록이 있다. 이날 피탈된 스피커가 김군이 탔던 페퍼포그차에
설치된 것일 수도 있겠다 싶었다.

      1.『월간조선』, 1985/07.

20번 롤 '800522 무장한 데모대들 거리 모습' 14번 컷 클로즈업. 페퍼포그차에 탑승한 김군. ©이창성

이 사진으로 확인할 수 없지만, 직후 상황을 포착한 '800522 무장한 데모대들 거리 모습' 15번 컷을 보면, 김군의 페퍼포그차가 카메라가 서있는 쪽을 향해 다가오고 있다. 김군이 탄 페퍼포그차가 이창성 기자가 타고 있던 지프차가 정차해 있는 금남로4가의 골목을 지나치는 순간 사진이 찍혔다. 이창성 기자는 니콘 카메라에 마운트돼 있던 줌렌즈를 200밀리 최대 망원으로 당긴 뒤, 움직이던 페퍼포그차 위의 김군을 향해 카메라를 겨눴다. 자신을 향한 시선을 직감한 김군이 카메라 쪽으로 고개를 돌린 순간, 기자는 셔터를 눌렀다.

이창성　(촬영) 허락을 안 받았지. 허락 안 받고 망원으로 그냥. 망원으로 축축축 땡겨 가지고 찍은 거죠. 200밀리 캐논 줌렌즈 …… 이 사람 눈빛을 보니까 밤새 고생했겠구나, 교전하느라고 밤을 샜겠구나 하는 감이 들었습니다. …… 글쎄, 사진기자라는 건 그때 그 순간의 피사체를 보고 거기에 몰두하기 때문에 딴 생각할 겨를이 없어요. '아 참 좋구나! 야, 사진 괜찮구나!' 하고 몰두하다가 그냥 추르르륵 하고 찍는 거지.

20만 롤 '800522 무장한 데모대들 거리 모습'15번 것.
5월 22일 오전 8~9시경 금남로4가 금호 빌딩 철창 지붕 앞에서 촬영했었다(위), ©이창성
사진이 촬영된 금남로4가 골목의 현재 모습(아래). ©1011필름

　　　　　　　　　　　　　　김군을 찾아서

20번 컷 '800522 무장한 데모대들 거리 모습'
15번 컷의 M1918 BAR 클로즈업. ⓒ이창성

'800522 무장한 데모대들 거리 모습' 15번 컷에서 무엇보다 눈에 띄는
요소는 앞선 정면 사진에선 잘 보이지 않았던 김군의 총이다. 총기를
다뤄 본 경험이 없는 우리는 총 위에 둘러진 탄띠가 주는 강한 인상 때문에
처음에는 이것이 기관총일 거라고 생각했다. 지만원 씨 역시 김군이
무장하고 있는 총이 M-240G 기관총이라고 주장한 바 있다. 하지만 실제
총기 사진을 참고했을 때 우리는 이것이 기관총이 아닌 M1918 Browning
Automatic Rifle(BAR)이라는 탄창식 자동 소총일 가능성이 높다고
결론 지었다. 김군이 총 위에 얹어 놓은 30구경 탄띠는 카트리지 형태의
탄창으로 실탄을 공급받는 M1918 BAR에는 맞지 않는 탄띠다. 아마
그는 사용할 수 없는 탄띠를 총 위에 얹어 놓음으로써 자신이 기관총으로
무장하고 있다는 인상을 주려고 했던 것 같다. 어쨌거나 그런 김군의
의도는 사진을 본 많은 이들에게 적중한 셈이다.

이 사진이 촬영되기 하루 전인 5월 21일 오후 1시 정각,
계엄군은 금남로에서 대치 중이던 시위대와 인도에서 구경하던 시민들을
향해 조준 사격을 시작했다.[2] 이날 도청 옥상 스피커를 통해 애국가가
울려 퍼지는 순간 시작된 '집단 발포'로 인해 수십 명의 시민들이 희생됐다.

2. 황석영·이재의·전용호 기록,
광주민주화운동기념사업회 엮음, 『죽음을
넘어 시대의 어둠을 넘어』 개정판, 창비,
2017, 200쪽.

시내 한복판에서 시민들이 자국의 군에 의해 학살되는 상황을 목격한
사람들은 인근 지역 예비군 무기고와 경찰서에서 무기를 탈취하기
시작한다. 화순, 나주, 멀리는 해남까지 진출한 시위대는 지역 주민들에게
계엄군이 광주에서 시민들을 학살한다는 사실을 알렸고, 탈취된 총기가
이날 오후 3시경부터 시민들에게 지급되면서 총과 실탄으로 무장한
'시민군'이 등장한다. 이후 우리가 만난 많은 시민군들은 광주공원에서
군대에 다녀온 성인 남성들로부터 총기 조작법을 배운 뒤 M1 소총이나
카빈총을 지급받고 시민군 차량에 탑승해 순찰 활동을 시작했다고
말했다. 기록에 따르면 시민군의 무장을 맞닥뜨린 계엄군은 오후 5시경
도청을 떠나 시외로 퇴각했다고 한다. 아마 김군도 21일 오후 총기 탈취에
참여한 시민군들 가운데 한 사람이었을 것이다.

　　　　　대부분의 시민군이 당시 비교적 흔히 구할 수 있었던 카빈총을
들고 있었던 반면, 김군은 쉽게 구하기 어려운 M1918 BAR을 소지하고
있었다. 한 예로 5월 21일 도청에서 멀지 않은 화순 환천지서에서
탈취된 총기 목록을 보면, 이날 카빈총이 27정이 탈취된 반면 M1918
BAR과 LMG[3]는 1정씩만 피탈됐다고 기록돼 있다. 항쟁 사진 속에서
M1918 BAR을 소지한 시민군은 김군이 유일했다.

　　　　　훗날 시민군을 대표하는 이미지가 된 15번 컷을 촬영한
이창성 기자는 도청에서 금남로4가를 지나 금남로5가 쪽으로 멀어지는
페퍼포그차를 계속 촬영한다. '800522 무장한 광주 학생들의 거리

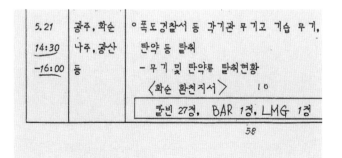

국가안전보위부에서 1985년 발간한
『광주사태 상황일지 및 피해현황』, 58쪽.

3. 경기관총. Light Machine Gun의 약자.

10번 컷의 페퍼포그차에 탄 김군.

5가에 위치한 '아모레' 간판이, 우측 중경으로 페퍼포그차에 탑승한 김군의 뒷모습이 보인다. ©이창성

12번 컷의 '아모레' 간판 클로즈업.

13번 컷의 시계탑 클로즈업 .

모습[아침]' 10, 11, 12번 세 컷의 사진에서 금남로4가에서 5가로 멀어져 가는 페퍼포그차 위에 탑승한 김군의 뒷모습을 볼 수 있다. 5·18 당시 시민군으로 활동했던 부상자회 회원 염경태 씨는 이 사진들의 후경에 보이는 '아모레화장품' 간판이 당시 금남로5가에 있던 건물에 설치돼 있었음을 확인해 주었다.[4]

그다음 이창성 기자는 금남로4가에서 도청 시계탑 쪽으로 이동해 사진을 찍는다. 여기서 촬영된 13번 컷에는 시민군들이 탑승한 GMC 트럭과 이동 중인 버스가 보이는데, 이때 시계탑 시각은 9시 23분경을 가리키고 있다. 오전 8시에서 9시 사이 금남로4가에서 김군을 촬영했다는 이창성 기자의 증언과 들어맞았다.

3.   '800521 도청 앞 거리'

한편 우리는 38번 롤 '800521 도청 앞 거리' 폴더에서 김군이 탑승했던 페퍼포그차가 군중 사이로 촬영된 아홉 장의 사진을 발견했다. 촬영 장소는 도청 앞이 확실해 보였지만, 계엄군의 집단 발포가 있던 5월 21일 촬영이라고 보기에는 의아한 점이 많았다. 금남로에 있던 시위대와 도청 앞 광장에서 도청을 방어하던 계엄군의 대치 상황은 5월 19일부터 21일까지 계속됐고, 21일 낮에 벌어진 계엄군의 조준 사격은 그들이 시외로 철수한 시점인 오후 5시까지 지속됐기에,[5] 사진처럼 시민들이 도청 앞을 가득 메우고 있는 상황이 21일 낮 시간대에 펼쳐졌다고 보기에는 무리가 있었다. 폴더명의 날짜 표시가 잘못된 게 아닌가 싶어 이창성 기자에게 당시 촬영과 관련한 정황을 자세히 물어 봤다.

제작진   도청으로 진입하고 있는 모습인 것 같던데, 이 사진을 보고 어떤 상황인지 기억이 좀 나시나요?

이창성   글쎄 여기 트럭[6]에 타고 있는 사진은 아까 기관단총 걸고 있는

4. 인터뷰, 2016/07/23.
5. 『죽음을 넘어 시대의 어둠을 넘어』 개정판, 90쪽, 498쪽.

	사진[7]과는 시간대로 굉장히 차이 날 거예요.
제작진	그럼 그 이후의 상황일까요?
이창성	아까 그 상황보다도 훨씬 늦게 찍은 사진이지.
제작진	시점적으로 보면 며칠 정도로 예상해 볼 수 있을까요?
이창성	이 사진이? 22일 사진이라니깐. 22일 날.
제작진	아, 이 사진도 22일이요?
이창성	그럼. 이렇게 중무장하고 나온 사진들은 거의 다 22일 날이에요 다. 거의. 22일 오전에 저렇게 시민들이 도청 앞에 몰려들진 않았어요. 거의 22일 날 오후 늦게나, 아니면 23일 날 저렇게 시민들이 전부 몰려나왔죠.
제작진	혹시 저 차량에 대해 기억하시나요? 도청 광장에 이렇게 무장하고 있는 차량은 이 차 한 대밖에 없었거든요.
이창성	그러니까 22일 날 아침에는 도청 앞에 무장한 차들이 별로 없었고, 금남로에나 도청에 좀 떨어진 데, 차들이 좀 많이 있었고, 오전 중에는 장갑차보다도 도청 앞에 트럭들이 많이 있었는데, 저것도 도청 앞 장갑차네요, 사진이.
제작진	이때 보면 기자님께서 멀리서 촬영하다가 점차 가까이 다가가면서 촬영한 것 같더라구요. 롤 순서 보면. 혹시 이 상황은 기억하시나요?
이창성	기자가 취재할 때는 우선 전경부터 들어갑니다. 우선 현장에 가면, 전경을 먼저 찍어요. 그다음에 들어가서, 가까이 클로즈업해서, 가장 이슈가 뭔가, 핵심적인 이슈를 찾아 사진을 찍게 되는 거죠.
제작진	이 시점에서 이슈는 이 차량의 이 사람이었겠네요.
이창성	그때 그 당시에 가장, 리얼하게 느껴지는 거는 저렇게 장갑차 나 트럭 위에서 저렇게 기관단총, 실탄을 장전해서 걸고 하는 사람들이 가장 리얼하게 보였죠.

6. 이창성 기자는 김군이 탄
페퍼포그차를 트럭이나 장갑차로 불렀다.
7. 금남로4가에서 촬영된 페퍼포그차에
탄 김군 사진.

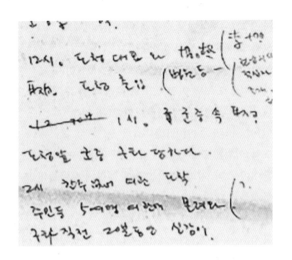

이창성 기자의 취재노트 가운데 1980년 5월 22일 부분.

기상청에 기록된 1980년 5월 22일의 광주 날씨는 '맑음'이었다. 이날
오전 8시에서 9시 사이 금남로4가에서 촬영된 사진에는 건물과
인물의 그림자가 긴 반면, '800521 도청 앞 거리' 사진 속 사람들의 그림자
길이는 상대적으로 매우 짧다. 아마 해가 머리 위에 떠 있는 정오
전후에 촬영됐을 것이다. 실제로 5·18기록관에 보존된 이창성 기자의
항쟁 당시 취재 노트에 따르면, 그는 5월 22일 낮 12시경 도청에
들어가 시민군 지도부를 만난 뒤 도청 내부에서 촬영을 했고, 1시부터
2시까지 도청 앞 광장에 모인 군중들 속에서 촬영했다. 이창성 기자의
기억에 따르면 그는 사진을 찍는 자신을 계엄군 프락치로 의심한
시민들을 피해 2시경 여인숙으로 돌아갔지만 숙소까지 시민군들이
몰려와 신분증을 요구했다고 한다.[8] 신분을 증빙할 것이 아무것도 없었던
그는 도청으로 연행됐고, 지도부의 확인을 받은 뒤에야 풀려났다고
한다. 이창성 기자는 자신을 계엄군의 프락치로 의심한 일부 성난
시민군들로부터 발길질을 몇 번 당해 '구타'라고 적긴 했지만, 계엄군에
의해 얼굴이 발각될 시민군들이 느낄 신변의 위협을 생각하면
이해할 수 있는 일이었다고 말했다.

　　　여러 가지 자료들을 종합해 봤을 때 우리는 '800521 도청 앞

거리' 사진이 5월 21일이 아닌 5월 22일 낮 12시에서 오후 2시 사이에 촬영됐을 가능성이 높다고 결론 내렸다. 우선 정오에서 오후 1시 사이, 이창성 기자는 도청 건물 옥상에서 도청 앞 분수대 광장에 운집한 군중의 모습을 촬영했다('800521 도청 앞 거리' 1, 2, 3, 4번 컷). 이 시간 도청 앞에선 5만여 시민들이 모여 시민궐기대회를 개최했고, 도청 건물 옥상의 태극기가 검은 리본과 함께 반기로 게양돼 있었다.[9]

5월 22일 오전 8시경 사진(좌진)과 '800521 도청 앞 거리' 사진의 그림자(우). ©이창성

사진을 찍던 도중 김군이 탄 페퍼포그차를 군중 사이에서 발견한 이창성 기자는 오후 1시경 도청 앞 광장으로 내려갔고, 페퍼포그차와 김군을 가까이에서 촬영하기 시작한다('800521 도청 앞 거리' 5, 7, 8, 9, 10번 컷). 아침에는 얼굴을 드러내고 있었던 김군이 이때는 수건으로 얼굴을 가리고 있다. 이날 아침 이창성 기자에게 기습적으로 사진이 찍혀서일까. 어쩌면 그도 수많은 군중이 모인 곳에서 자신의 신변을 걱정했을지도 모른다. 사진 속 얼굴을 가린 김군의 모습은 사진 촬영 후 이창성 기자가 계엄군 프락치로 오해받아 도청으로 연행된 상황과도 무관치 않아 보인다.

　　　1980년 당시 재수생으로 무장 시민군이 된 장준영 씨는 5월

9. 한국현대사사료연구소 엮음, 『광주오월민중항쟁사료전집』, 풀빛, 1990, 83쪽;『죽음을 넘어 시대의 어둠을 넘어』, 개정판, 499쪽.

38번 롤 '800521 도청 앞 거리' 10번 컷.
페퍼포그차에 탄 김군 뒤로 도청 앞 회화나무가 보인다. ©이창성

지역사회봉사
全南每日新聞

도두부
실동

도당구장

인 화
화

칼라
천
지
사

노동청·도청·광주천가록확장공

우
리

떠
디

21일 오후 5시경 일신방직 여공들과 회사원들이 하얀 광목으로 만든
머리띠를 시민군들이 착용했다고 증언한다.

오후 5시에서 6시경 일신방직으로 가게 되었다. 당시에는
괴상망측한 루머가 많이 돌았다. '공수부대원들 중 일부가
시위대로 변장하여 시위대들의 행동 양식과는 다른 잔악함을
유발한다는 이야기, 거짓 정보를 유포시켜 시위대 간의
혼란을 야기한다'는 것 등이었다. 심지어는 시위대에 잠입해
테러를 행할 염려가 있기 때문에 개인적으로 행동하는 것을
일절 금지시켰다.

그래서 밤에는 항상 조를 편성해서 다니기로 했다. 이와

38번 롤 '800521 도청 앞 거리'에 촬영된 김군의 사진. ⓒ이창성

같은 당시 상황에 대처하기 위하여 일신방직에서는 여공들과
회사원들이 시민군의 상징으로 사용하기 위한 머리띠를
만들고 있는 중이었다. 하얀 광목으로 만든 머리띠를 우리도
착용했다. 이미 만들어 놓은 머리띠는 차량에 싣고 나왔다.
시내에 나와서 차량 시위대들에게 머리띠를 나누어 주는
임무를 맡았다.
— 장준영(1961년생), '현사연 2017 증언'

김군의 머리띠 클로즈업 사진 가운데 상단 사진에는 '김ㄷ'가, 하단 사진에는
'석방하라'로 추정되는 글씨가 보인다. 항쟁 당시 가장 많이 사용된 구호
가운데 하나였던 "김대중을 석방하라"가 쓰인 것으로 추측된다.

김군을 찾아서

김군의 머리띠 클로즈업. 20번 롤 '800522 무장한 데모대들 거리 모습'
15번 컷(위), 38번 롤 '800521 도청 앞 거리' 9번 컷(아래). ⓒ이창성

4.   10번 트럭

이창성 기자는 김군이 광주 도청 앞 '장갑차'에서 여러 번 보일 거라고
말했다. 아니나 다를까 컬러필름으로 촬영된 이창성 기자의 10번 롤
'22일'에서 또 다른 차량에 탑승한 김군의 사진 다섯 장[10]이 발견됐다.
여기서 김군은 22일 탑승했던 페퍼포그차가 아닌, 당시 '제무시 트럭'으로
흔히 불린 군용 GMC 트럭에 또 다른 시민군 두 명과 함께 타고 있었다.
다섯 장의 사진 중 '22일' 6번 컷이 트럭을 전면에서 풀숏으로 촬영해
차량 앞부분의 세부 사항들을 확인하는 데 유용한 컷이다. 트럭 앞 범퍼

10. 10번 롤 '22일' 3, 4, 6, 7, 8번 컷.

좌측엔 흰색 페인트로 숫자 '10'이 적혀 있고, 보닛에는 여섯 개의 타이어가 추가로 설치되어 있으며 그 뒤로 앞좌석에 탄 김군 일행과 총의 일부분이 보인다. 페퍼포그차에선 홀로 모습을 드러냈던 김군에게 동료들이 있었음을 확인할 수 있는 이미지였다.

'10번' GMC 트럭에 탄 김군 일행은 이창성 기자를 비롯해 여러 기자들의 카메라에 포착됐다. 트럭에 승차한 김군과 동료 시민군의 뒷모습을 전경에 담은 '22일' 3번 컷의 구도는 황종건 동아일보 기자와 신복진 전남일보 기자, 최종현 합동통신(현 연합통신) 기자가 찍은 사진에, 그리고 일본 『세카이』에 실린 사진에서 동일하게 반복된다. 이 사진들의 후경에 일관되게 보이는 분수대와 상무관 건물을 통해 우리는 촬영 장소를 도청 앞 광장으로 확정할 수 있었다. 또한 트럭 너머 광장에 보이는 스포츠머리의 남학생들과 단발머리의 여학생들 일행의 모습은 사진들이 모두 같은 날 근접한 시간대에 촬영됐을 가능성이 높음을 알려 줬다. 이 중 황종건 기자의 사진만이 유일하게 김군의 정면 얼굴을 포착했는데, 카메라를 향해 바라보는 눈매가 매우 강렬하다. 이창성 기자에 따르면 여러 사진기자들이 트럭 적재함에 함께 올라가 김군 일행의 동의하에 촬영을 진행했다고 한다.

10번 트럭 '22일' 6번 컷. 흰색 페인트로 숫자 '10'이 쓰여진 군용 GMC 트럭에 탑승한 김군과 동료 시민군들. ©이창성

10번 트럭 '22일' 3번 컷. ⓒ이창성

황종건 기자가 포착한 김군의 얼굴. ⓒ동아일보

10번 트럭 운전석에 설치된 총기는 흔히 '캐리버50'이라 불리는 기관단총으로, 정식 명칭은 M2 브라우닝 머신건이다. 최대 사정거리는 6800미터이고 분당 600발까지 발사가 가능해, 장갑차를 관통시킬 뿐 아니라 비행기 격추도 가능하다고 알려져 있다. 만약 캐리버50이 장전돼 있었다면 50구경의 탄띠가 장착돼 있어야 한다. 그러나 우리는 사진 속 캐리버50 주변에서 탄띠를 발견할 수 없었고, 오히려 도청 진압 후인 5월 27일 촬영된 계엄군의 사진에서 '구경50 탄환 100발'의 탄띠가 장착된 캐리버50을 찾아냈다. 우리는 김군이 탄 트럭에 설치된 캐리버50 역시 페퍼포그차에 있던 M1918 BAR과 마찬가지로 누구도 쏠 수 없는 빈총이었다고 판단했다.

　　　　　　　　　　　　　　　　2부 사진 분석

5월 27일 금남로 골목에서 촬영된 계엄군의
장전된 캘리버50. ©이창성

10번 트럭 사진이 찍힌 날짜는 불분명했다. 이창성 기자는 이 필름 롤의
제목을 '22일'로 명기한 반면, 황종건 기자와 신복진 기자의 사진집 속
10번 트럭 사진은 5월 24일 촬영으로 적혀 있었다. 누군가는 날짜를 잘못
기억하고 있는 것이다. 이창성 기자는 5월 24일 새벽 4시 반~5시경에
광주를 떠나 서울로 향했다고 기억했고, 취재 노트에도 23일까지 취재했다는
기록이 남아 있다. 그뿐만 아니라 5월 24일자 석간 경향신문 3면에는
10번 트럭 적재함에 서있는 김군의 사진이 한자로 표기된 '광주 사태'라는
제목 옆에, 마치 그가 사태의 주범인 것처럼 실려 있다. 사진을 촬영한
정남영 경향신문 기자는 광주에서 취재하던 도중 서울로 필름을 보낸 것을
기억하고 있었다. 필름을 운송하고 현상하는 과정에 소요되는 시간을
생각했을 때, 이 상황이 24일 촬영됐을 가능성은 극히 낮았다.

　　　'22일' 3번 컷을 400퍼센트 크기로 확대하자 후경의 인파
사이로 페퍼포그차로 추정되는 검은색 차량이 보였다. 차량 전면에는
'수습대책위 방송반'이라고 적힌 현수막이 걸려 있다. 기록에 따르면

시민수습대책위원회는 5월 22일 낮 12시 반 10여 명의 지역 인사들로 결성돼, 이후 항쟁 기간 동안 무기 회수 등의 활동을 진행했다.[11] 만약 10번 트럭 사진이 5월 22일 촬영됐다면, 사진은 낮 12시 반부터 이창성 기자가 이날 촬영을 중단한 오후 2시 사이에 찍혔어야 한다. 그러나 같은 시간대에 페퍼포그차에 탄 김군을 찍고 있던 이창성 기자가 10번 트럭에 탄 김군을 동시에 찍는다는 것은 현실적으로 불가능하다. 무엇보다 온종일 맑은 날씨였던 5월 22일에 그림자를 찾아볼 수 없는 10번 트럭 사진이 촬영됐다고 보기는 어려웠다. 따라서 우리는 이 사진들이 모두 5월 23일 촬영된 것으로 추정했다. 23일 광주의 날씨는 '흐림'이었다.

이창성 기자는 10번 롤이 22일이 아닌 23일 촬영됐을 거라는 우리의 추정에 동의했다. 그는 페퍼포그차를 촬영한 시점과 10번 트럭을 촬영한 시점 사이에 큰 시간차가 존재했다고 기억했다. 실제로 10번 트럭에 탄 김군은 페퍼포그차에 탄 모습과 비교해 외관이 미묘하게 달라져 있었다. 22일 사진에서는 머리띠의 '김대중을 석방하라' 문구가 확연히 보였던 반면, 23일 사진에서는 글자가 보이지 않을 정도로 머리띠가 뭉쳐 있고 이전에는 보이지 않던 나뭇가지가 천에 고정돼 있다. 트럭 적재함에

10번 롤 '22일 8번 컷'의 김군 클로즈업. 머리띠가 말려 있고 나뭇가지가 꽂혀 있다. ⓒ이창성

11.『죽음을 넘어 시대의 어둠을 넘어』
개정판, 287쪽.

설치한 버드나무 가지처럼 보인다.

우리는 이창성 기자에게 10번 트럭에 올라타 촬영할 당시 김군과 대화를 나눈 기억이 있는지 물었다. 그는 종군기자처럼 계엄군과 시민들 사이를 오가며 촬영에만 집중했기 때문에, 프레임 속 인물들과 대화를 나누거나 교류를 한 기억이 거의 없다고 말했다. 10번 트럭에 탄 김군 사진을 촬영할 때에도, 전날 오전 금남로4가에서 페퍼포그차에 탑승해 있는 인물과 동일인이라는 사실은 알지 못했다고 했다. 사진을 찍은 사람도 촬영된 사진을 확인하는 과정에서야 여러 장소에서 김군과 마주쳤다는 사실을 깨달았던 것이다.

김군 일행이 탄 10번 트럭은 도청 앞 광장뿐만 아니라 도청 경내에서도 포착됐다. 이창성 기자의 23번 롤과 황종건 기자의 또 다른 사진 롤에서 우리는 도청 정문을 지나 경내로 들어오는 순간 포착된 10번 트럭의 연속 사진을 발견했다. 도청 경내에 정차한 트럭에서 김군과 일곱 명가량의 동료 시민군은 총기들을 적재함에서 꺼내 밖으로 운반하고 있었다. 어딘가의 무기고에서 탈취해 온 총기를 도청으로 들여와 '무장'을 하는 상황같아 보였지만, 사진만으로는 확실치 않았다. 다만 여러 명의 사진기자들이 이 상황을 촬영할 수 있었다는 사실이 흥미로웠다. 이창성 기자는 사진 속 상황이 총기를 '회수'하는 상황이라고 설명했다. 이날 오전 도청 내부를 촬영했던 그는 시민군의 주된 활동이 질서를 유지하고 총기를 회수하고 정리하는 일이었다고 떠올렸다. 도청 안 상황은 전날과는 달리 긴박하지 않았고, 다양한 부류의 젊은이들이 모여 활동하고 있었다고 했다.

김군은 적재함에 실린 총기를 내려놓는 동안 이전까지 목에 두르고 있었던 수건을 허리춤에 차고 있었다. 두 장의 사진을 확대하자 지만원 씨가 '복면'이라고 주장했던 수건의 정체가 드러났다. '온양(온천 마크)'과 '침례 기념' 문구가 앞뒤로 새겨져 있었다(73쪽 사진 참조). 온양온천에서 열린 어느 침례교회 행사를 위해 만든 수건이 분명했다.

이날 김군과 7명의 시민군이 탑승한 10번 트럭은 외부에서 수거한 무기들을 도청에 반납한 후 다시 도청 문을 나선다. 이 사진이 우리가 찾을 수 있었던 김군의 마지막 사진이었다.

> "5. 23 12:00 –12시 현재 800여 정 총기를 회수, 차량통제반은
> 시위 군중들이 몰고 다니는 버스, 장갑, 페퍼포그차 등에
> 대해 함부로 못 몰고 다니도록 단속하고 있어 무질서한 차량
> 통행은 통제됨."
> ─『월간조선』, 1985/07

우리는 10번 트럭을 타고 도청 정문으로 들어와 총기를 반납하고
나가는 김군의 사진들(이창성 기자의 23번 롤 '800522 소집되는
무장학생들'과 동아일보 황종건 기자의 10번 트럭 무기 회수 사진들)이
1980년 5월 23일 오전 11시 10분 이전에 촬영된 것으로 추정했다.
이 상황의 마지막 장면인 10번 트럭이 도청 문을 나서는 사진에서
분수대를 보면, 분수대 중앙과 광장을 잇는 목재 발판이 설치되기 전이다.
반면 이창성 기자가 23번 롤 이후[12] 도청 경내에서 촬영한 45번 롤 19번과
21번 사진 속 분수대에는 목재 발판이 설치돼 있고, 시계탑의 시간이
11시 10분경을 가리킨다. 그런가 하면 이창성 기자가 도청 정문을 나선 뒤
사용한 컬러필름 롤에 촬영된 '분수대 광장 앞 10번 트럭에 탑승한
김군 사진'에는 목재 발판이 설치돼 있다. 따라서 컬러필름 롤은 45번 롤이
촬영된 오전 11시 10분 이후 촬영된 것으로 추정했다.

총기 회수 활동을 마친 김군 일행이 도청에 다시 돌아온 오전
11시 10분 이전의 시점에 '도청 정문으로 들어와 총기를 반납하는 10번
트럭' 사진이 촬영됐고, 11시 10분 이후 김군을 포함한 세 명의 시민군이
분수대 주변에서 경계 근무를 서던 시점에 '분수대 광장 앞 10번 트럭'
사진들이 촬영됐을 확률이 높다고 판단했다.

우리는 당시 전남매일신문 기자였던 나경택 씨 사진을
확인하는 과정에서, 60번 롤 도청 내 공터에 회수된 무기들 사이로 10번

12. 23번 롤 사진들에서 도청 경내에
주차돼 있던 '1번' 페퍼포그차가 45번 롤
사진들에서 도청 밖으로 막 나가려고
하고 있다는 점에서 우리는 롤의 선후 관계를
판단할 수 있었다.

트럭 운전석에 설치돼 있던 캐리버50으로 추정되는 총기가 있다는 사실을 뒤늦게 발견했다. 이 사진의 캐리버50은 '22일' 6번 컷에서 캐리버50이 끈으로 묶인 방식과 총구에 난 흔적이 동일하다. 나경택 기자의 60번 롤에는 5월 24일 범시민궐기대회에서 거행된 전두환 허수아비 화형식 사진이 포함돼 있기 때문에 우리는 이 캐리버50 사진이 5월 24일에 찍힌 것으로 추정했다. 황종건 기자의 '도청을 나가는 10번 트럭' 사진 속 10번 트럭에 캐리버50이 그대로 남아 있었다는 점을 떠올려 볼 때, 그때 도청을 나선 김군 일행이 이후 다시 도청에 돌아와 캐리버50을 반납한 것으로 추정했다.

김군이 남긴 마지막 흔적은 5월 24일 촬영된 이 캐리버50 사진이고, 김군의 모습이 찍힌 마지막 사진은 5월 23일 촬영된 것이다. 이창성 기자는 23일 도청에서의 취재를 마무리한 후 24일 아침 서울로 복귀했고, 계엄군에게 도청이 진압된 27일 다시 광주에 와서 촬영을 재개했다. 김군은 23일 이후에도 광주에 남아 촬영을 이어 간 다른 기자들의 사진에도 보이지 않는다. 그는 어디로 사라진 것일까?

나경택 기자가 찍은 도청 마당에 반납된 김군 일행의 캐리버50. ©나경택

김군을 찾아서

이창성 기자의 23번 롤 '800522 소집되는 무장학생들'. 총 여섯 장의 사진에 도청 정문으로 들어오는 10번 트럭에 탑승한 김군의 모습이 촬영됐다. ⓒ이창성

이창성

도청 안으로 들어오는 10번 트럭

'침례 기념'
글자가 보이는
김군의 수건.

이창성

도청 안에서 무기를 내리는 김군 일행

황종건

회수한 총기를 트럭
적재함에서 꺼내 동료에게
전달하는 김군. 황종건
기자 촬영. ⓒ동아일보

'온양 (온천 마크)'
글자가 보이는
김군의 수건.

11:10 AM

이창성 기자가 도청 건물에서 촬영한
45번 롤 21번 컷. 분수대에
목재 발판이 설치돼 있고 시계탑은
11시 10분을 가리키고 있다. ©이창성

이창성

도청 밖으로 나가는 10번 트럭

10번 트럭이 나

황종건

황종건 기자가 촬영한
'도청에서 나가는
10번 트럭' 사진 속
분수대에는 아직 목재
발판이 보이지 않는다.
5월 23일 오전 11시
10분 이전 촬영 추정.
©동아일보

11:10 AM

이창성 기자가 도청 밖 광장에서 촬영한 10번 롤 '22일' 3번 컷 속 분수대에도 목재 발판이 설치돼 있다. 5월 23일 오전 11시 10분 이후 촬영 추정.©이창성

10분경 도청 안팎

11시 10분 이후 도청 앞 광장을 순찰하는 10번 트럭

황종건 기자가 10번 트럭에 탑승해 촬영한 김군 사진 속 분수대에도 목재 발판이 보인다. ©동아일보

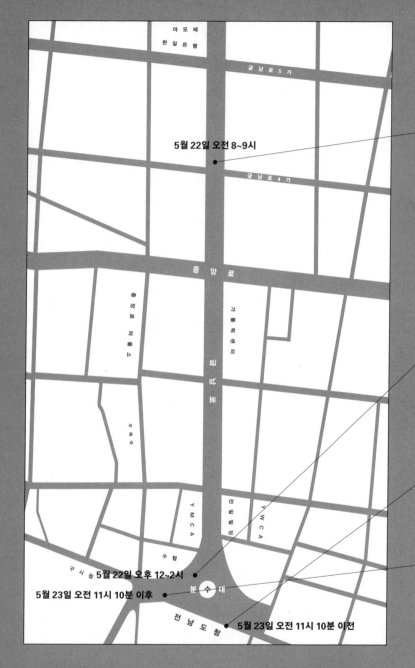

2부 사진 분석

김군은 1980년 5월 22일과 23일 광주시 동구 금남로 인근에서 이창성 기자의 카메라에 포착됐다.

20번 롤 '800522 무장한 데모대들 거리 모습' 13, 14, 15번 컷
42번 롤 '800522 무장한 광주 학생들의 거리 모습[아침]' 10, 11, 12번 컷.

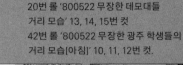

● **5월 22일 오전 8~9시**

38번 롤 '800521 도청 앞 거리' 1, 2, 3, 4, 5, 7, 8, 9, 10번 컷.

● **5월 22일 오후 12~2시**

23번 롤 '800522 소집되는 무장학생들' 20, 21, 22, 23, 28, 29번 컷.

● **5월 23일 오전 11시 10분 이전**

● **5월 23일 오전 11시 10분 이후**   10번 롤 '22일' 3, 4, 6, 7, 8번 컷.

도청에서 나가는 10번 트럭. 김군을 포함, 탑승한
시민군이 모두 방석모 등 모자를 착용하고 있다. ⓒ동아일보

구술 — 페퍼포그에 탄 사람들 —

사진은 김군의 행적에 대해 많은 사실들을 알려 주었다. 그는 5월 22일 오전 8~9시경 금남로4가에서 '산수2동 새마을금고' 확성기와 장전되지 않은 M1918 BAR이 설치된 페퍼포그차에 타고 있었고, 정오에서 오후 2시 사이에는 같은 페퍼포그차를 타고 도청 앞 광장에서 열린 시민궐기대회에 수건으로 얼굴을 가린 채 있는 모습이 포착됐다. 다음 날 5월 23일 오전에는 장전되지 않은 캐리버50과 버드나무 가지, 타이어들이 설치된 '10번' 군용 GMC 트럭을 타고 도청 경내에 진입했다. 일고여덟 명의 일행과 함께 외부에서 수거한 총기들을 도청에 반납했고, 오전 11시 10분 이후에는 두 명의 동료 시민군과 함께 10번 트럭 운전석에 탑승해 도청 앞 광장을 순찰했다.

　　　또 이창성 기자의 증언이 우리가 사진만으로는 해소하지 못한 의문을 푸는 데 큰 도움이 됐다. 촬영이 이뤄지던 순간과 전후 상황에 대한 그의 기억을 기록을 통해 확인하는 과정에서 사진이 포착된 순간순간의 파편들을 연대기적 서사의 맥락에서 파악할 수 있었다. 또한 항쟁 당시 자기 얼굴이 계엄군에게 발각되는 것에 대한 두려움으로 촬영을 거부했던 여러 시민군과의 대화를 떠올린 그의 목소리를 경유해, 사진 속 김군의 미묘하게 불편한 시선과 굳은 표정, 마스크 착용, 카메라를 향해 항의하는 듯한 몸짓을 읽어 낼 수 있었다. 한편 이창성 기자는 김군을 촬영한 당사자로서 많은 것을 알려 줬지만, 김군과 직접 이야기를 나눴던 것은 아니기 때문에 그의 정체에 대해 아는 바가 없었다. 우리는 이창성 기자의 사진을 들고 김군을 기억하는 생존자들을 만난다면, 김군을 찾을 수 있는 또 다른 단서들을 얻을 수 있을 것이라 생각했다.

　　　우리는 먼저 항쟁 당시 페퍼포그차에 탄 적 있는 생존자들을 찾아 나섰다. 항쟁 사진 속에서 검정색 페퍼포그차는 지프차나 승용차에 비해 흔히 눈에 띄지 않는다. 이창성 기자의 사진 속에서 우리가 확인한 페퍼포그차의 수는 열 대가 채 되지 않을 것이다. 사진은 페퍼포그차 위의 김군만을 포착했지만, 실제로 페퍼포그차

내부에는 운전자를 포함해 함께 활동했던 시민군들이 있었을 것이다. 우리는 생존자들의 증언록에서 '페퍼포그차'를 언급한 증언들을 찾아보았다. 5·18 항쟁 증언 기록으로는 1980년대 말 수천 명의 5·18 생존자들의 증언을 기록한 한국현대사사료연구소(이하 '현사연')가 엮은 『광주오월민중항쟁사료전집』과 1988년부터 1989년까지 개최된 국회 5·18진상조사특별위원회의 속기록, 네이버 옛날신문 등의 온라인 아카이브 서비스를 통해 검색 가능한 관련 신문 기사들, 그리고 『5·18광주민주화운동자료총서』 데이터베이스로 접근 가능한 1980년 당시의 경찰 신문 조서 기록 등이 존재한다. 특히 현사연 증언록에는 '페퍼포그'가 101번, '가스차'가 26번 언급된다. 다음은 페퍼포그차와 관련해 유의미한 단서들을 제공했던 증언 일부로, 『광주오월민중항쟁사료전집』에서 인용한 것이다.

…… 공수부대의 잔학성을 목격한 나는 5월 21일 시내로 가기 위해 집을 나섰다. 산수동오거리에서 지나가는 시위차를 타고 광주공원으로 갔다. 광주공원에는 시위차가 많이 있었는데 그중에는 페퍼포그차도 있었다. 나는 페퍼포그차를 타면 안전하다는 생각이 들어 곧바로 그 차를 탔다. 그 차 안에는 7명의 시위대원이 있었는데 한 명은 송일권이라는 사람이었고, 다른 한 명은 광주고속버스 기사였다. 나머지는 전남대, 조선대 학생들인 것 같았다. 페퍼포그차에 탄 우리는 임동 동사무소 골목에 차를 대 놓았다. 일행 중 한 명이 지금의 상황을 사진으로 찍어 증거물로 보관하자고 하여 우리는 쾌히 승낙했다. 나 역시 자료로 남겨야 한다는 필요성을 느꼈다. 광주고속버스 기사가 어디서인지 사진기를 가져왔다. 곧바로 우리 일행은 한 조가 되어 시내로 나갔다. 도청 쪽에는 공수부대들이 배치되어 있었으며 거리에는 시민들이 아주 많이 있었다.

오후 1시쯤 시민들이 공수부대를 밀치고 전남일보

건물을 불태우려고 하자, 어떤 사람이 "이 건물은 전남
재산이니 그대로 두자"고 해 시민들은 외환은행 셔터문만
부수고 말았다.

그 후 아시아자동차에서 가져온 장갑차를 탄 고등학생이
태극기를 흔들며 공수부대를 향해 진군했다. 곧바로 그는
공수부대원이 쏜 총에 목이 잘려 나갔다. 그때 총 쏘는 것은
직접 보지는 못했고 너무 경황이 없어 사진도 찍지 못했다.

그 광경을 본 우리 일행은 시민들에게 알려야 한다고
생각했다. '계림라디오'에서 돈을 주고 핸드마이크를 빌렸다.
산수동, 계림동 등 주택가를 누비면서 "공수부대가 쏜 총에
고등학생이 맞아 죽었다"고 했다. ······

— 정태호(1961년생), '현사연 1029 증언'[1]

······ 다음 날(22일) 아침 식사 후 학동 배고픈다리로 나와 보니
민간인이 총을 들고 보초를 서고 있었다. 시민들이 탄 차도
왔다 갔다 했다. 그들에게 전날 가져온 수류탄과 탄창을
모두 줘버렸다. 아침 9시에서 10시 사이에 도청에 도착했다.
정문에는 보초가 서있었고 사람들이 웅성거렸다. 가톨릭센터까지
혼자 터벅터벅 걸어가 그 건물 계단에 앉아 도청에 다시
가볼까 말까 고민했다. 그러나 사람이 이렇게 많이 죽어 가는데
일을 하더라도 큰일을 해야 한다는 생각이 들었다. 다시
도청으로 갔다. 보초 서는 젊은이에게 얘기해서 쉽게 도청으로
들어갈 수 있었다.

1층 서무과에서는 김원갑 등이 방송을 하고 있었고,
또 한쪽에서는 장휴동, 문재석, 김재일, 장세일, 이종기 변호사
등이 모여 있었다. 그분들은 사태를 어떻게 수습할 것인지에
대해 주로 의논했다. 그 장면을 보면서 나는 '일단 수습을 하든
싸움을 계속하든 무기 통제가 되어야 할 것이다. 이 내용을

1. 이하 모든 '현사연 증언'은 다음 책에서
가져온 것이다. 한국현대사사료연구소 엮음,
『광주오월민중항쟁사료전집』, 풀빛, 1990.

방송으로 알려야겠다'고 생각했다. 수습위원회에서 무기
회수를 방송을 하고 다니도록 시키지 않았지만 내 생각에
그렇게 해야 할 것 같아서 자발적으로 한 것이다.

마침 금남로에 경찰 페퍼포그차가 한 대 있었다. 그
차를 세웠다.

"도청에서 나왔소. 방송을 해야 하니 좀 태워 주시오."

"무슨 내용을 방송하려고 그러요?"

"무기를 회수한다는 것 하고 질서를 지키자는 것이오."
나는 그 차를 타고 시내 곳곳을 돌며 방송을 했다. 그때 시간이
11시쯤 되었을 것이다. 그런데 지금 와서 생각해 보면 그
차가 경찰이나 군인 차였던 것 같다. 젊은 사람들이 대여섯 명 타고
있었는데 차 안의 분위기가 전체적으로 무겁고 살벌했으며
지나치게 질서정연했던 것 같다. 그때는 생각지 못한 일인데
군인이나 경찰이 정찰하러 돌아다닌 차일 수도 있다는
의심이 간다. 방송을 하며 시내를 한 바퀴 돌아 학동삼거리에
이르렀을 때 그들이 나에게 차에서 내리라고 했다. ……

─ 황금선(1952년생), '현사연 1021 증언'

…… 금요일(5월 23일)은 학동 두꺼비사진관 맞은편의
숭의실고 건물로 올라가서 3층에서 경비를 섰다. 외곽으로
빠져나간 계엄군이 언제 들어올지 모르기 때문이었다.
우리의 인원은 맞은편 두꺼비사진관 쪽에 8명, 숭의실고에
7명쯤(정확하지는 않지만)으로 약 15명이었다. 가지고 있던
무기로는 다이너마이트 두 묶음, 수류탄 두 개, 총기 10여
정이 있었다. 무기는 변변치 않지만 만약 계엄군의 탱크가
밀려들어 온다면 다이너마이트로 폭파시키기로 작정을
하고 비장한 마음으로 모두가 그 밤을 지켰던 걸로 기억한다.
계엄군으로부터 빼앗은 페퍼포그차를 시민군이 몰고
그곳을 지나면서, "여러분, 오늘 밤에 경비를 잘 서십시오"라고

김군을 찾아서

방송을 했다. 학동 지역 주민들이 저녁에 커다란 비닐 자루에
밥이며 김치를 가득 해와서 그것으로 식사를 했다. ……
— 김길식(1961년생), '현사연 1039 증언'

정태호, 황금선, 김길식 씨의 증언에 따라 항쟁 당시 페퍼포그차가
시민들을 위한 방송 차량으로 사용됐다는 사실을 알 수 있었다.
페퍼포그차에 탑승한 시민군들은 마이크와 스피커를 이용해 계엄군에
의해 시민들이 학살됐다는 소식부터 총기를 회수하고 질서를 지키자는
공지 사항까지 시시각각 업데이트되는 정보들을 시내 곳곳을 다니며
확산시켰다. 한편 김군이 페퍼포그차에 탄 모습이 촬영된 시각은
5월 22일 오전 8시경에서 오후 2시 사이로, 황금선 씨가 페퍼포그차에
탑승해 방송 활동을 했던 오전 11시경과 시기가 겹쳤다. 황금선 씨가
차 안에서 목격했던 대여섯 명의 젊은 사람들이 바로 김군 일행이었을 수도
있겠다는 생각이 들었다.

　　　　지만원 씨의 '제1광수' 주장이 대두된 지 반년이 지난 2016년
1월, 우리는 본격적으로 촬영을 시작했다. 이때만 해도 김군으로
유력시되는 생존자가 나타나지 않은 상황이었고, 우리는 사진 속 김군을
찾는 동시에 황금선 씨처럼 김군과 관련된 단서들을 언급했던
사람들을 함께 찾는 것이 탐문에 효과적이라고 판단했다. 우리는
5·18기념재단과 오월 단체에 수소문해 항쟁 당시 페퍼포그에 탑승한
경험이 있다고 밝힌 생존자들을 추렸다. 동시에 우리는 어쩌다 5·18
생존자들을 만날 기회가 생길 때마다 사진을 보여 주며 대화를 나눴는데,
이렇게 우연한 만남에서 탐문의 실마리가 나오는 경우도 꽤 있었다.
2016년 1월 18일 늦은 오후 5·18기념재단 사무실에서 우연히 만난
양동남 씨는 본격적인 촬영을 시작한 뒤 처음으로 만난 시민군이었다.
김태일 감독이 연출한 다큐멘터리 영화 〈오월애〉에 출연하기도 했던 그는
언젠가부터 언론과의 인터뷰를 피하고 있다고 말했다. 매년 5월마다
같은 이야기를 반복하면서, 자신이 1980년 당시 직접 목격하고
체험했던 상황의 기억이 반복되는 말의 영향을 받아 바뀌는 것 같아

힘들었다고 했다. 그럼에도 불구하고 그는 우리에게 선뜻 도움의 손길을 내밀었고, 작업의 시작부터 말미까지 네 차례나 취재에 응하며 영화의 전체적인 흐름을 설정하는 데 중요한 역할을 해주었다. 아래는 첫 만남 당시 그와 나눈 대화의 일부이다.

양동남 [5·18] 사진책에 보면, 리어카에 시신 두 구 실려 있는 거 있죠? 수박 한 덩어리 얼마 써진 거. 그게 [5·18] 아카이브⋯⋯ 가봤어요?

제작진 기록관 말씀하시는 거예요?

양동남 네. 기록관.

제작진 기록관 가긴 했는데, 아직⋯⋯

양동남 기록관에 보면 좁은 사거리가 있어요. 금남로하고, 요 좁은 사거리. 그 시신이 있는 자리가 그 자리예요. 거기서 인자 그 시신을 보게 되었지 우리가. 처음으로 그 시신이, 그 시신이 나오게 된 거예요. (기침) 그래 가지고, 거기서부터 인자 발단이 된 것이지.

⋯⋯ 죽은 사람들⋯⋯ 그때 당시에는⋯⋯ 그 현장을 보고 눈이 안 뒤집어진다고 그러면, 광주 시민도 젊은 사람도 아니었소. 어느 지역에서 그런 일이 벌어졌다 해도 아마, 그 지역 사람들도 충분히 일어나고도 남았을 상황이었으니까. 너무 시신들이 아주 무참히⋯⋯ 우리가 그때 당시에 민주화가 뭐고, 그런 생각은 했어? 그럴 나이도 아니고 의식조차도 없었고. 단지 인자, 일반 시민들이 그렇게 죽어 나가는 걸 보고, 그것을 보고 대들었던 것이지. 난중에야 전두환이가 누군지 알고 그랬지, 그때 당시에 '전두환이 물러가라'라고 했을 때, 전두환이가 어떤 놈인지 알았겠어 우리가, 전혀 모르지.

⋯⋯ 그 시신들 보면 무참히 죽은 시신들 있죠? 한쪽이 없어져 불고 그런 시신들. 책에 보면 많이 나와 있을 거예요. 그런 시신들하고 우리가 26~27일 새벽 끝날 때까지 같이

있었으니까. 상무관에 다 못 가고 도청에 있는 시신도 엄청 많았어요 그때 당시. 끝나기 전에.

　　　…… 우리도 인제 더 이상 요러고 안 되겠다, 그래 갖고, 각 지역으로 가서 우리도 무기를 털어야겠다는 생각을 전부 다 거의 사람들이 다 갖게 되었어 인자. 그래 인제 무기 털러도 다녔고.

— 인터뷰, 2016/01/18

양동남 씨는 말로 표현하기 어려운 참상의 광경들을 직접 목격하면서, 그 상황을 그냥 지나칠 수 없어서, 뭐라도 하지 않으면 안 될 것 같은 마음에 항쟁에 참여했다고 이야기했다. 많은 이들에게 참상의 목격과 시민군으로서의 참여는 자신도 모르는 사이 동시다발적으로 이뤄진 일이었다.

　　　그는 시민군 기동타격대 1조 대원으로 활동하다 27일 도청에서 체포돼 징역형을 살았고, 그 뒤로 오월 진실 규명 활동을 계속해 왔다. 그러면 체포된 시민군들이라든가, 단체 활동을 했던 생존자들의 얼굴을 누구보다 잘 알 거라는 생각에 김군 사진을 보여 줬다.

양동남　　아, 이 사진은 찾을 수가 없지. 내가 당사자라고 하기 전에는 찾기가 힘들지. 이 사람들이 같이 연행이 돼가지고 재판이나 받았다든가, 아니면 같이 있다가 훈방 조치가 되었다든가 하면 알 수가 있는데, 그러던, 그런 사람은 아닌 것 같아.

제작진　　이때까지, 같은…… 오월 단체들 활동하시면서 전혀 못 봤던?

양동남　　활동하면서도 그 사람은 못 봤었고. 우리 같은 경우는, 내가 80년 12월 29일 날 나와서, 81년부터 요 활동을 다시 시작을 했어요 이것을. 근데 그 사람들을 본 적도 없고.

　　　영창에 있으면서 우리가 재판받는 과정에서도 최소한 1차 훈방 때부터서도 우리가 거의 이 사람들은 기억을 하니까. 1000명 이상 되었어도, 얼굴 보고, 날이면 날마다

보고 사는 사람들이라 기억은 할 수 있는데. 아마 체포되지
않은 사람 같아요. 그 사람은.

 …… 그런께, 이런 사람들은, 내가, 당사자가 이걸 보고
'내가 당사자요' 그러고 나타나기 전까지는…… 찾을 수 없는
사람들이고.

양동남 씨처럼 항쟁 당시 체포돼 실형을 산 시민군들이 김군을 인지하지
못한다는 사실에 비춰 봤을 때, 김군이 계엄군에 의해 체포돼 구금
생활을 했을 가능성은 극히 낮았다.[2] 항쟁에 적극적으로 참여한 사실이
드러난 시민군의 경우, 체포된 이후 받은 고문의 강도가 매우 심했다.
항쟁 초기 시민들에게 선무 방송으로 참여를 호소했던 시민군 전옥주
씨는 간첩으로 몰려 계엄군에게 체포된 뒤 극악한 고문에 시달려야 했고,
시민군 상황실장으로 활동했던 박남선 씨 역시 글로 옮기기 어려울 만큼
잔혹한 고문을 견디며 수형 생활을 해야 했다. 김군처럼 기관단총으로
무장을 한 채 순찰 활동을 했던 시민군이 체포돼 그 행적이 노출됐다면,
그가 겪어야 할 고난은 이루 말할 수 없을 만큼 컸을 것이다.

 흥미로웠던 것은 양동남 씨가 김군의 행색을 보면서, 미국 액션
영화를 많이 봤을 것 같다고 한 말이었다. 같은 시민군의 관점에서 봤을
때도, 김군이 버드나무 가지 등으로 자신과 탑승한 차량을 '꾸미는 방식'이
굉장히 영화적이라는 말이었다.

제작진   선생님도 총을 쏠 줄 아셨어요?
양동남   몰랐어도 이제 저희가 영화를 많이 보다 보니까 쏘는
          방법이라든가 조작하는 방법, 그런 것은 기본적으로 알죠.
          (대략적으로 다 알고 계셨던?) 네. 우리가 군대를 못 가서
          그렇지, 총은 군대 갔다 온 사람보다 더 많이 쐈을 거예요.

2. 한편 5·18기념재단 연구원 차종수 씨에
따르면 상무대 영창에서 구금 생활을 한
사람들 중 5·18 유공자로 신청하지 않은
사람들이 900명 가까이 된다고 한다. 차종수
씨는 김군이 살아 있다면 그 900명에 속할
가능성이 남아 있다고 보고 있었다.

저녁에 무서와서도 쐈으니까. 대치하면서.

…… 저분이 만약에 살아 계시다면은 분명히 만났을
건데, 얼굴도 보이지를 않고. 아마 26일 날 저 상태로 보면
분명히 26일 날 도청에 남아 있었을 텐데, 혹시 돌아가셨거나
아니면 체포되지 않았을까. 둘 중에 하나인 것 같애요. 뭐 살아
있기를 바라야죠.

2. 페퍼포그에 탄 사람들

1) 염경태, 페퍼포그차에 탑승

2016년 2월 3일, 광주영어방송 건물 사무실에서 염경태 씨를 처음 만났다.
그는 우리가 찾던 '페퍼포그차에 탄 사람들' 가운데 가장 처음 만난
시민군이었다. 1988년 12월의 현사연 증언에서 그는 항쟁 당시 페퍼포그차에
탔던 경험을 증언한 바 있었다. 우리는 일부러 현사연 증언을 언급하지
않고 대화를 나누기 시작했다. 크고 선한 눈동자를 가진 그는 쉰다섯의
나이에도 불구하고 여전히 소년 같은 인상을 간직하고 있었다.

제작진   당시 나이가 어떻게 되셨어요?
염경태   열아홉이요.
제작진   열아홉 살이면, 그때 고등학교 다니셨어요?
염경태   아뇨. 안 다녔어요. …… [광주에서] 내가 공과학원 나와
　　　　　가지고 서울까지 보내 주더라고요. 그래서 서울에서 다니고
　　　　　있는데 형님이 사우디아라비아에서 인자 한 번 휴가 나와
　　　　　가지고 나 어디로 갔냐, 하시면서 어디 있다는 걸 모르는디,
　　　　　학원에 들러 가지고 어디로 갔다 했진 몰라도 [나를 광주에]
　　　　　데리러 왔더라고요. 내가 여기 와 놀고 있으니까요, 스티커
　　　　　전문으로 [공장을] 다녔죠. 집에서 놀지 말고 요거라도 해봐라
　　　　　해서 그리 다니기 시작했죠. 다니다가 5·18을 만났죠.

제작진	그럼 그때 며칠부터 항쟁에 참여하셨어요?
염경태	어…… 밖에 나가 있는데 18일 날, 18인가 17 날에 사람이 많이 죽는다고 집에서 오지 말라더라고요. 집에서. 그래서 집을 들어간 적이 없거든요. 그다음 날 들어가다 보니까 그때 터미널이요, 시외버스터미널. 거기에서 공수부대하고 이 거시기하고, 시민연대 하고 싸움하는 거시길 내가 봤죠. …… 그때 저녁에 광주역으로 해서 광주시청으로 해서 다 돌아다녔죠.
제작진	시위대로서?
염경태	네. 이제 지금 광주소방서 자리에서 시위대로 같이 참여하게 됐죠. 거기서 저도 잡혀 가지고 거시기 할 뻔 했죠. 근데 거기서 빠져나오게 됐죠 제가.
제작진	혹시 잡혔을 때 얘기 더 해주실 수 있을까요? 차량이라든지……
염경태	아 내가요? 그때 차는 안탔습니다.
제작진	그럼 그때 상황 기억나시는 건?
염경태	그때 상황이라…… 그 뒤로 내가 집을 들어가지를 않아 부렸어요. 한 5일? …… 그때 아버지는 죽은 사람이 많다고 하니까, 병원마다 다 돌아다니셨나 봐요. 광주에, 사망자들이 거시기 나온 병원에. 근데 못 찾았어요 나를. 그러고 있다가 내가 들어가게 된 거죠 집을.
제작진	공수한테 잡혔을 때, 구타당하시고 그랬다고.
염경태	그때는…… 공수가…… 그때 사람 안 죽였죠. 그다음엔가 정신없이 여자고 뭐고 다 잡아 죽인 것 같애요.
제작진	(페퍼포그차에 탑승한 김군 사진을 보여 주며) 지금 아까…… 금남로 사진에, 요 광장에 왔던 적도 한 번 있더라고요. 페퍼포그차가, 요 페퍼포그차가 몇 대 없는데……
염경태	저는 본 적 없는데요.
제작진	페퍼포그차가 혹시 방송하는 거 본 적 있으세요?

염경태   여자가 방송하고 다닌 적은 있어요. 저녁에. 근데 내가 본다는
        게…… 본 적은 없어요. 보지는 않았어요.
        ― 인터뷰, 2016/02/03

염경태 씨는 페퍼포그차를 타고 방송한 여성 시민군을 기억하고 있었지만,
페퍼포그차를 본 적이 없다고 말했다. 그의 단호한 진술에 우리는
당황했다. 스피커를 통해 울려 퍼진 목소리만을 들었을 가능성도 생각해
보긴 했지만, 그럴 리가 없었다. 우리가 애초에 염경태 씨를 수소문한
이유는 그가 경찰 페퍼포그차를 탈취했고, 김군이 착용했던 경찰
방석모를 머리에 쓰고 다녔다고 한 증언을 읽었기 때문이었다.

> 어느 순간 나는 쫓아오는 공수부대원에게 붙잡히고 말았다.
> 잡히는 즉시 머리, 어깨, 몸통, 다리 할 것 없이 온몸에 진압봉과
> 군홧발이 쏟아졌다. 이빨 하나가 부러져 나가고 머리가 터져
> 피가 흘렀다. 어디를 어떻게 맞는지조차 느낄 겨를이 없었다.
> 한참 동안 정신없이 맞았다. 그때부터 며칠 동안 계속 집에
> 들어가지 않고 시위에 참여했다. 19일 밤부터 내가 주로 있었던
> 곳은 국세청과 광주 경찰서 부근의 골목이었다. 국세청
> 근방 골목에서 싸울 때는 경찰들이 최루탄 가스를 쏘며 우리를
> 제지했다. 그때의 최루탄은 지금처럼 파편이 터지면서
> 가루가 날리는 것이 아니라 가스로 된 최루탄이었다. 그래서
> 경찰이 최루탄을 쏘면 그것을 집어 다시 경찰들에게 던질 수
> 있었다. 우리는 경찰차(페퍼포그) 한 대를 빼앗았다. 그뿐만
> 아니라 경찰들이 진압 시 쓰는 모자를 뺏거나 땅에 떨어져 있는
> 것을 주워서 머리에 쓰기도 했다. 나도 모자 하나를 주워서
> 쓰고 다녔는데 나중에는 무거워서 벗어 버렸다.
> ― 염경태(1962년생), '현사연 2015 증언'

제작진   페퍼포그차는 기억나는 게 없으시고……

염경태   글게요. 너무…… (웃음) 여기…… 하…… 큰 수술도 해불고
        나고, 뭣도 95년도에도 명동에서 한 몇 달 동안은 했었어요.
        그때 김영삼 대통령이 대통령이 되실 때, 그래서 다 거시기
        많이…… 노태우, 전두환 쳤으니까. 그 뒤로 그래서 결혼허고,
        한 10년? 10년은 괜찮았을까요? 그리고 뭐 머리가 엄청나게
        안 좋드라고요. 그래서 여기 처음에는 보훈병원에 갔어요.
        갔더니 거기서는 안 되겠고, 그래서 서울 가서 했죠. 동생이 거기
        가 있다 보니까…… 이렇게까지 제가 거시기를, 깜빡
        잊어 먹든가 그런 것이 없었거든요. 근데 갑자기 잊어 부는
        게 나오니까 나도 답답해요. 내가 뭐 잘못해서 이렇게
        두드려 맞았으면 괜찮은데, 그때 한참, 요즘 애들은 열네
        살이더라고요. 사춘기가 올 때요. 나는 한 열여덟인가 열아홉
        살에 왔었거든요. 근데 그때 와가지고 아프다는 것이
        생각이 나지를 않았죠. 그러다 보니까…… 그렇게 해가지고
        좀 힘들게 사는 수밖에 없죠. 그렇다고 이미 모든 것이 끝났기
        때문에…… 우리도 더…… 뭐라고 합니까?…… 깨끗하게,
        자세히 기억도 안 나는 거 같고, 기억이 어떻게 거시기 한 거
        같아 가지고, 너무 불편하지 않은가……

1980년 5월 19일 집을 나선 염경태 씨는 25일 정오 무렵에야 귀가했다.
다행히 연행돼 체포되지는 않았지만, 계엄군 공수부대에 붙잡혀
구타를 당했고 그로 인한 후유증을 지금까지 앓고 있었다. 염경태 씨는
항쟁 이후 구속되지 않은 부상자들의 모임인 부상자회에 가입해
활동을 이어 왔다. 페퍼포그차에 탄 사람들을 만나기만 하면 김군과 함께
활동한 이들을 금방 찾을 수 있을 것이라는 우리의 기대와 달리, 염경태
씨는 항쟁 당시 머리를 구타당한 후유증과 30여 년이라는 시간의
간극 때문에 당시 기억을 떠올리는 걸 어려워했다. 이런 식으로
모자이크를 완성해 나가겠다는 우리의 발상은 시간이라는 변수를
고려하지 않은 섣부른 낙관이었는지도 모른다.

2) 김정기, 부상자

5월 21일 서구 내방동 아시아자동차 공장에 집하된 다수의 차량이 징발돼 시민군 차량으로 쓰이기 시작했다. 우리는 현사연 증언록에서 당시 공장 직원이었던 김정기 씨가 시민들을 인솔해 공장 내부로 안내했고, 3공장 안에 있던 페퍼포그차 두 대를 시민들과 운전해 나왔다는 진술을 확인할 수 있었다. 어쩌면 김정기 씨가 항쟁 당시 김군과 마주쳤거나 함께 활동한 사람일 수도 있겠다는 생각이 들었다.

　　　　가랑비가 내리던 3월 초, 전라남도 순천시 황전면에 거주하는 김정기 씨의 자택에 방문했다. 그의 집 주소에 거의 다다르자 아직 열매가 맺히지 않은 감나무들이 군락을 이루고 있는 풍경이 차창 밖으로 펼쳐졌다. 도착 시간에 맞춰 집 밖에 마중 나와 있던 그는 우리가 차에서 내리자마자 무슨 일 때문에 보자고 했는지부터 물었다. 아시아자동차 공장에 대해 말하니 자신은 아는 것이 없다고 했다. 자초지종을 물어보니 그는 우리가 찾은 증언록 속 김정기 씨와 출생 연도까지 동일한 동명이인이었다. 이날 우리가 만난 김정기 씨는 1980년 5월 당시 순천에서 광주로 유학 와 금남로 YWCA 옆 무등고시학원에 다니고 있었다. 김정기 씨는 페퍼포그차에 탄 적도, 총을 든 적도, 시민군으로 활동한 적도 없었다. 그가 목격한 5·18은 학원에 들이닥친 계엄군에게 구타당하고 연행된 경험이 전부였다.

김정기　　어쩌다 5월 근처에 광주 학원에 있었어. 광주공과학원. 고졸하고 막 갔으니까. 도시로 가가지고 그렇게 자취하는. 기숙사에서 생활했지.

제작진　　무슨 기술 배우러 가셨어요?

김정기　　배관. 그러다가 [계엄군한테 건물] 4층에서 뚜들겨 맞아 가지고 1층으로 왔을 거야. 캐비닛 책상이 요만 했을 거야. 살려고 하니까 들어가지데.

제작진　　갑자기 공수부대가?

김정기　　그 위에 헬기가 떴고, 사람이 들락날락하니까, '야 때려 잡아'

해가지고 공수부대가 들이닥친 거지. 헬기 소리가 엄청……
아무튼 공수부대 왔을 때 금남로까지 맨발로 끌려갔으니까
맨발로 원산폭격을 했지, 거기 가서. 5시쯤엔가 광주경찰서로
가서 조사받고 상무대로 끌려갔지. 사람들이 죽었다 이야기만
들었지.

제작진　　그때도 무서운 마음 같은 게 제일 많으셨겠어요.

김정기　　지금 몇 년이 지났소. 몇 십 년이 지났는데 기억한다는
　　　　　것은…… 기억 안 하고 싶어서.

제작진　　페퍼포그차 혹은 가스차를 보신 적이 있으세요?

김정기　　몰라. 버스만 돌아다녔어. 우리는 도청에 안 갔어. 오라고
　　　　　해도 안 갔어. 버스 타고 돌아다닌 사람들이 다 총을 들고
　　　　　있었으니까.

제작진　　그런 총 들고 다니는 사람들에 대한 두려움이 있으셨어요?

김정기　　아니 그런 것은 없었는데, 우리가 상무대에서 나와서
　　　　　배가 고프니께 빵을 사먹는데 빵을 사먹으면 돈을 안 받아.
　　　　　가게 주민들이.

김정기　　여기 와있어도 바깥을 나가질 못했어. 경찰들 따라붙어서.

제작진　　선생님한테요?

김정기　　응.

제작진　　1980년 이후?

김정기　　그렇지. 시골에 와갖고도 병원에 가면 멀찍이 떨어져서
　　　　　다니고…… 거의 한 1년 가까이.

　　　　　─ 인터뷰, 2016/03/04

인터뷰 당시 50대 중반이었던 김정기 씨는 마을에서 가장 나이 어린
'청년'으로 이장 일을 맡아 하고 있었다. 마을 농산물을 상품화해
홍보·판매하면서 자두나무와 매실나무를 접목한 새로운 종 연구에
몰두하고 있던 그는 "어떻게 또 인연이 닿을지 모른다"며 직접 재배해
말린 감을 한가득 안겨 줬다. 아쉽게도 증언록에 목소리가 실린

1961년생 김정기 씨는 끝내 만나지 못했지만, 예상치 못한 방식으로 5·18을 경험한 사람들을 만나는 시간은 결코 헛되지 않다고 느꼈다.

3) 김용균, 페퍼포그차와 GMC 트럭에 탑승

페퍼포그차에 탔던 사실을 여전히 생생하게 기억하는 생존자들도 만날 수 있었다. 김용균 씨는 계엄군이 시 외곽으로 퇴각한 뒤인 5월 21일 저녁, 페퍼포그차에 탑승해 텅 빈 도청에 입성했다고 증언한 적 있었다. 2016년 2월 4일, 만나기로 한 망월동 광주농협 지점에 약속 시간에 밭게 도착해 연락드리자, 그는 서글서글한 미소를 지으며 조금이라도 늦으면 그냥 가버릴 생각이었다고 인사했다. 우리는 근처 선생의 자택으로 이동해 대화를 이어 나갔다.

제작진   1980년 당시 그때 연세가 어떻게 되셨어요?

김용균   스물두 살이었죠. 일반 나이로요.

제작진   그때 혹시 하시던 일은?

김용균   현대중공업에서 근무했죠. 울산 현대중공업. 군 영장이 나왔다고 친구에게 연락이 왔어요. 친구가 장난으로 그랬는데, 나는 진짜 그런 줄 알고 사표 쓰고 내려와 버렸거든요. 여기 와보니까 영장도 안 나오고, 그 참에 이제 5·18이 일어난 거죠.

1980년 당시 울산 현대중공업에서 용접공으로 일한 김용균 씨는 일이 좋아 계속 근무하고 싶었으나, 친구의 장난으로 광주에 돌아오면서 삶이 뒤바뀌었다고 말했다. 그는 19일 시내에 나갔다가 계엄군과 처음 마주쳤다. 그가 살던 망월동은 광주에 들어가는 고속도로 옆에 있는 동네였다. 1980년 당시만 해도 굉장히 조용했던 동네 근처 도로에서 그는 청년들이 떼로 탄 낯선 트럭 차량을 마주쳤고, 거기에 우연히 탑승하면서 시민군 활동을 시작했다. 양동남 씨와 마찬가지로 김용균 씨 역시 항쟁 당시 여러 종류의 시민군 차량을 타고 활동했다고 한다. 우리는 그가 5월 21일 탑승했던 페퍼포그차에 김군이 탔을 가능성은 없는지 확인하고 싶었다.

제작진	21일날 도청 들어갈 때 선생님께서 먼저 들어가셨던 얘기를 좀 해주시면…….
김용균	그 무슨 차예요 그 데모 진압차, 옛날 시커먼…… 그때 그 차에 아마…… 여섯 명인가 정확하게는 모르고, 여섯 명인가 타고 우리가 제일 먼저 도청을 진압했지. 들어가 보니까 저녁에, 저녁이었지. 아무도 없더만요. 그때부터 우리가 도청에서 생활했네. 거기서.
제작진	계엄군하고 전경하고 나갔던 그날.
김용균	저녁에 우리가 바로 들어가는 거지.
제작진	같이 들어갔던 여섯 분은 혹시 아시던 분들이었어요?
김용균	아니 전부 다 모르고, 한 사람만 알아요. 이제 그분이 고인이 되었거든요.
제작진	그 차는 어떻게 타게 되신 거예요?
김용균	누가 타고 왔더라구요. YWCA요, 그리, 거기서 타는 거지. 그 차로. 그 차가 뭐 총이 안 들어온다 어쩐다 해서. 근데 텅 비었더라고.
제작진	혹시 데모 진압차면 약간 페퍼포그 뿌리고 그런 차 말씀하시는 거 같은데?
김용균	그렇게 시커머니, 그 차도. 내가 그 차는 정확하게 잘 모르는디. 이름은 모르는디 데모 진압차. 지금은 그 차도 보기 힘들더만. 그때는 그 차가 있으니까.
제작진	혹시 차에 뭐 페인트로 뭐 글씨 같은 거 써있거나……
김용균	없었어, 그런 건 전혀 없고, 의자만 좀 파손이 됐지. 그리고 그런 건 전혀 없었어.
제작진	(페퍼포그차에 탄 김군의 사진을 가리키며) 요 사진이 이렇게 금남로에 차가 들어오던 모습이에요. 이 차가 앞에 선생님이 말씀하셨던 새까만 데모 진압차, 페퍼포그차일까요? 마이크 달아 놓고 위에 이렇게 기관총 달고 다니던 사람인데.
김용균	아녀, 마이크 없어. 그 차는 안 봤는데.

김용균 씨는 사진 속 김군이 자신과 닮아 보인다고 말했다.

김용균   정말 나 같애.

제작진   선생님 아니에요?

김용균   (웃음) 똑같애. 옷도…… 그때 내가 요 색깔 입었고.

제작진   요 사람도 계속 같이 다니더라고요. 그 사람하고.

김용균   꼭 요거 나 같으네. 내가 이런 옷 입었거든 그때.

제작진   아, 모자도 혹시 이런 방석모 쓰고 하셨어요?

김용균   응, 썼어…… 꼭 나 같구만.

제작진   제무시 트럭은 본 적 없으셨어요? GMC 트럭?

김용균   우리도 타고 댕기고 그랬는데.

제작진   아 선생님도 GMC 트럭 타고 다니셨어요?

김용균   응.

제작진   선생님은 어떤 상황에서 타고 다니셨어요?

김용균   제일 처음에 거시기 할 때 그 차를 막 타고 당겼었어. 우리가 제일 처음에 무기 나온 것이 화순서 나왔을 거야 아마. 우리가. 다른 데서도 나왔겠지만은 화순 거기서, 지금 현재 [광주와 화순을 잇는] 터널 있잖아. 내릿재. 거기 못 가가지고 만났지. 지금 그 호반아파트 지어진 데. 거기선가 만났을 거야 아마 거기서.

제작진   누구요?

김용균   그 무기 탈취해 가지고 갖고 온 차하고. 그래 가지고 전부 우리한테 한 정씩 주더만. 그때 화물차 지엠씬가[GMC인가] 그거 타고 댕겼었지. 그때. 거기 넘어가는…… 그래 가지고 화순까지 우리가 갔었지 화순까지. 거기서 틀어 가지고 광주까지 갔었지. 그때는 운전도 못했어. (웃음) 핸들도 못 잡았는데 그때는.

제작진   그때는 짐칸에 타셨어요?

김용균   뒤에.

제작진   사람은 몇 명 정도 탔었어요?

김용균   많이 탔었지. 한 스무 명 넘었었지. 다 탔응께 아무튼. 빵빵하게
         탔었어.

제작진   나이대가 어떻게 되셨어요?

김용균   우리가 제일 어렸어 암튼.

제작진   이따가 혹시 젊은 시절에 찍은 사진 있으면 저희 좀 보여 주실
         수 있을까요?

김용균   나요?

제작진   네, 그때 얼굴 볼 수 있으면 좋아서요.

김용균   글쎄요, 젊었을 때는 [사진을] 꼬실라 부러 갖고. 그때는 나
         죽었다고 꼬실라 부렀다니까. 집에서.

제작진   약간 선생님 젊으셨을 때가 지금 찾는 사람이랑 비슷한 것
         같아요.

김용균   이뻤어. 이뻤다고 하더만.

제작진   선생님이?

김용균   지금 농사짓고 얼굴이 시커먼 게. 예전엔 진짜 이뻤다고
         하더만.

제작진   그러신 것 같애요.
              ─ 인터뷰, 2016/02/04

김용균 씨는 5월 21일 도청에 들어온 뒤 김군처럼 방석모에 군복을 입고
페퍼포그차와 GMC 트럭을 오가며 외곽 순찰 활동을 했다. 그는
김군이 탑승한 차량과 같은 검은색 데모 진압차를 탔다고 기억했지만,
차량에 스피커가 설치돼 있거나 '전두환 죽여라' 같은 문구가 적힌 것은 본
적이 없다고 말했다. 다만 김용균 씨가 페퍼포그차를 탑승한 시점은
5월 21일 저녁으로, 김군이 페퍼포그차를 타고 사진이 찍힌 5월 22일
오전과는 시간차가 있기 때문에 다른 차량이라고 속단할 수는 없었다.
그사이 스피커가 설치되고 페인트로 글씨를 쓸 시간은 충분했다.
      김용균 씨와의 대화에서 김군에 대한 직접적 기억이나

유의미한 단서를 얻지 못했지만, 그가 그날을 회상할 때 짓던 표정을 통해 김군을 포함한 대부분의 청년 시민군들이 차로 이동하던 순간 느꼈을 감정의 실마리를 얻은 것 같았다. 흥미로운 사실은 우리가 만난 광주의 어르신들은 김용균 씨처럼 "예쁘다"는 표현을 자주 사용한다는 점이었다. 지역에 특정적인 용례가 있는지는 잘 모르겠지만, 5·18 항쟁이라든지 성별 같은 외부 맥락에 구애받지 않고 스스럼없이 예뻤던 시절의 자신에 대해 엷은 웃음을 띤 채 회고하는 김용균 선생의 얼굴을 기록하면서, 또 편집 단계에서 수백 번을 반복 재생해 보면서, 5·18이라고 해서 엄숙하게만 다룰 필요가 없다는 확신을 가질 수 있었다. 오히려 잔혹한 시간의 와중에도 바래지 않은, 이들의 '예쁨'을 잘 드러내 보인다면, 5·18에 참여했던 개인들의 고유한 면면을 잘 조명할 수 있겠다는 생각이 들었다.

4) 이흥철, 페퍼포그차 가두 방송 활동

단 하루 페퍼포그차를 탄 경험이 있는 김용균 씨와 달리, 항쟁 기간의 여러 날을 페퍼포그차를 타고 활동했다고 한 시민군을 만나게 됐다. 구속부상자회의 도움으로 연락이 닿은 이흥철 씨는 현재 광주시청 부근 카센터에서 근무하고 있었다. 항쟁 당시 금남로 인근 번화가인 충장로에서 음악다방 DJ로 일하다가 시민군으로 활동하게 된 이흥철 씨는 이미 누군가로부터 사진 속 김군이 아니냐는 연락을 받은 적이 있다고 말했다.

이흥철   그때 고등학교 졸업했어요. 1980년도에.
제작진   그러면 음악다방 일한 지는 얼마 안 되셨겠네요?
이흥철   그렇죠. 그때 우리가 실업계를 나왔기 때문에, 특별히 없어서. 우리가 음악을 좋아해서, [1979년] 10월 전후에……
제작진   일하시던 음악다방은?
이흥철   충장로. '타박네'라는 곳이 있어요. 서유석의 노래. 거기 인제 광주우체국 바로 후문 앞이었는데, 거기에서 처음 80년 5월을 맞이한 것이죠.
제작진   그러면 거기가 시내?

이홍철	그때는 거기가 완전 중심. 충장로 하면.
제작진	충장로 하면 뭐가……?
이홍철	지금 생각하면 가슴이 뭉클하지만은, 젊은이들이 모이는 곳. 서울엔 안 가봤지만 홍대나 명동 같은, 사람들이 모이는 장소.
제작진	고등학교 졸업 전부터 자주 다니셨었어요?
이홍철	호기심에. 호기심에 다녔는데, 그게 보기 좋더라고요. 누구에게 간섭받지 않고 내 자유 시간을 가질 수 있다는 것. 내가 듣고 싶은 음악을 들을 수 있다는 것. 또 많은 사람들이 디제이[DJ]라는 그 직업 자체에, 분위기에……
제작진	그때 그럼 79년 이때쯤에는 주로 무슨 음악을 많이 들었나요?
이홍철	지금도 많이 애창되지만 스모키 노래라든지, 아바, 비지스, 비틀스, 밥 딜런 그런 쪽으로 많이. 글쎄 내가 제일 좋아했던 노래가 슬픈 노래였는데, 멜라니 샤프카^{Melanie Safka}의 〈The Saddest Thing〉. 지금도 들어 보면 왠지 모르게 가슴에 와닿고…… 지금은 다 리모델링돼서. 그래도 그 건물이 남아 있기는 있어요. 그대로 존재해 있어요.
제작진	[이후 그 건물에] 가본 적 있으세요?
이홍철	지나가죠. 요즘엔 많이 안 가봤는데. 그리고 제가 [지금 카센터] 상호를 '대호'라고 한 것도, 제가 '대호그릴'에 3년을 있었어요. '대호음악감상실'. 거기서 내가 3년 있었어서, 그래서 내가 상호를 '대호'라고 했어요.
제작진	그날도 평소처럼 출근하셨어요?
이홍철	장사했었어요. 당시에도 똑같이 학생들이 데모하고 하니까, 충장로까지 하면 경찰들이 최루탄을 쏘니까 흩어지잖아요. 그러면 장사가 안 돼요. 우리는 지하에 있으니까. 내가 책임을 지고 있으니까, 밖에 나갈 일이 없고. 웨이터들이 밖에 나가서 보면 학생들이 데모하고 있으니까, 오늘 장사 안 되겠다. 그때까진 무관심했었고. …… 전일빌딩 옆에서 조준 사격을 하는데, '핑' 소리 나더만 사람이 맞는 거야. 쓰러져.

보니까 피가 나. 정말 태어나서 처음으로 총에 맞아 사람이
죽어 가는 구나…… 거기서 기독교병원까지 뛰어간다고 생각해
봐요. 둘이 업고, 혼자 업고, 피가 막. 이런 상황에서 우리는
내다보고. 이런 상황이 벌어지니까. 이건 아니다, 전혀 모르는
남이지만, 유탄에 의해, 정조준으로 맞아 쓰러진 분들 보니까,
살기 위해서라도 이건 안 된다. 뭐든지 해야 한다. 그래서
자연스럽게 도청에서 할 수 있는 걸 하는데, 도청에 보니까
페퍼포그, 큰 차가 있어요. 그리고 작은 차가 있어요. '지휘차'라고
해요. 처음에는 큰 차를 타다가 나중에는 작은 차를 탔어요.
'지휘차'는 언제든지 가두농성 나갈 수 있도록 대놨어요.
그 [페퍼포그 김군] 사진을 보니까 거기는 큰 차. 운전할 줄
모르는 사람 대신해서 운전해 주고, 앰프 조작을 못 하더라고요.
누구 할 수 있는 사람 있냐고 물어 봐서, 내가 [음향 장비를]
아니까 자연스럽게 거기서 동참하게 된 거죠.

제작진　　거기에 동참하게 된 과정은?

이흥철　　도청 바깥 분수대에서 그랬어요. 그 차가 진행하는데, 작동할
　　　　　줄을 몰라요. 이미 우리가 탈취했으니까 사람들이 호기심에
　　　　　볼 거 아니에요. 나도 가서 봤고. 근데 차 안에 들어갔는데도
　　　　　조작을 못 해. 근데 그게 기본적인 거니까 하다 보니까
　　　　　되더라고요.

제작진　　도청 앞에 사람이 많을 때였나요? 그쪽으로 방송 장비 차가
　　　　　들어왔었어요?

이흥철　　아뇨. 글쎄 나 혼자 했던 것은 아니고, 여러 분이서 했다고
　　　　　하는데, 내가 탔던 차는 도청 안으로 들어가지는 않고
　　　　　바깥쪽에서 했던 거예요. …… 기계 조작할 수 있는 사람
　　　　　있냐고, 그런데 당당하게 내가 가서 하니까, 그러다 보니까
　　　　　자연스럽게 가자고. 운전하는 사람은 내가 말 한마디 하니까
　　　　　가주셨고, 큰 차 할 때는 뚜껑 열 수 있게 되어 있었어요.
　　　　　그래서 안전하게 해달라고. 그렇게 해가지고 했어요.

제작진   혹시 외관 기억나는 게 있으세요?

이흥철   기억에는 까만 차. 뭐 붙은 건 없고, 본네트 쪽에 경찰 마크가
               있었나? 그런 것 같았어요. 글씨 같은 건 없었고. 시민군들이
               낙서한 것도 기억에는 없고. 그 차를 계속 타진 않았고요,
               그 차를 이틀인가 탔을 거예요. 그다음에는 작은 차로 했어요.
               왜냐면 큰 차가 골목을 들어가기가 어렵더라고. 작은 차로
               하니까, 편안하더라고요.

제작진   큰 차 탔던 거는 며칠로 기억하시나요?

이흥철   21일? 22일?

제작진   그때 도청에서 군 다 철수하고 나서 타시게 된 건가요?

이흥철   그렇죠.

제작진   철수한 당일에 타셨어요?

이흥철   아뇨. 그럼 22일, 23일인가? 당일 날 철수했을 때
               조대[조선대학교]에 갔는데, 조대 운동장에 그 군인들이……

제작진   그럼 선생님 그때 페퍼포그 가두방송 하실 때, 차에 실려 있던
               방송 장비는 어떤 것이었는지 기억하시나요?

이흥철   고정돼 있는 거예요. 앰프가 고정돼 있었어요.

제작진   왜 질문드리냐면, 큰 페퍼포그는 방송 설비가 없었던 것
               같더라고요.

이흥철   있었어요. 기본적인 마이크, 사이렌 다 있었어요.

제작진   그럼 이렇게 위에 확성기나 앰프 같은 게 외부에 설치돼
               있었나요?

이흥철   스피커 있었죠.

제작진   형태가?

이흥철   어…… 네모지기로 된 것 같은데. 마름모꼴이라고 해야 할까?
        ― 인터뷰, 2016/03/01

음악다방 DJ였던 이흥철 씨는 시내 가두방송을 하는 페퍼포그차에 탑승해
음향 장비를 담당했다. 그는 두 종류의 페퍼포그 차량에서 활동했는데,

하나는 '지휘차'라고 불리던 작은 크기의 차였고, 다른 하나는 김군이 탑승했던 것과 동일한, 여덟 명 정도가 내부에 들어갈 수 있고 본네트에 경찰 마크가 달린 큰 차였다. 이홍철 씨는 차창에 총격 자국이 있거나 페인트로 글귀가 새겨져 있거나 '산수2동 새마을금고' 확성기가 설치된 모습은 본 기억이 없다고 말했다. 그가 탑승한 페퍼포그차의 스피커는 차량에 내장돼 있던 마름모꼴이었다. 이 증언에 따르면 그가 탄 차는 김군이 탄 차가 아닐 확률이 높았다. 그래도 혹시나 하는 마음에 우리는 가두방송 당시 페퍼포그차에 함께 탑승한 사람들에 대해 물었고, 그는 항쟁 기간 동안 함께 가두방송 활동을 했던 동료 박영순 씨를 언급했다.

이홍철   그때 [페퍼포그차를] 운전하시는 분 한 분 계셨고요. 나하고 박영순 씨하고 같이 다니면서, 번갈아 가면서 방송했었어요.

제작진   박영순 씨도 방송을 하시고, 선생님도 방송을 하시고: (네) 그럼 가두방송은 언제부터 언제까지 하셨나요?

이홍철   23일부터 27일 새벽, 우리가 잡히기 전까지…… 26일 날까지는 가두방송을 하러 광주 전 지역을 돌아다녔고요, 5월 27일에는 도청에서 마지막 방송을 했고요.

박영순 씨는 계엄군이 광주에 다시 돌아와 도청을 진압한 5월 27일 새벽, 이홍철 씨와 함께 마지막 방송을 했던 인물이었다. 영화 〈화려한 휴가〉에서 배우 이요원 씨가 그를 기반으로 한 배역을 맡아 27일 새벽 지프차를 타고 시내를 다니며 방송하는 모습이 등장하기도 했다. 실제로는 도청 내부 방송실에서 방송을 했고 도청 옥상에 설치된 스피커를 통해 도시 전역으로 소리가 나간 것이었다고 한다. 이홍철 씨와 박영순 씨는 항쟁 당시에는 통성명을 하지 않아 이름을 서로 알지 못하다가, 34년 후인 2014년 행적을 확인하는 과정에서 연락이 닿았다고 했다.

5) 박영순, 페퍼포그차 가두 방송 활동
2016년 4월 7일, 우리는 광주 5·18민주여성회 사무실에서 박영순 씨를 만났다. 5·18 당시 성하맨션 주민들과 수건으로 복면을 제작한 시민군 송희성 씨도 참석한 이 자리에서 우리는 일본 NHK사에서 촬영한 가두방송 중인 페퍼포그차 영상을 함께 확인했다.

영상	(가두방송 중인 페퍼포그차 비춰지는 가운데 V.O.) 시민 여러분 안녕하십니까. 여기는 수습대책위원회입니다…… 지금까지…… 여러분들이…… 수습대책위원회 방송반입니다…… 시민 여러분 우리 모두 거리 질서를 위해서 내 집 앞 내 거리를 깨끗이 청소하도록 합시다……
박영순	제가 23일부터 24일까지는 총기 반납, 그 이후부터는 길거리 청소하자는 등 그런 내용이었거든요? 근데 똑같애. 들어간 이야기들이. 예, [제가] 맞아요. 깜짝 놀랐어요. 이렇게 남아 있으리라고는…… 똑같아요. 제가 목소리가…… 방송을 계속해서 목소리도 많이 쉬었어요. [5월 27일] 새벽 방송 할 때에도, 새벽 방송 할 때는 제가, 어떻게 진짜 그렇게, 그때 거의 뭐 울부짖는 목소리로 했기 때문에,
송희성	그건 그랬어. 울잖아.
박영순	얼마나 떨어 버렸는지.
제작진	[송희성] 선생님도 들으셨어요?
송희성	[도청에서] 가까운 데 사니까. 우리도 집에서, 새벽에 인제 …… 성하맨션이 여기 바로 [광주천] 냇가에 높은, 그때는 그것이 전망대였거든. 거그서 18층에 사니까, 다 보이잖아요. 근디, 그, 목소리가 들려. 그래서 멀리 가면서, 학동으로 가면서, 사라져 부리는 줄 알았어. 죽어 부렸는줄 알았제. 난중에 듣고 보니까, 방송실에서, 여기 올리면 이쪽이 울리고, 여기 올리면 저쪽이 들리고, 이렇게, 한꺼번에 올라가는 게 아니에요.
박영순	5월 27일 마지막 방송이…… 그 새벽 방송 때문에 무기징역, 구형 15년, 마지막에 인제, 3심 때 징역 1년형을 받고…… 살다가 교도소에서 형 집행 면제가 나왔는데, 그것 때문에 제가

근 35년을 참 힘들게 살았죠.

— 인터뷰, 2016/04/07

혹시 김군이 탑승한 차량에서 활동하신 적은 없는지 궁금했다.

제작진   그 왜냐면요, 이게 페퍼포그차를 타고 방송을 하거나 지나가는
　　　　페퍼포그차가 방송을 하더라는 증언이 많이 있는데요,
　　　　그런데, 저희는 사실 요기에 이 설비가 있으니까, 요기만
　　　　방송이 가능하지 않을까 생각을 했는데.

박영순   아, 예, 이게 도청에서 달았어요. 그 이걸, 스피카[스피커]를.

제작진   선생님이 타시던 차는?

박영순   예…… 도청에서 달았어요.

제작진   근데……

박영순   저런 스피카[스피커]를…… 빨간…… 마지막 26일 날은 트럭
　　　　비슷한 것 같기도 하고. 그 빨간 스피카[스피커]를 위에 달아서,
　　　　위에서 본 것도 같고. 그래요. 한 차량이 아니고, 이것도 탔다
　　　　저것도 탔다 했기 때문에, 이런 차 종류는 옆에서 보니까,
　　　　맞아요. (페퍼포그차에 탑승한 김군 사진을 보며) 근데 이것은,
　　　　이것은 총 요러고 다녔을 때는 21일하고 22일밖에 없어요.
　　　　그 이후에 가두방송 할 때는 위에 사람이 없었어요. 아마
　　　　가두방송도 홍철 씨하고도 다녔으니까, 홍철 씨도 알 건데.

제작진   예, 이홍철 선생님과도 이야기했는데, 이홍철 선생님은 본인
　　　　생각은 이런 걸 단 차를 안 탔다고 하시더라고요?

박영순   아니, 저는 봤어요.

제작진   선생님은 보셨어요?

박영순   네.

제작진   그건 혹시 이홍철 선생님하고 같이 탔던 차가 아닐 수도
　　　　있을까요? 항상 같이 다니셨나요? 아니면……

박영순   25일, 26일은 제가 확실히 홍철 씨하고 탄 것 같아요. 그리고

그때는 위에가, 홍철 씨가 기억을 잘 못해서 그러는데, 분명히 빨간 스피카[스피커]였어요. …… 23일부터 24일까지는 계속 총기 반납을 해가지고, 그때부터는 길거리 청소하자는, 거리 청소하자는 등 그런 내용이었거든요?

박영순 씨가 기억하는 페퍼포그 차량 위에는 빨간색 스피커가 달려 있었다. 우리가 알고 있는 일반적인 확성기는 검은색 내지는 회색, 황갈색 같은 무채색 계열이기 때문에, 한 번도 색깔에 대해서는 생각해 본 적이 없었다. 김군의 페퍼포그차는 흑백필름으로 촬영된 사진만 남아 있기 때문에 이 부분을 확증할 수는 없었다.

6) 문장우, 페퍼포그차에 탄 김군 목격

김군의 사진이 촬영된 날짜에 대해 확실히 결론 내리지 못했던 2016년 2월 말, 우리는 시민군 문장우 씨를 어렵게 만나 김군의 사진에 관해 이야기 나눌 수 있었다. 그는 김군의 페퍼포그차 사진이 5월 22일에, 10번 트럭 사진이 5월 23일에 촬영된 상황으로 보인다고 정확하게 추정했다. 1980년 당시 27세의 광고회사 영업부장이었던 문장우 씨는 5월 21일 무기 탈취를 주도하고, 광주공원에 모인 시민들에게 총기 사용법을 교육하고, 시민군들에게 체계적으로 역할을 부여한 인물이다. 그는 김군을 명확하게 기억하고 있었고, 군대에 있을 당시 LMG 조교로 일한 경험이 있었기 때문에 사진 속 김군이 소지한 두 종류의 총기에 대해서도 구분할 수 있었다. 문장우 씨는 김군이 총에 대한 상식이 있는 사람일 것이라고 추정했다.

문장우   (페퍼포그 김군 사진을 보며) 내가 이 친구를 기억하고 같이 활동을 했어요. 여기 같이 움직이고. 나하고 직접 활동은 안 했는데, 많이 부딪쳤어요. 이거 LMG인가 소총이. 비행기 잡는 거? 이걸 하고 있을 때에 '음, 저 친구가 저걸 사용할 줄 아네' 이 말까지 우리가 하고 그랬는데, 그 뒤로부터서는 지금 안 보여요.

제작진   아까 총기가 LMG라고 하셨잖아요.

문장우   이것은 공중에 날아가는 비행기를 잡는 총이에요.

제작진   요 페퍼포그 탈 때에는 이 총을 가지고 있는데, 아까 트럭 타고 있을 때는 총기가 바뀌더라고요.

문장우   캐리버50은 몇 대 없었어요. 두세 대 있었을 겁니다. LMG도 한두 대. 그 정도밖에 없었어요. 그때는 캐리버50을 그냥 시민군들한테 니가 이거 사용해라 해도 안 해본 사람들은 모르니까. 이것을 만질 수 있는 것은 군대를 가갖고 캐리버50을 사용했던 사람들이에요. 병과. LMG도 LMG를 사용했던 사람들이고. [총에 대한] 상식이 있는 사람이죠. 이 사람은 폼을 위해 장치를 한 게 아니고, 이걸 사용할 줄 아는 사람이기 때문에 이걸 자기가 차지를 한 거예요.

    — 인터뷰, 2016/02/25

1980년 5월 21일 늦은 오후, 지역의 경찰서와 예비군 무기고에서 무기를 탈취해 온 시민들은 모두 광주공원에 모인다. 여기서 문장우 씨는 총기를 사용할 때의 안전 수칙에 대해 설명한 뒤 조를 편성해 조마다 아시아 자동차 공장에서 가져온 군용 트럭이나 지프차, 총기 등을 지급한다. 이때 조별로 근무 지역을 나눠 광주 시내에서의 '지역 방위' 활동을 맡거나 외곽지역을 순찰하는 임무를 수행하는 '기동순찰대' 업무를 수행했다고 한다. 시민군 총기 교육을 진행했던 문장우는 당시 페퍼포그 차에 탑승한 김군을 보고 'LMG를 다룰 줄 아는 사람이 있네'라고 생각했다. 문장우 씨에게 김군과 대화를 나눈 적이 있는지도 물어봤다.

문장우   교감은 없었어요. 그 당시에는 어떤 울분과 열정으로 가득했기 때문에 마음이 다 바빠요. 마음이 바빠 가지고 시간이 나면 함성이라도 한 번 더 지르고 싶은 열정들이 타오르기 때문에 거기 있는 사람들하고 교감하고. 오늘 이 사람하고 같이 차를 타고 행동을 했다. 내일 보면 이 사람이 있냐?

그건 아니에요. 다른 차를 탈 수도 있고, 차가 만약에 총 100대가 움직였다, 근데 제1호를 탔다면 내일도 1호를 탄다는 보장이 없어요. 그리고 그때 당시에 보면 서로 잘났다고 한 사람도 없고 서로 위로해 주고 고생한다 뭐 이 정도. 어디에 사십니까, 어디에 사는 누굽니까, 이런 것이 없었어요. 그럴 시간이 없었고.

…… 마주치기만 했지 서로 통성명을 나눴다든지 너는 어디 사는 누구냐, 나는 어디 사는 누구다, 이런 게 없기 때문에…… 근데 소속을 몰라 그 사람. 신분을 어디 사는 누군지도 모르니까 찾아볼 수도 없고. 그때는 모두가 서로 바빴기 때문에. 똑같은 트럭에서 똑같은 총을 들고 지금 이동 중이잖아요. 근데 막, 시민들이 부녀자들이 나와서 김밥을 주고 계란을 쪄 주고 담배를 넣어 주고 음료수를 주니 그걸 나눠 먹기만 하지, 뭐 바로 옆에 앉아도 아저씨는 누구요, 어디 살아요, 이런 것이 없었다니까. 그렇기 때문에 모른다 이거죠.

그는 김군이 항쟁 당시 사망했을 가능성이 높다고 추측했다.

문장우   이 친구는 내가 볼 때 틀림없이 이 세상 사람이 아니지 않느냐. 그 뒤로 안 보이니까. 살아 있었다면 5·18 단체 어느 곳에라도 단 한번이라도 얼굴을 보여 줬을 텐데, 보여 주지 않는 것이 아쉬움으로 남고…… 아마 죽었지 않나 하는 그런 생각을 갖습니다. 그래서 이것을 말로 다 표현을 할 수 없는데요…… 지금까지 보이지 않는 것은 이분이 살아 있으면 좋겠지만 내가 생각하기엔 고인이 되시지 않았을까 하는 생각이 듭니다.
　　　　— 인터뷰, 2016/02/25

2009년 광주광역시 공식 통계에 따르면 5·18로 인한 사망자는 총 269명,

부상 3139명, 행방불명 166명에 달했다. 김군이 사망했다는 전제하에, 사진으로 그의 신원을 찾을 수 있는 방법이 있을지 알고 싶었다. 우리는 5·18 유공자 관련 업무를 담당하는 광주광역시시청 5·18 선양과에 사진 속 김군이 5·18 유공자로 등록되었는지 확인할 수 있을지 문의했고, 예상대로 일반인이 5·18 유공자의 개인정보를 확인하는 일이 불가능하다는 답변을 전달받았다(공무원에게 과업을 부탁할 수 있을지 묻자, 수천이나 되는 유공자의 정보를 일일이 확인하기가 어렵다는 답변을 받았다. 아무래도 더는 도움을 받긴 어렵겠다는 생각이 들었다). 담당자의 설명에 따르면 항쟁 당시 시위에 참여했다는 이유만으로 5·18 유공자의 자격이 주어지는 것은 아니고, 본인이 부상을 입거나 구속 및 수감 같은 피해 사실이 있거나 가족이 사망한 경우에 한해 유공자로 지정될 수 있었다. 따라서 사진 속 김군처럼 항쟁 당시 위험을 무릅쓰고 시민군 활동을 했다 하더라도, 부상을 입거나 구속 및 수감 같은 사법적 처벌로 인한 피해 사실이 있거나 가족이 사망한 사실이 있지 않다면 유공자로 인정될 수 없다. 우리는 국립 5·18 민주묘지 국립묘역 웹페이지의 온라인 추모관에서 희생자들의 영정 이미지를 확인해 보기도 했지만, 김군과 동일인으로 추정되는 이의 얼굴을 찾지는 못했다. 여기서는 사진 대신 그림으로 얼굴이 그려진 영정도 볼 수 있는데, 1980년 당시만 해도 사진 촬영이 모든 계층에게 일반화된 문화가 아니라서, 영정에 넣을 사진이 없던 이들이 많았다고 한다. 또한 신분이 명확하지 않은 시신의 경우 고인의 얼굴 자리에 무궁화 이미지가 삽입돼 있었다. 수많은 얼굴들과 사연을 접하고 또 얼굴조차 없는 존재들을 접하면서, 김군을 찾는 작업이 결코 쉽게 마무리될 수 없겠다고 생각했다.

3.　　　트럭의 궤적

우리는 김군이 탑승한 GMC 트럭의 출처를 확인하던 중, 번호 '10'이 차량에 칠해지기 전 촬영된 사진을 발견했다. 타이어가 달린 방식을 비롯해 캐리버50이 무장돼 있는 상태까지도 10번 트럭과 동일하다. 다만 번호가 적히기 전 촬영된 사진에는 김군이 보이지는 않는다. 우리는 김군이 탑승했던 GMC 트럭 역시 아시아자동차 공장에서 정식 출고되기 전 시민군이 탈취한 차량일 가능성이 높다고 판단했다. 군 탈취 차량이면 차량 앞에 고유 번호와 부대 번호가 표기돼 있어야 하는데, 이 차량에는 그런 번호가 없다. 따라서 군에서 번호가 부여되기 전 탈취됐을 확률이 높다. 독일 제1공영방송 ARD-NDR의 위르겐 힌츠페터 기자에 의해 YMCA 옥상에서 애국가를 부르는 모습이 촬영됐고, 지만원에 의해 제184광수로 지목되기도 한 곽희성 씨는 아시아자동차 공장에서 차량을 갖고 나온 경험을 다음과 같이 증언한 바 있다.

곽희성　　당시에 아시아, 군용 납품하는 트럭이나 지프차 이런 것이
　　　　　아시아에서 전부 나왔었거든요. 가보셨겠지만 그 공장이
　　　　　어마어마하게 컸어요. 광천동 일대가 전부 그랬으니깐.
　　　　　사람들이 전부 아시아자동차로 갔었죠. 왜냐면 활동을 해야
　　　　　하기 때문에. 그때 사람들이 차량이 있는 것은 극히 드물었기
　　　　　때문에 그때 당시에는 택시 시내버스 이런 차량을 많이
　　　　　활용을 하기는 했었죠. 그때 당시에 주로 우리가 편리하게

번호 '10'이 적히기 전의 GMC 트럭 사진. ⓒ동아일보

　　　　　　　　　　　　　　　김군을 찾아서

썼던 것은, 아시아자동차를 가면은 화물차, 아니 군용 트럭은 키가 없어도 시동이 걸리거든요. 그런 장치가 돼있어요. 돌리면 시동이 걸리니깐. 끌고 나와 갖고 광주 시내 사람들을 태우고 다녔었죠. 다녔는데…… 왜냐면 민원도 들어오고 간첩이니 어쩌니 하면 군인들이 외곽 지역에 많이 포진돼 있으니깐 방어 차원에서 많이 돌아다녔죠.

— 인터뷰, 2016/02/28

우리는 5월 21일 오후 GMC 트럭에 탑승해 무기 탈취 활동을 했던 시민군 문관 씨의 1989년 7월의 증언을 현사연 미공개 증언록에서 확인할 수 있었다. 1980년 당시 화순우체국에 근무하던 그는 트럭에 올라타 수건을 배부받았으며, 화순 동면파출소에 도착해 LMG를 트럭에 설치하는 상황을 목격했다고 증언했다.

나는 바퀴가 10개 달린 GMC 트럭에 타고 다른 대여섯 대의 차량과 함께 동면지서로 갔다. 엉겁결에 차에 탔기 때문에 처음에는 차들이 어디를 향해 가는지 몰랐다. 차에 올라가니까 먼저 차에 타고 있던 어떤 사람이 내게 수건 하나를 건네주었다. 20여 명 정도가 광주에서부터 타고 온 것 같았는데 그들 모두가 똑같은 수건을 가지고 있었다. 우리가 1시 40분쯤 화순 동면지서에 도착해 보니 우리보다 먼저 와있던 시위대들이 무기고에서 무기를 가지고 나와 차에 싣고 있었다. 또 어떤 사람들은 LMG 두 대를 가지고 나와 내가 탄 차에 하나를 설치해 주었다. 다른 한 대는 이미 군용 트럭에 설치해 가지고 나왔다. 우리 차에 LMG를 설치해 준 사람들은 군대에 갔다 온 사람들인 것 같았다. 나는 군대를 가지 않았기 때문에 그것을 어떻게 설치하는지 몰랐다. 고등학교 교련 시간에 군사 교육 받은 것 가지고는 어림도 없었다. 그들은 받침대까지 받쳐서 완전하게 설치한 다음 가방처럼 생긴 LMG

실탄 상자 두 개를 주었다.

— 현사연 미공개 증언, 1989/07

당시 사람들은 김군이 소지했던 M1918 BAR과 캐리버50을 기관총, LMG 등 다양한 용어로 일컬었다. 우리가 확인한 항쟁 당시의 사진에서 'LMG'로 불릴 만한 총이 설치된 GMC 트럭 사진은 김군이 탑승한 10번 트럭 사진이 유일했다. 그가 목격한 LMG가 설치된 GMC 트럭 두 대 중 한 대는 김군의 트럭일 가능성이 있다는 생각에 우리는 화순공공도서관에서 근무하는 문관 씨를 만나 자세한 이야기를 들었다.

문관 처음에는…… 그때 제가 화순우체국 기술계에 근무할 때인데, 기술계가 뭐냐면, 60번이라고 해가지고 전화 고치는 수리공이었죠. 21일 날 와갖고 있는데, 뭔 별의별 소문이 많아. 대검으로 가슴을 오려 버렸네 어쨌네 해가지고 이런 처죽일 놈들 하면서 흥분하고 있고 젊은 혈기로 '이 새끼들 어떻게 하면 쓰겠냐' 발단이 돼가지고 저도 차를 타고 계속한 거죠. 우리 시민들은 살려야겠다. 요놈들이 무차별히 칼로 오려 불고 찔러 불고 한다는디. 군용 제무시[GMC] 차가 대학생들이 띠 두르고 몽둥이 하나씩 들고 와가지고 '김대중이 석방하라 석방하라!' '전두환이 물러가라 물러가라!' '젊은 혈기가 있는 사람들은 이 차를 타십시오' 요렇게 대학생들이 그렇게 구호를 해가지고. 여자들 아주머니들이나 박수 치고 있지, 남자들, 인제 우리 기술계 직원들은 우째요. 젊은 혈기에 박수만 치고 있기가 그래서 탔는데, 거기서 타라고 해서 우리 계장님도 타시더라구요. 계장님하고 우리들 전부 다 탔지. 타가지고 동면파출소로 가니깐 벌써 무기를 하나씩 들고 나오더만요. 보니께. 그래서 저도 카빈총 한 정, 탄창 21개짜리인가, 26개짜리인가, 그래 갖고 30개짜리 정도 메고 M1 소총 두 정을 갖고 그 차를 탔죠.

근데 요걸 다룰 줄 알면 사수, 부사수가 탄알이라고 그랄까 탄알 철박스로 된 거 고걸 또 들고 다니더만. 삼발이 들고 댕기고. 부사수가 둘씩 따라다니고 사수가 있고. 요건 LMG고. LMG인가 캐레바50G[캐리버50]인가 뭐라던가…… 우리는 군대를 안 갔다 와가지고 제대로는 모르겠더라고…… 그래 가지고 군용 열 바퀴짜리 있잖아. 앞에 사람 둘이 앉으면은 천장에. 그럼 거기다 설치를 하더라고요. 설치를 하는데 우리는 다룰 줄을 모르니깐. 군대 갔다 왔으면 요것도 했겠지. (웃음)

김군이란 분[3]도 인자 어째 제가 부러워하고 그랬죠. 캐라반50[캐리버50] 뭐 이런거 제가 군대만 갔다 왔어도 그거를 하겠는데 못 허고. 총 갖고 그럴 때는 그 양반들 부러워했는데. 그 양반하고는 인자 어찌 보면 저보다 위 연배일 거요. 군대를 갔다 왔으니깐 그 정도 들었겠죠. 그때는 아직 어려 가지고 그 양반이 말도 안 붙여 주고 저는 말 걸 쩹도 안 되고…….

― 인터뷰, 2015/08/11

문관 씨는 GMC 트럭에 한 명의 '사수'와 두 명의 '부사수'가 캐리버50을 설치하는 광경을 직접 목격했고, 그 사수가 우리가 찾던 김군이라는 사실을 확인해 줬다. 그는 두 명의 부사수의 얼굴을 확실히 기억하지는 못했지만, 김군과 함께 트럭 운전석에 탑승한 모습이 사진에 찍힌 두 명의 동료 시민군일 것이라고 판단했다. 당시 스물두 살이었던 문관 씨는 김군이 자신보다 나이가 많아 보였으며, 그와 직접 대화를 나누진 못했지만 그를 부러워했다고 말했다.

5월 23일을 기점으로 번호가 표시된 차량들의 사진이 등장한다. 우리는 도청에 진입하는 순간 촬영된 김군의 GMC 트럭 사진들을 확인하면서 숫자 '1'이 칠해진 또 다른 페퍼포그 차량부터 270번 번호가 적힌 승용차의 사진까지 번호가 표시된 다양한 종류의 차량 사진들을 확인할 수 있었다. 이창성 기자의 45번 롤 19번 컷(74쪽)에서도

3. 대화에 앞서 우리는 사진 속 시민군이 '김군'이라고 불렸다는 사실을 알렸다.

1번 페퍼포그차의 모습을 볼 수 있다.

안종철 씨는 그의 논문에서 시민군 차량에 숫자가 적힌 배경을 섬세하게 설명한다. 그에 따르면 계엄군 철수 다음 날인 5월 22일 새벽, 당시 재수생으로 항쟁에 참여한 김원갑 씨가 동료들과 함께 광주공원에 모인 시민군 차량에 번호를 적기 시작했다고 한다.

> 김원갑을 중심으로 대여섯 명의 청년들이 이곳으로 모여드는 차량들에게 번호를 부여하는 등록 업무를 분담하여 처리했다. 그들은 근처의 꽃집에서 흰 페인트와 붓을 빌어다가 차량이 오는 대로 앞뒷면에 번호를 써주면서 차량을 책임지고 있는 운전기사의 주민등록증을 참조하여 수첩에 등록했다.
>
> 그들은 미리 등록된 소형 차량들에게는 각자 시내를 돌아다니며 모든 차량은 즉시 공원으로 와서 등록하고 임무를 맡도록 하라고 일렀다. 공원 부근에는 번호가 써진 각종 차량들이 줄을 지어 늘어서기 시작했고 그들에게는 좀 더 구체적인 활동 범위와 임무가 주어졌다. 이곳에서 등록된 차량은 모두 78대였는데 1번부터 10번까지는 도청에서 백운동까지, 11번부터 20번까지는 도청에서 지원동까지, 21번부터 30번까지는 서방에서 도청까지, 31번부터 40번까지는 동운동에서 도청까지, 41번부터 50번까지는 화정동에서 도청까지 그리고 기타 소형 차량들은 중간 연락, 환자 수송 등의 임무를 분담시키고 운행 지역과 임무를 정확하게 나누어 주었다. 소형 차량은 주로 구호 연락 등의 임무를 맡도록 하고 군용 지프차는 지휘 통제, 순찰 및 상황 통제, 전달, 헌병 업무, 그리고 군용 트럭에게는 전투 업무를 담당하게 하였다. 시민군이 광주시 전역을 장악하고 있었지만 시 외곽 지역에서는 간헐적으로 총성이 들려왔다. 시민들은 자발적으로 길거리를 청소했으며, 시장 주변 길가에서는 아침 일찍부터 길가에 솥을 걸고 밥을 지었으며,

밤새워 경계 근무를 하던 시민군들에게 앞 다투어 식사를
제공했다.

— 안종철, 「광주민중항쟁의 전개과정 연구―시민군의 형성과
활동을 중심으로」[4]

『죽음을 넘어, 시대의 어둠을 넘어』의 공동 저자이자 당시 전남대 학생으로
시민군으로 활동했던 이재의 연구자는 김원갑 씨와 함께 차량 통제 업무를
담당한 시민군 중 한 사람이었다.

이재의   처음에는 신원이 확실한 사람들을 해야 할 것 같아서
        주민등록증이나 이런 것을 요구를 하고 그랬는데, 없는 사람도
        있지만, 대부분 가지고 있더라고요. 그래서 주민등록증을,
        처음에 제가 받아서 보관을 할라고 했었어요. 가만히 생각해
        보니까 이래서는 안 되겠다 생각이 들더라고요. 저희가
        책임을 질 수가 없잖아요. 계엄군이 밀고 들어와 버리면,
        주민등록증을 가지고 있다가 오히려 더 큰 파장이 될 것
        같아서, 이름하고 신원이 확실한지만, 주민등록증이 있으면,
        그건 확실하잖아요. 광주나 전남 쪽 사람은 괜찮겠다
        싶어서 그것은 다 확인을 하고, 번호를 부여를 하고, 번호에
        따른 미션을, 지역별로 움직이라고, 그걸 부여하는 걸 했죠.
        나는 한나절 정도 했던 것 같아요.

— 인터뷰, 2016/03/17

시민군 차량에 기재된 숫자는 단순한 인덱스 번호 이상의 의미를 갖고
있었다. 김군이 탄 10번 트럭이 만약 부여받은 임무대로 활동했다면, 탐문
범위를 도청과 남구 백운동 인근 지역으로 좁힐 수 있다는 얘기였다.
물론 번호가 부여된 차량이 애초에 정해진 임무를 벗어나 활동한 사례도
다수 있었기에, 확정 지을 수는 없다. 5·18과 같은 예측불허의 상황에서
일관된 규칙성을 기대할 수는 없을지도 모른다.

4. 5·18기념재단, 『5·18민중항쟁과 정치·
역사·사회』 3권, 2007, 361쪽.

우리는 이재의 씨에게 5월 23일 촬영된 10번 트럭에 탑승한
김군의 사진을 보여 주며 질문을 이어 갔다. 그 역시 사진 속 상황이 5월
23일 모습이라는 추정에 동의했다.

이재의   이게…… 최소 23일 상황이죠. 첫날[22일]은 무기 회수는
       없으니까요. …… 이건 아마 '지역 방위'를 했던 사람들이
       참여하지 않았을까. 그때 [시민군] '기동순찰대'가 초기에
       조직됐었잖아요. 자료들을 쭉 읽다 보니까 기동순찰대의
       경우에는 광주에 있던 사람도 있지만 영암, 나주, 해남, 화순
       이런 데 있던 사람들이 21일 날 오후에 들어오잖아요. 계속
       여기서 같이 활동한 사람들이 꽤 있더라고.

제작진   그러면 아까 [10번 트럭에] '감시반' 표시를 붙여 놓고
       돌아다니잖아요, 이 사람이? 감시반 같은 경우에도
       기동순찰대처럼 나름대로 조직화해서 역할을 부여한
       경우일까요?

이재의   네. 그렇겠죠. '10번'이라고 붙일 정도면 어딘가에 소속돼
       있었을 겁니다. 단지 자기들은 처음 본 사람들이니 모르는
       거예요. 영암 사람들은 한 30명인가 차를 타고 올라온
       사람들이 있거든요. 나주에서 3시, 점심 이후에 와서 무장을
       해요. 그래서 오후 늦게 5~6시쯤 광주 시내로 들어와요,
       자기들이 차를 타고. 자기들끼리 몰려다니는 거죠.
       몰려다니다가 백운동 쪽으로 모여 달라고 차량이 방송을
       하고 돌아다녔으니까. 이 사람들이 [백운동] 로타리 있는
       쪽으로 가가지고 그 일대를 그 사람들이 전부 다, 그 지역으로
       들어가서 방어를 하더라고요. 그날 밤 10시나 11시쯤, 목포나
       나주 쪽에서 들어오는 길인 백운동에서 총격전으로 꽤 많이
       죽었어요. 20사단이 봉쇄 작전을 하면서. 그걸 잘 모르니까
       저쪽에서는, 남평이라고 거기 입구인데, 양쪽에 야산들이
       있고 그러니까 매복을 하고 그러다가 집중적으로 사격을 하고.

…… 그런 식으로 외곽에서 들어와서 활동한 사람들이 꽤 되더라고요. 『죽음을 넘어 시대의 어둠을 넘어』를 썼던 시점은 1985년도인데, 그때는 우리가 공개적으로 이런 걸 취재할 수가 없었어요. 근데 이번에는 어지간하면 증언 자료를 쭉 다 읽어 보는데, 굉장히 다양한 지방에서 사람들이 올라왔어요. 그때는 미처 몰랐던 이런 것들이 굉장히 많더라고요.

제작진   나뭇가지, 타이어 같은 거 달아 놓고 그런 차들은 있었나요?

이재의   나뭇가지는 모르겠고 타이어는 얹어서 다니고, 많이 달았죠. 본능적으로 자기방어를 해야 하니까.

제작진   그거는 도청 쪽에서 지시나……

이재의   아니오. 자체적으로. 지시해서 뭐라 하고 이런 거 전혀 없었어요, 그때는. 이야기를 해도 그냥 자기들이 당연히 해야 하는 것으로 생각하고. 분위기라는 것이 누가 시켜서 하는 것이 아니고, 워낙에 격분해서 참여하는 이런 상황이었으니.

5·18 연구자 박철[5] 씨 또한 '10번' GMC 트럭에 탑승한 김군과 일행들의 사진들을 봤을 때 시민군 기동순찰대 조 가운데 한 조로, 외부를 순찰하면서 이상 상황이 있으면 도청 상황실로 무전 보고를 하는 역할을 했을 것이라고 추정했다. 그는 증언록에서 페인트로 차량 번호를 썼다고 증언한 박선재 씨에 대한 정보를 공유하며, 우리에게 만나 볼 것을 권했다.

나주에 살고 있는 박선재 씨는 지만원에 의해 '제8광수'로 지목된 장본인이었다. 우리는 이창성 기자를 포함해 여러 기자들의 사진에 박선재 씨의 모습이 촬영된 사실을 확인했다. 그는 1980년 5월 당시 숭의실업고등학교 교사였고, 버스에 탄 제자들에게 집에 돌아가라고 이야기하기 위해 버스에 탔던 것이 시민군이 된 계기였다고 술회했다.

박선재 씨가 도청 수위실 앞에서 회수된 총기들을 정리하던 5월 23일 오전, 도청 정문으로 김군 일행이 탄 10번 GMC 트럭이 들어왔다. 잠시 하던 일을 멈춘 채 트럭을 바라보는 그의 모습이 이창성 기자의 23번 롤 '800522 소집되는 무장학생들' 22, 23번 컷에 포착돼

5. 시민군 박철 씨와 동명이인이다.

있다. 맥북 모니터에 띄워진 30여 년 전의 자기 모습을 바라보는 박선재 씨를 보며 뭔가 생경함을 느꼈다. 세월이 지나면서 얼굴이 많이 변하는 사람도 있지만, 박선재 씨는 사진 속 과거의 모습과 현재 모습이 너무 닮아서, 누구라도 동일인으로 볼 만한 명백한 경우였다. 그럼에도 그는 사진 속의 내가 '나'임을 입증해야 하는 상황에 몰려 있었다.

　　　　박선재 씨는 도청 정문 부근에서 활동할 당시, 회수된 무기들을 도청 마당에서 정리하고 차량에 페인트로 번호를 매기는 작업을 했다. 그는 "그때그때 주변 사람들 있으면 막 같이 하자고" 해서 참여한 거라 특정한 팀에 속해 있진 않았으며, 각기 다른 업무를 수행하는 차량들을 모두가 쉽게 인식하기 위해 30여 대의 차량에 흰 페인트로 번호를 칠했다고 기억했다. 하지만 아쉽게도 트럭에 탑승한 김군은 물론, 한나절 같이 작업을 했던 동료들의 이름은 전혀 떠올리지 못했다.

　　　　박선재 씨를 포함한 대부분의 시민군들은 활동을 하는 와중에도 익명의 개인으로 남아 있었다. 개개인이 그때그때 할 수 있는 일들을 맡아 활동했을 뿐이었다.

박선재　　그때는 모두가 자율적으로 활동했어요. 생각이 이심전심
　　　　이라고 한마음으로 나서서 하고. 스스로 자기 일을 찾았고……
　　　　끝까지 남은 자들도 대부분 하층민…… 황금동 '성판매 여성'
　　　　'배우지 못한 사람' '가구공' '구두닦이'가 주류를 이뤄요.
　　　　끝까지 남은 자들은 그 사람들이에요. 황금동 성판매 여성들.
　　　　그분들이 시체를 씻겨 주고 입관을 하면서 자신의 긍지라든가
　　　　자존감을 …… 그렇게 했기 때문에 질서가 유지되고
　　　　전체적으로 사고 없이 오월[활동]을 했다고 보죠. …… 김군도
　　　　잃을 것이 없는 사람 같아 보여요. 새 세상을 갈망하는…….
　　　　— 인터뷰, 2016/08/23

박선재 씨에 따르면 도청 수습 국면으로 넘어가면서 시민군들은 도청 안에서는 무장하지 않았고, 밖에서 활동하는 사람들만 무장을 유지했다고

한다. 김군 일행처럼 전투경찰 방석모를 쓴 시민군은 도청 안에서 활동하던 시민군이 아니라는 이야기였다. 이렇게 무장하고 차를 타고 다닌 사람들은 하나의 무리였으며, 이 사진 역시 외부에서 시민군으로부터 회수한 총기들을 도청에 들어와 반납하는 활동을 하는 모습이라는 결론이었다.

5·18 당시 전남대 학생으로 항쟁에 참여했으며『죽음을 넘어, 시대의 어둠을 넘어』의 공동 저자이기도 한 전용호 씨는 5월 23일 시작된 시민군 무기 회수와 관련해 다음과 같이 설명했다.

전용호　5월 21일 1시에 계엄군이 발포하면서 시민들도 무장을 하잖아요. 그날 오후부터는 전면전이 전개되면서 계엄군들이 퇴각을 해요. 그래서 5월 22일부터는 광주 시내 자체가 해방 공간이 되고…… 그때 22일부터 총기가 약 6000~7000정이 풀려 가지고 시민, 청년, 심지어 초등학생도 총을 들고 다녔던 때가 있었어요. 총기 훈련이 안 된 중고등학생이 총을 들고 다니고 심지어는 수류탄을 이렇게 안전핀 고리를 걸어 갖고 다녔단 말이야. …… 그럼 안전핀 뽑아지면 폭파하잖아. …… 그러니까 군대 갔다 온 예비역 시민들이 불안한 거야.

우리 광주항쟁을 어떻게 끌고 갈 것인가에 대해 크게 보면 두 가지 이론이 전개를 해요. 하나는 무기를 수습하고 해서 이렇게 무혈로 해서 수습하자고 하는, 다른 말로 하면 '투항적 수습론' 그런 것이 있고…… 또 하나는 이 광주항쟁, 광주학살을 일으켰던 원죄자들을 처벌하고 또 그 사람들로부터 사과를 받아야만 이 사건이 해결된다고 하는 '투쟁적 입장'이 존재하잖아요.

아무튼 일단은 '그럼 무기를 회수하자' 그래서 무기를 회수하는 그런 과정들이 전개되면서 이제 투쟁적 입장에 있었던 이런 흐름에서는 '이제 좀 시민들이 신뢰할 수 있는 대학생들을 규합해 가지고 이제 도청에 들어가서 재무장을 하자' 이런 흐름이 있었죠. 23일부터…… 23일부터 있어 가지고 그 대학생들이 들어가서 무기를 받아서 차근차근 몇 명씩 충원이 되고 아울러서 변두리에 있었던 그 무장했던 그런 시민군들한테 총기를 회수받고 이제 이런 과정에서 기존에 열심히 싸웠던 그런 고아, 넝마주이, 노동자, 이런 사람들이 좀 서운함을 느꼈을 거야. 왜 그러냐면 한참 정말 목숨을 각오하고 서로 싸웠던 위급한 순간에는 피신을 했던 대학생들이 이제 '자기들이 다시 무장을 하겠다' 하고 우리한테는 총기를 뺏어 가는 그런 느낌을 갖지 않았을까.
— 인터뷰, 2015/09/06

5월 26일 기동타격대 결성 이전까지 도청 외부에서 순찰 활동을 했던 양동남 씨는 총기 회수를 반대했던 시민군의 입장에서 총기 회수 상황을 말해 주었다.

양동남　　우리는 반대 많이 했죠. 총도, 총 회수해서 회수하러 오면, 총으로 위협을 하고 쫓아내기도 하고 했죠. 시내에서 무작위로 막 돌아다니는 총기 회수는 우리가 해갖고 도청으로 갖고 들어오고, 그런 역할들은 하고 그랬었지.
　　　　　　이게 밖으로 막 다니다가, 인제 이건 감시반이라고 붙여 갖고 다니네. 총기 회수도 하고. 그때 총기들이 워낙 많이 나와 가지고. 중학생도 총기를 막 들고 다녀 갖고 동네 어른들이 뺏어서 모아 놓고 그랬어요. 그러면 인제 도청으로 연락 오면, 도청에서 나가서 회수해 갖고 들어오고, 그런 식이었죠. (도청 안에 들어와 총기를 내리는 김군 일행 사진을 보며) 그러죠, 총기 회수가, 이게 이게 도청 안, 도청이에요, 도청 안에…… 회수해 갖고 들어오는 거예요. 가다가도 총 내뿔고 가불고 그런 사람들이 허다했었으니까. 계엄군

물러나고 나니까.

— 인터뷰, 2015/09/06

김군이 탑승한 페퍼포그 차량과 10번 GMC 트럭은 초기에 번호가 기재된 시민군 차량들로, 수백 대의 차량 중에서도 주도적 역할을 했다고 볼 수 있다. 우리는 헬멧을 쓴 사람들이 외부에서 활동하다 온 사람이라는 판단하에, 김군과 함께 사진이 찍힌 주변 사람들로 탐문의 범위를 확대했다. 이로써 만약 5월 22일과 23일 전후에 도청과 백운동 인근 지역에서 지역 방위 혹은 기동순찰대 활동을 했던 시민군을 만나게 된다면 뭔가 실마리가 잡히지 않을까 하는 희망을 품게 되었다.

4.　　　첫 번째 '김군' 후보

주옥 씨에게서 김군에 관한 증언을 들은 2015년 5월, 우리는 사진 속 얼굴이 오기철 씨 같다는 여러 시민군의 제보가 있었지만, 정작 오기철 씨 본인이 사진에 찍힌 적이 없다며 부인했다는 이야기를 안종철 씨에게 들은 적이 있었다. 그때만 해도 오기철 씨를 만나 직접 확인할 필요는 없겠다고 생각했다. 그러나 항쟁 이후 정체를 숨기기 위해 가명을 쓰고 도피 생활을 했던 시민군들의 엄혹한 상황을 접하면서, 어쩌면 오기철 씨가 다른 이유로 자신의 정체를 부인하는 것일 수도 있겠다는 생각이 들었다. 그를 직접 만나 보고 싶었다.

　　　2016년 3월 2일에 만난 오기철 씨는 남구 지역 곳곳을 트럭을 타고 다니며 대형 폐기물을 수거하는 일을 하고 있었다. 냉장고나 책장처럼 높이가 꽤 나가는 물건들을 적재함에 올리고, 다시 차에 올라타 다음 행선지로 이동하는 그의 모습을 보면서, 김군이 고물을 줍는 넝마주이였다는 주옥 씨의 목소리와 트럭 적재함에 회수한 총기를 도청에 반납하는 사진 속 김군의 이미지가 머릿속을 맴돌았다.

　　　오기철 씨 얼굴에서 가장 인상적인 부위는 진한 눈썹이었다.

오기철 씨를 만나자마자 나는 사진 속 김군의 눈썹이 어땠는지 떠올려
보려 했지만 전혀 기억이 나지 않았다. 눈썹이 보이지 않을 만큼 방석모를
푹 눌러썼던 건지, 기억나지 않을 만큼 그리 인상적이지 않은 눈썹이었던
건지 확신할 수 없었다. 뒷좌석에 앉아 있던 나는 운전 중인 오기철 씨의
프로필을 카메라 뷰파인더로 계속 훔쳐보면서, 그의 얼굴이 사진 속
김군에게 30여 년의 시간이라는 변수를 대입했을 때 산출될 수 있는
모습인지 파악하려 애썼다.

　　　　　수거 업무를 마무리한 오기철 씨와 남구청 2층 소강당에서
이야기를 나눴다. 2004년 마흔이 넘는 나이에 10급 운전원 기능직 시험에
합격한 그는 이제 10여 년 차 공무원이 됐다. 오기철 씨는 1980년 당시
정부군에 맞서 총을 들었던 자신이 공무원이 됐다는 사실이 생각할수록
'아이러니'라고 말했다. 1980년 5월, 당시 그의 나이는 18세였다.

오기철　　　그때는 학교 안 다녔어. 학교 안 다니고 나전칠기 하고 있었어.
　　　　　　세공. 우리 큰집에서 나전칠기를 했었어. 거기서 좀 배워 가지고
　　　　　　중학교 때 그거 하다가 그 당시 5월 18일이 일요일이여. 17일이
　　　　　　토요일이었고. 왜 그냐믄 그때 쉬는 날이었거든 일요일이.
　　　　　　그래서 토요일에 집 갔다가 그 광경을 금남로에서 보게 되지.
　　　　　　　　그때는 왜 내 목숨을 걸었는가 모르겠어. 단 한
　　　　　　가지였어, 내가 배운 거하고 내 눈으로 보는 것하고 달랐기
　　　　　　때문에. 왜, 군인은 국민을 지켜 주는 것이지, 군인이 국민을
　　　　　　향해 총을 쏘면 안 돼. 그건 정당화될 수 없어. 학교에서 배우는
　　　　　　게 그거잖아. 적과 싸우는 거여. 나는 마찬가지여. 난중에,
　　　　　　먼 훗날에라도 그건 진짜 처벌 강하게 해야 해. 우리가 적이여?
　　　　　　보호받아야 할 사람들한테. 그래서 내 목숨 건 거여. 내가
　　　　　　나쁜 짓 한 거 없잖아. 총 회수해서 갖다 놓고, 죽은 놈들 찾고.
　　　　　　총도 쐈다고? 아 그때 안 죽을라믄 쏴야 할 것 아닌가.
　　　　　　　　그때 당시에 그렇게 했던 것은, 죽은 사람이 남으로
　　　　　　안 보였기 때문에 그런 거지. 그 사람이 남이라고 생각했으면

123　　　　　　　　　　　　　　　　**김군을 찾아서**

절대 그 일을 못 하지. 내 부모 형제가 죽었다고 생각하면 그건 살인 날 일이여. 그래서 거기에 더 적극적으로 참여하고, 더 열심히 했지. 근데 이제 지금에 와서 민주화니 어쩌니 하니. 솔직히 말해 난 민주화[운동] 한 거 아녀. 마찬가지여, 내가 죽었으면 뭣을 위해 죽냐고…… 나는 그 체제가 싫어서, 싸워서 지켜 내려고 했을 뿐이여. 억압된 게 싫어서, 내 자신을 위해서 한 것뿐이여.

— 인터뷰, 2016/03/02

오기철 씨는 항쟁 당시 두 명의 동료 시민군과 함께 군용 GMC 트럭을 타고 활동했다고 말했다. 우리는 10번 트럭의 김군 사진을 떠올렸다.

오기철   차 한 대에 세 명이 다녔어. 운전수 포함 두 명. 긍게 운전수 포함해서 세 명이지. 그때 같이 했던 사람들 나도 못 찾고 있어. 그래 가지고 다니니까, 다른 사람들이 알제. 차량이 왔다 갔다 하니까. 신분증 한 거 아닌데. 계속하면서 시체 30개 정도가 미확인자가 있었어, 안에. 그것을 관리하고 일반인에게 공개를 해. 호주머니에 있던 것들 다 뒤져. 신분이 될 만한 거 다 적어 놓고. 확인하기 위해서. 그렇게 하고, 또 외부에서 들어온 사람들 놔둬 붕께, 안에가 너무 복잡해져. 그래서 보여 주고 내보내고. 릴레이식으로. 그렇게 사람을 배치하기 시작해. 그런 일들 하기도 하고. 총 회수 확성기 갖고 하고. 차로 확성기로 얘기하고, 다시 돌아올 테니까 밖으로 내놓으라고. 회수 많이 했어.

제작진   차량은 어떤 걸 탔나요?

오기철   그때 의경들 타고 다니던 군용차 있잖아. 앞에 이렇게 세 명이 타고 뒤에 짐 싣는 거. 화물차. 그거 타고. (10번 트럭 운전석에 탄 김군과 동료 시민군 두 명의 사진을 보며) 그니까 우리가 이 차를, 이 군용차를 타고 다녔는데, 세 명이 타고 다녔다께.

여기다가 관이나 시체, 그런 것을 싣고 다녔고.

제작진 혹시 '감시반' 이렇게 붙이고 다니는 거 본 적 있으세요?

오기철 몰라. 하도 정신이 없으니. 하여간 나는 도청 안에서 이렇게 해가지고 사진 찍은 것은 총 들이대고 다 필름 빼부렸어. 싹. 있었겠지. 근데 좌우지간에 찍히면 내가 범죄자라고 인정받는데 이걸 놔둘 리가 없지. 그래서 나는 사진 찍힌 게 더 없을 거여. 내 앞에서 카메라만 보이면 필름 다 빼버렸으니까. 옛날에는 어차피 필름 빼버리면 끝나는 거니까. …… 근디 여기에는 없어 내가. 미안하지만.

제작진 선생이 여기 출현 안 하셨더라도 혹시 이런 차를 보시거나?

오기철 하도 시간이…… 그걸 봤냐고 물어 보면…… 이해가 안 되는 게 뭐냐면. 오늘 잠깐 나하고 따라 댕겼지. 폐기물이. 잠깐 거기서 그걸 스쳤는디 기억할 수는 없어. 하루에 수백 가지 일이 일어나. 근데 그걸 다 기억을 못 해. 근데 퍼즐을 맞출라믄, 그때 같이 일한 사람들이랑 얘기를 시간대별로 정리를 하다 보면 나오겠지만. 기억을 한다면 이상한 놈이여. 내가 열 번 이 차를 타고 다녔다면 기억을 하겠지. 그렇지 않고 기억을 한다고 하면 그것 또한 문제가 있다고 봐. 진짜 했더라도 기억을 못 해야지 맞어. 어떤 사건이 있어서 기억한다면 인정을 해. 근데 아니면 뭔가 좀 진짜가 아닐 수도 있다는 거지.

생존자들을 만나면서 항쟁 당시 한 장소에서 내내 같은 업무를 했던 사람은 없다는 사실을 깨달았다. 오기철 씨의 지적대로, 대부분의 시민군은 도청 내에서 시시각각 벌어지는 상황에 맞춰 다양한 종류의 활동에 참여했다. 그나마 그가 동료 시민군 '두 명'을 기억하는 것은 단발성의 활동이 아니라 일정 기간 내내 GMC 트럭을 타고 다니며 총기를 회수하고 시신이 안치된 관을 싣고 운구하는 활동을 지속했기 때문이었다. 우리는 그에게 함께 활동한 동료 두 명의 이름을 기억하는지 물었다.

오기철　이름은 몰라. 우리는 절대 이름을 몰라. 나랑 같이한 세 명
　　　　이름도 몰라. 이름을 모릉께 못 찾어. 이름을 알면 전국적으로
　　　　몇 명이 되더라도 찾았겠지. 출신은 알아도 이름을 모릉께
　　　　못 찾는 거여. 실질적으로 이름을 물어 보는 경우는 거의
　　　　없었어. 죽고 살고 하는데 누가 이름 물어봐. 나가믄 죽어 갖고
　　　　시체로 들어오는디.

앞서 만난 안종철 씨가 말한 대로 80만 명이 거주했던 1980년의 광주는
이름 없이 존재하는 것이 가능했던 '도시'였다. 특히 항쟁이라는
초유의 시간대에서, 사람들은 더욱 철저하게 익명으로 남고자 노력했다.
그중에서도 총을 든 시민군들은 자신의 신상이 노출될 경우 생길
위험을 직감하고 스스로 얼굴과 이름을 숨겼으며 서로의 정체에
대해서도 묻지 않았다. 항쟁의 최전선에 있는 이들에게 본래의 정체성은
중요하지 않았다. 시시각각 급변하는 상황에 대처해 지금 당장 무엇을
해야 하는가가 유일한 화두였을 것이다. 오기철 씨는 시신을 운구했던
GMC 트럭을 포함해 여러 차량에 오르고 내리고를 반복해 언제
어떤 차에 누구와 탔는지에 대해서는 기억이 확실치 않다고 했다. 그가
선명히 기억하는 것은 도청 상무관에서 시신을 관리했던 며칠간의
'냄새'뿐이었다.

오기철　사람 썩은 내가 얼마나 독한지 아는가? 또 5월 달엔 가스가
　　　　차. 그럼 입으로 뻐끔뻐끔 나와. 시체 놔두고 음식을 처음엔 못
　　　　먹었어. 진짜 안 넘어가. 근데 계속 같이 있다 보니까
　　　　커피 정도는 마실 수 있데. 평생에 그런 많은 시체를 관리하고
　　　　지킨다는 것이. 그런 것들이 지금도 생각해 보면 참 끔찍한
　　　　일이여. 잠 못 잤어. …… 도청 들어가서 시체 미확인자들
　　　　확인, 도청에 석 줄로 눕혀서 해놓은 것도 있고, 확인된 사람들
　　　　관을 차로 상무관에 옮겨 주기도 하고. 그리고 그 당시에 관이
　　　　부족해. 산수동 넘어가는 데랑 관 집이 두 군데밖에 없었어.

	그래서 시청 직원들하고 그런 걸 같이 하러 다녀. 맞춰서
	운반하고. 그러고 나서 앞전에 죽었던 독일 [힌츠페터] 기자가
	찍으러 들어와. 죄송하지만 [나] 찍은 거 필름 다 빼부렀어.
	그리고 지금 다 잔인무도하게 찍혔던 것들, 시체, 이런 거
	총 들이대고 내가 찍으라 그랬어. 그래 가지고 거기서 찍힌
	것들이 꽤 되지.

제작진　영상도 찍었었어요?

오기철　어. 그 잔인무도하게 죽은 사진이 그거라고. 공식적으로
찍을라 할 때 그거 안 찍으면, 그거 안 남어. 뭐 그런 일들.
그래도 나름대로 한다고 열심히 했어. 그 구성원 속에서도
누가 하라 해서 한 것 없어. 자율적으로 했지. …… 난 오늘도
자네한테 이런 얘기하고 나면 잠 못 자. 왜? 잠 재웠던 거
또 깨우니까 못 자. 다 재워 놨는데. 그것 때문에 다 포기하고
살았는디 다시 또 얘기한다는 것 자체가. 사진 속에 요거 찾는
것도 중요하지만, 역행하는 거지. 나는 뭐냐면 이거 찾고 이런
것도 국가가 있잖아. 그거 내버려 둔다는 게 이해가 안 돼.

제작진　지만원이……

오기철　응응. 언론도 이해가 안 가. 국가가 5·18이 빨갱이었으면 왜
유공자증을 주냐고. 다 뺏어 가야지. 왜 진실을 왜곡시키고
있는 것에 대해서 그놈을 국가가 징역 보내고 해야지.
국가가. 보훈청이. 근데 아무 말도 않잖아. 그리고 우리
스스로가 이걸 증명하려고 하는 게 이해가 안 돼. 똑같은 거
아닌가? 객관적으로 보자고. 아무런 관련 없는 사람이
저걸 쳐다볼 적에, 아 옛날에 정말 뭔 일 있었나 보네?
5·18기념재단에서 할 것이 아니라 이것은 보훈청에서 해야 해.
고발을 하든 무엇을 하든.

오기철 씨는 생존자 단체와 당사자 개인이 지만원 등의 5·18 북한군
개입설에 대응해야 하는 지금의 상황이 잘못됐다고 비판했다.

1980년대와 1990년대에 걸쳐 13년간 5·18항쟁구속자단체 조직국장으로 일했던 그는 30여 년이 지난 지금까지도 얼토당토않은 주장에 대응하기 위해 기억하고 싶지 않은 과거를 되짚어야 하는 생존자들의 처지를 참기 힘들어했다. 그는 민간 차원이 아닌 국가보훈청을 비롯한 정부 기관 등 국가적 차원에서 지만원 측을 대응하고 처벌해야 한다고 말했다.[6] 한편 오기철 씨에게 아픈 기억을 떠올리게 한 우리는 김군을 찾는 여정이 한 개인의 삶을 조명하는 데 그칠 수 없다는 사실을, 생존자들이 과거를 떠올리고 증언하는 행위가 수반하는 고통을 대면하지 않을 길이 없다는 사실을 인정해야만 했다.

　　　　세 시간 정도의 긴 대화가 끝나갈 무렵, 김군 사진을 다시 들여다보던 오기철 씨가 사진 속 한 얼굴을 가리켰다.

오기철　　가만있어 보자…… 나랑 비슷한 놈은 이 사람밖에 없어요.
　　　　　(사진 확대해 본다) 봐봐.
제작진　　어때요 선생님 보시기에는?
오기철　　닮았네요. 아깐 몰랐는데. 하여간 이 차 저 차를 하도 많이
　　　　　타고 댕겨서. 이렇게 보니 모르겠네요.
제작진　　혹시 수건 같은 건……
오기철　　수건 같은 것도 많이 두르고 다녔고. 옷도 군복 같은 거 많이
　　　　　입었고. 내 옷은 다 벗어 불고. 거시기 다른 것들은 다
　　　　　아닌 것 같은디. 왜냐믄 옛날 사진은 내가 다 이렇게 생겼거든.
　　　　　감시반, 감시반…… 뭣을 감시한다고 감시반이라 했을까?
　　　　　그래 그때 나는 시체 싣고 다녀서 다 알아. 하루에 시체가 너무
　　　　　많아. 기억이 안 나니까 진술을 못 하지. 근데 그날 같이
　　　　　있던 사람들이 얘기를 하면, 숨어 있던 기억들이 나지. 그 전에는
　　　　　모르지. 근데 잠깐 뭐 하고 가불면, 스쳐 가는 사람이면
　　　　　어떻게 기억을 해. 기억을 못 해. 우리처럼 날마다 살아 본
　　　　　사람하곤 달라.

6. 그의 바람은 현행법상 피해 당사자들만이 소송의 주체가 될 수 있는 명예훼손죄와 허위사실유포죄를 통한 처벌이 아닌, 2020년 현재 논란이 되고 있는 '역사왜곡처벌법'과 같은 특별법 제정을 통해 실현될 수 있을지도 모르겠다.

23번 몰 '800522 소집되는 무장학생들 '28번 컷 확대 이미지. '감시반' 트럭에 탑승한 김군의 뒷면으로 오기철 씨로 추정되는 시민군의 모습이 보인다. ⓒ이창성

오기철 씨가 가리킨 이는 10번 트럭 적재함에서 총기를 내리는 김군 일행 한가운데에 선 장발 청년이었다. 트럭 위로 보이는 시민군 가운데 유일하게 모자를 쓰지 않은 청년으로, 원거리에서 촬영돼 확실하진 않지만 1980년 전후에 촬영된 사진 속 오기철 씨는 물론, 2016년 현재의 오기철 씨 얼굴과도 닮아 보였다. 동아일보 황종건 기자가 도청 옥상에서 촬영한 사진[7] 속 10번 트럭의 시민군들이 김군을 포함해 모두 방석모와 헬멧 등을 착용하고 있는 사실을 주지한다면, 박선재 씨의 증언대로 도청 안에서 활동하고 있어 모자를 쓸 필요가 없던 오기철 씨가 10번 트럭 적재함에 올라 회수된 총기를 내리는 작업에 동참했을 가능성은 충분해 보였다. 물론 오기철 씨에게 이렇게 '스쳐 가는 사람들'에 대한 기억은 남아 있지 않았다.

항쟁의 시간 속에서 오기철 씨의 경우처럼 전혀 통성명을 하지 않았던 사람이 대부분이었지만, 예외적인 상황에 놓인 일부 시민군들은 이름을 새롭게 지어 서로를 기억하기도 했다. 5월 26일 결성된 기동타격대원들은 각자의 특징으로 별명을 지어 소통했다. 당시 기동타격대 1조 대원으로 활동한 양동남 씨는 운전을 정확하게 한다는 이유로 '시계'라는 별명을 얻었고, 6조 대원 박인수 씨는 '곰돌이'라는

7. 책 78~79쪽에 실린 도청 밖으로 나가는 10번 트럭 사진.

이름으로 활동했다.[8] 별명으로 서로를 인지했던 시민군 기동타격대 공동체는 결성된 지 채 하루도 지나지 않아 계엄군의 진압으로 종식된다. 이들은 체포와 동시에 항쟁 이전까지 호명되던 법적 호칭으로 다시 불렸고, 상무대 영창과 광주교도소의 정치범 수용 공간에 집단 수용되어 군경의 혹독한 심문과 재판 과정을 겪으면서 자연스럽게 동료들의 실명에 익숙해졌다.[9] '곰돌이'와 '시계'가 '박인수'와 '양동남'이라는 이름으로 서로의 얼굴을 인식한 것도 체포된 이후의 일이다.

박인수 씨는 우리에게 기동타격대 6조 동료였던 '사무라이' 이야기를 들려주었다. 긴 앞머리를 뒤로 넘긴 뒤 꽁지를 만들어 묶고 다녀 '사무라이'라는 이름을 갖게 된 그 동료는 5월 27일 새벽 계엄군이 도청을 기습 공격한 뒤 흔적도 없이 사라졌다. 박인수 씨는 계엄군의 총격에 목에 부상을 입은 뒤 생포됐지만, 사무라이는 그날 이후 어디서도 모습을 찾아볼 수 없었다. 사무라이의 실제 이름이나 나이, 직업, 거주지를 전혀 알지 못하기 때문에 동료들은 그를 찾을 방법조차 찾지 못했다. 그럼에도 박인수 씨는 30여 년 전 단 하루를 함께했던 사무라이의 긴 머리를 묶어 준 순간을 생생하게 기억하고 있었고, 그의 행방을 여전히 염려하고 있었다. 주옥 씨네 가족이 '김군'이라는 이름 아닌 이름으로 불린 넝마주이 청년이 다시 가게에 오길 기다렸듯이 말이다.

제작진	마지막으로, 이분을 찾으려면 또 어떤 방향으로 어떤 사람들을 만나 보는 게 좋을까요?
오기철	글쎄…… 이 사진이 21일이지?[10] 21일이면 죽었을 확률이 높아. 글쎄 살 수도 있는데, 마지막까지 해서 27일 날까지 살았을 수도 있는데…… 27일 날 얼마나 많이 죽었는데. 죽지 않으면 어디 산속에 들어가서 스님이 되어 살든가. 죽지 않으면 세상 보기 싫어서 스님이 됐든 신부가 됐든 둘 중 하나가 됐겠지.

8. 인터뷰, 2016/03/01.
9. 물론 여성과 남성, 성인과 미성년자, 중상자와 나머지 사람들이 분리되어 생활했기 때문에 정도의 차이는 있었다.

10. 김군의 사진은 5월 22일과 23일 촬영됐다. 다만 오기철 씨는 금남로 집단 발포가 있던 5월 21일의 참상을 강조하려는 듯 21일로 추정했다.

우리가 만난 수많은 시민군들은 사진 속 김군의 모습을 보고 분명 항쟁 당시 계엄군에 의해 죽었을 거라고 이야기했다. 오기철 씨 역시 김군이 사망했을 가능성이 높다고 봤지만, 동시에 만에 하나 그가 죽지 않았다면 "세상 보기 싫어서" "어디 산속에 들어가서 스님이 되어" 조용히 살고 있을 수도 있다고 생각했다. 실제로 속세를 떠나 스님이 된 생존자들 이야기를 여러 번 접했고, 불자의 길을 택한 시민군을 만나기도 했던 우리는 이 말이 전혀 근거 없는 추정이 아니라고 생각했다. 5·18 관련자뿐만 아니라 일반 광주 시민들도 김군을 모르는 걸 보면, 그가 광주에 살고 있지 않는 것만큼은 분명했다. 우리는 탐문을 지속하면서, 김군이 정말로 사망했거나, 오기철 씨의 말처럼 광주를 영원히 떠나 인적이 미치지 않는 곳에서 조용히 살고 있을 수 있다고 생각했다. 탐문의 전략을 수정해야 했다.

원지교 — 자활근로대 —

4부 넝마주이

1979년 국립지리원 제작 광주시 지도 중 '원지교(석천다리)' 일대.

崇義實業工高校

×61.2

崇義中校

평화민

개인창고

┼성教會
學3

東部教會

193.5 임곡 0.1 km

1.　　원지교

원지교는 광주 시내에서 화순을 향할 때 반드시 지나쳐야만 하는 다리로,
일명 '석천다리'로도 불린다. 다리 옆 경사로를 따라 천변으로 내려가면
돌다리 너머로 김군 일행이 살았던 것으로 추정되는 공간을 볼 수 있다.
주옥 씨의 아버지 주대체 씨가 김군 일행이 천막을 치고 생활했다고
기억해 낸 이곳은 이제 푸른 덤불과 수풀로 무성히 뒤덮여 있다. 백로들과
비둘기 떼, 그리고 이따금 모습을 드러내는 고양이들이 원지교 천변의
현 거주민이다.

　　　　천변에는 수령이 몇 십 년은 돼보이는 건물 3~4층 높이의
버드나무들이 자라고 있다. 기록을 살펴보니 광주천이 범람할 경우를
대비해 버드나무를 제방에 심었고, 그 때문에 물의 흐름을 느리게
하고 땅의 침식을 방지할 수 있었다고 한다. 관에서 의도적으로 조성
사업을 시행하기도 했지만, 예부터 광주천변에 버드나무가 많아
유동이나 유덕동처럼 '버들 류柳' 자가 들어가거나 양림동과 방림동처럼
'수풀 림林' 자가 들어간 지명이 천변 주변에 많다는 이야기도 있었다.

현재 원지교 풍경. ©1011필름

5월 23일 촬영된 김군 사진에는 전날 볼 수 없었던 버드나무 가지들이 곳곳에 보인다. 그가 착용한 방석모와 10번 트럭 적재함에 꽂혀 고개를 숙이고 있는 버드나무 가지들은 일견 전쟁 사진처럼 보이는 이미지에 묘한 서정성을 부여한다. 여러 개의 타이어가 차량 전면에 설치된 시민군 트럭과 지프차 사진은 볼 수 있었지만, 버드나무 가지로 '조경'된 차량은 김군의 트럭이 유일하다. 버드나무 가지를 머리에 꽂은 시민군 역시 김군 한 사람뿐이다. 산속이나 정글도 아닌 도심 한복판에서 자신과 차량을 버드나무로 장식하는 행위가 계엄군에 대비한 위장으로 실용적인 선택이었는지는 의심스럽다. 어쩌면 김군은 광주천에 무성하던 버드나무 가지를 애착인형처럼 몸에 지니고 다니며 안정감을 느끼고 싶었는지도 모른다. 물론 근거 없는 추정일 뿐이다.

　　　　김군과 버드나무의 관계를 생각할 때마다 김군이 분명 미국 영화를 많이 봤을 거라고 했던 양동남 씨의 말이 떠올랐다. 무지개 색깔의 수건을 두르고 카빈총을 든 모습이 촬영되면서 '제36광수'로 지목된 같은 무장 시민군의 관점에서조차 김군이 장식하는 방식에는 '일반적'인 시민군과는 차별화된 미적 자의식이 존재한다. 그는 계엄군의 학살이라는 엄중하고 비극적인 상황 속에서 자신이 바라는 자기의 이미지를 구현해 냈다. 양동남 씨가 언급한 '미국 영화'는 〈람보〉^{Rambo} 류의 액션 영화지만, 내게 있어 그러한 김군의 이미지는 항쟁으로부터 11년 뒤 제작된 제니 리빙스턴$^{Jennie\ Livingston}$ 감독의 다큐멘터리 영화 〈파리는 불타고 있다〉$^{Paris\ is\ burning,\ 1991}$를 상기시킨다. 에이즈에 대한 공포가 확산되던 1980년대 말 촬영된 이 영화는 뉴욕의 한 드랙볼 공간을 중심으로 활동하는 라티노^{Latino} 및 흑인 드랙퀸들의 삶을 포착한다. 마치 내일은 없는 것처럼 지금 이 순간 자기 자신을 아름답게 구현하는 데 집중하는 영화 속 인물들의 몸짓이 김군의 그것과 겹쳐졌다면 너무 과도한 투사일까? 어쩌면 나는 김군이 항쟁의 최전선에 선 투사여서라기보다, 절체절명의 순간에도 주변의 것들로 자신을 꾸밀 줄 알았고 꾸며야만 했던 사람이었기 때문에 더 만나고 싶었는지도 모르겠다.

　　　　1980년 당시 주옥 씨 부모님은 전남도청에서 1.1킬로미터 남쪽에 위치한 남광주역 사거리 현 학문외과의원 자리에서 '왕대포 시음장'이라는 이름의 막걸리 대포집을 운영하고 있었다. 아버지 주대체 씨에 따르면 김군 일행은 가게에서 약 1.2킬로미터 남동쪽에 위치한 원지교(일명 석천다리) 밑에 거주하고 있었다. 그는 김군이 일과를 마친 뒤 막걸리와 라면 등을 먹으러 매일같이 오던 7~8명의 '넝마주이' 청년들 중 한 명이었다고 떠올렸다.

제작진　　와서 라면 시키면, 라면은 어떤 거?

주대체　　삼양라면. 양은냄비에.

제작진　　김치랑 단무지랑 이런 것도 줘요?

주대체　　우리가 먹는 반찬에 줘버려. 친절하게 해. 우리 가족 같이 그냥.

제작진　　아, 일고여덟 명이 기다란 책상 하나에 주루룩 앉아서……

주대체　　응. 저쪽에 짐짝 다 두고 앉아서. 항시 돈은 있어.

제작진　　[고물 을] 처분하고 왔으니까……

주대체　　응. 번 돈은 다 있어…… 전부 싸게 파니까 와서 먹는 거여.
50원짜리 한 잔씩, 왕대포 반 되 들어간 놈으로. 그냥 일부러
그렇게 잘해 줬어. 그러고 나는 그 사람들한테 잘했어. 그래서
'어머니, 어머니' 하고, '아버지, 아버지' 하고. 내가 알기로 일고여덟
명이 항시 같이 다녔어. …… 뭐 김군 이 정도 알지 이름도 모르지.
매일 한 번씩 들렀어. 가면서 들르고. 그 사람들이 그러면서,
보따리 한쪽에 놔뒀다가, 와서 라면 먹고. 라면 20원뿐이 안
했어. 라면 끓여 먹고. 지들이 와서 먹고 인사하고 가면 '가소'
하고, '왔는가' 하고 이럴 정도지, 누군지를 알려고도 안 하고. 그
아이들이 어디가 집이냐면, 원지교. 원지교 밑에.
그 때는 지금 같지 않을 때여. 거기 지금 새로 뜯어불고 지었거든?
거기 밑에 있었어. 그 밑에 와서 주로 천막을 치고 있었어.

제작진　　거기에 선생님네 가게 자주 오던 그 일고여덟 명 말고도 다른
사람들도 그 다리에 많이 살고 있었어요?

주대체　　아니지, 그 아이들만 있었다니까. 그 아이들이 주로 거기 그쪽에

제작진	있었어, 넝마주이들. 이 아이들이 전부 다 주동이 되어 버렸어. 뭔지 알겠지? 넝마주이가 주동이 되어 버렸다니까.
제작진	그 사람들이 거기에서는 언제까지 살았어요?
주대체	5·18 전까지는 거기 살았다니까. 그 후로 없어져 버렸어. 사람이 다 없어져 버렸다니까.
제작진	천막은 그대로 남아 있었어요?
주대체	없지. 그리고 흐지부지 없애 버렸지. 그런 건 근거를 안 남겨. 항시 없애 버려. 전부 철거시켜 버려. 없어.
제작진	철거시키는 건 보셨어요?
주대체	못 봤지.
제작진	그럼 끝나고 나서, 27일 날 군인들 들어오고 끝나고 나서, 선생님도 혹시나 싶어서 한번 보려고 가본 적 있으세요?
주대체	아니, 애기들 데리고 가보니까 벌써 아무것도 없었어.
제작진	그럼 5·18 직전에 선생님께서 마지막으로 본 게 언제였어요?
주대체	바로 그전까진 왔다고 봐야지. 쭉 다녔어.

　　― 인터뷰, 2016/03/19

주옥 씨 가족이 김군을 또렷하게 기억할 수 있었던 이유는 항쟁 이전부터 장기간 가게에 드나들던 그의 얼굴이 낯익었을 뿐 아니라 '김군'이라는 이름 아닌 이름과 얼굴을 연동해 익혔기 때문이었다. 그에 비하면 대규모 집회에서 스쳐 지나가듯 마주친 이름 모를 낯선 이의 얼굴을 30여 년 뒤에 정확하게 인식하는 일은 쉽지 않다. 항쟁 이전까지 그가 거주했던 원지교 부근이라면 그를 기억하는 사람들이 있지 않을까 싶어 우리는 원지교 부근의 지역 곳곳에서 만난 중노년층의 시민들에게 김군 사진을 보여 주며 기억하는 사람이 있는지 수소문했다. 사진을 본 상당수의 지역 주민들은 경계심을 보였다. 남광주시장에서 만난 70대 여성은 이 사람을 이제 와서 왜 찾는 거냐고, 또 잡아 가려는 거 아니냐고 되물었다. 노인정과 시장에서 만난 노인들은 마치 행방불명된 이웃을 찾는 것처럼 조금이라도 도움이 될 만한 단서를 기억해 내려 얼굴을 찡그렸다.

우리는 김군의 얼굴이 낯이 익다고 이야기한 중노년의 지역 주민들을 원지교 부근 지역에서 심심치 않게 만날 수 있었지만, 그의 이름이나 구체적인 신상에 대해 기억하는 이는 아무도 없었다.

항쟁이 일어나기 직전까지 원지교 부근을 매일같이 오가며 생활했던 시민군 이성전 씨에 따르면, 당시 광주천 부근에 살던 넝마주이 무리의 거처는 원지교뿐만이 아니었다. 그는 원지교 외에도 서구 양동의 양동시장,[1] 동구 용산동의 생수통,[2] 동구 지원동사무소 부근 다리, 석산을 캐는 돌 공장 등지에도 각각 어림잡아 30~40명의 넝마주이 무리들이 천변에서 가마니나 군 천막을 치고 생활했다고 떠올렸다. 그리고 무리에 따라 아주머니나 어린아이, 나이 먹은 사람이 포함된 경우도 있었다고 했다. 다시 말해 광주의 천변 일대에 넝마주이 생활을 하던 사람들이 많이 있었다는 말이었다. 자신과 같은 '건달'과 넝마주이 같은 '양아치', 동네에서 '어영부영하던 청년'들을 구분하며 이야기하던 이성전 씨는 학동 팔거리 부근의 막걸리 대포집들과 원지교 근처에 넝마주이 무리가 살던 광경도 생생하게 기억하고 있었다. 그러나 원지교 근처의 넝마주이 무리들과 어울린 적은 없었으며, 그가 알고 지낸 넝마주이들 역시 서로 별명을 부르며 지냈기에 실제 이름을 알긴 어려웠다고 했다.

이성전   그 당시엔 얼굴은 알아도 이름은 모른다니까. 갑돌이 갑순이 이름 안 부르고 덩치, 대장을 오야붕, 지그들 수식어가 따로 있어 놔서, 넝마주이들 수식어가 따로 있어 놔서 우린 잘 모르지. 머리에 흉터 있으면 거기서 별명을 따 불렀어. 정확하게 누구 이름이 뭐다라는 걸 몰라. 그 사람들은 주민등록이 없었어. …… 여기서도 그 사람들이 집단으로 거주했고, 그 사람들도 우리 건달들을 보면 피해 다녔어. 넝마주이하고는 어느 정도 거리감이 있었어. 우리는 A급 건달, 그쪽은 양아치…… 그 사람들이 5·18 이후로 보이는 사람이 없어. 내가 7월 1일에

1. 원지교에서 광주천을 따라 약 4킬로미터 북쪽 방면에 위치한 오래된 시장. 1980년 5월 당시 시장에서 일하는 여성들이 주먹밥을 만들어 시민군들에게 제공했다.

2. 원지교에서 광주천을 따라 약 1.3킬로미터 남쪽 방면인 광주천 지점에서 사람이 먹을 수 있는 물이 나온다고 하여 '생수통'이라고 불렸다고 한다.

잡혀 가지고 81년 4월 3일 날 나왔으니까. 그 뒤로는 넝마주이를 못 봤어. 5월 항쟁 전까지는 많이 있었다니까. [원지교] 이 아래도 있고 많이 있었어. 삼청교육대 잡혀간 사람들도 있었는데, 걔들도 양아치는 한 명도 못 봤단 것이여. 죽었으니까 대한민국을 떠났으니까 안 보이지, 아니면 어디로 가겠어.

제작진   삼청교육대에는 '양아치'들이 없었다는 말씀인가요?

이성전   양아치들 말고 동네에서 어영부영하던 사람들만 끌려갔어.
동네 통반장들이 밀고를 해서 삼청교육대로 보냈어. 진짜 깡패들은 지하로 숨었지. 삼청교육대 다녀온 사람들은 많은데 이야기하기가…….

— 인터뷰, 2016/09/21

이성전 씨를 포함해 우리가 만난 원지교 부근의 주민들이 가진 넝마주이의 기억은 제각기 달랐지만, 이야기가 일치하는 지점이 하나 있었다. 바로 5·18 이후로 넝마주이들이 사라졌다는 사실이었다. 우리는 작업 초기부터 1980년 8월 창설된 삼청교육대가 그들의 사라짐과 연관되어 있지 않을까 하는 짐작을 갖고 있었는데, 이성전 씨는 넝마주이들이 사라진 것이 삼청교육대 이전, 5·18 직후의 일이라고 믿고 있었다. 그를 포함해 우리가 만난 많은 지역 주민들 역시 넝마주이들이 계엄군에 의해 죽었을 거라고들 이야기했다. 과거 증언 기록을 살펴봤을 때, 이런 소문은 1980년 당시부터 이미 존재하고 있었던 것 같다.

요즘 가끔 택시를 타게 되면 기사들과 많은 얘기를 나눈다. 기사들은 한결같이 수많은 사람들이 5·18 때 죽었다고 얘기한다. 5·18 이전에는 길거리에 넝마주이들이 많이 있었는데 그 후에는 넝마주이들을 한 사람도 보지 못했다 한다. 그들은 친척 하나 없고 연고자도 없어서 하루아침에 사라졌다 해도 누구 하나 신고해 줄 사람이 없다는 것이다.

— 정경상(1960년생), '현사연 3064 증언'

5·18이 나기 전까지만 해도 넝마주이들이 많았다. 그들은
몇 명씩 무리를 지어 다녔다. 행실이 거칠고 험악했다.
돌아다니면서 동냥을 구하기도 하고 때로는 물건을 훔쳐
가기도 하였다. 내가 근무하고 있던 성인경상전문대학에도
그들은 자주 왔다. 그렇게 많았던 넝마주이들을 5·18이 지난
뒤에는 아예 볼 수 없게 되었으니 아마 5·18 때 많이 죽지
않았을까 한다. 그들이 죽었다고 해도 대부분 혈혈단신으로
가족도 없이 떠돌던 사람들인지라 사망자나 행불자로
신고되지 않았을 것이다.

— 김순만(1944년생), '현사연 7148 증언'

연고가 없는 5·18 희생자들의 신원이 밝혀지지 않는 데에는 실제로 그들이
고아라는 사실이 중요하게 작용했다. 항쟁 기간 중 사라진 사람들의 경우
친족의 실종 신고를 통해 행방불명자로 인정될 수 있었던 반면, 명확한
주거지가 없이 거리에 살던 미성년자의 경우 주민등록이 제대로 되어 있지
않거나 실종 신고를 할 대상조차 분명치 않은 경우가 많았다. 또한
수용 시설에 살았더라도 실종 신고를 하지 않아 신원이 뒤늦게 밝혀진
사례도 존재하며,[3] 수용 시설에서 실종 신고를 하고 적극적으로 찾으려고
애쓴 경우에도 실종자 신원을 확인하는 일이 쉽지 않았다. 2016년 1월
하순 우리는 남구 방림동에서 소년자활원을 운영했던 오종렬 원장을
만났다. 그는 자활원에서 생활했던 한 원생의 이야기를 들려주었다. 그이
역시 김 씨 성을 가진 고아였다.

오종렬   67, 68년도부터 5·18 때까지 한 2000여 명을 배출했지 거기서.
         당시에는 5·18이 되니까 애들이 전부, 우리는 일절 나가지

3. 5·18 연구자 정수만 씨가 언급한 전라남도
해남희망원의 사례. "실종되면 가족이
신고해서 실종자로라도 인정돼. 근데 가족이
없으면 자활원이나 이런 데선 신고를 안
하거든. [31사단 해남대대] 천막 밑 시체
7구를 목격한 군민이 있는데 [계엄군은] 왜
2구라고 주장하나. [7구 중] 4구를 헬기로
실어 간 것 같다는 이야기가 나왔어.
그럼 3구가 있어야 돼. 2구는 찾았고 2구는
군부대에 묻어 놓어. 88년에 군부대를
가보니 묻어 놓은 묘지가 없어진 거야.
추적해 보니 해남희망원 원생. 그 사람도
가족이 없으니 못 찾은 거지." 인터뷰,
2016/09/05.

말자. 청소나 하자. 이렇게. 그렇게 하면서 지역 청소를 하고, 당시에 삼일아파트에 시민군들이 주둔해 있었는데. 자활원 바로 위에 삼일아파트. 그래 가지고 집에서 식사 지원해 주고. 바로 옆이니까. 그러고 있었는데 본의 아니게 저녁에 한 애가 나가 가지고, 그 당시에 문화방송 불태울 적에. 그날 저녁에, 그날 저녁에, 총 맞았다고 연락이 왔더라고. 그래 가지고 그때 당시에 저녁에 아무리 늦게 갈라 해도 갈 수도 없고. 그렇게 해가지고 계림동에서 총 맞았다고. 어디로 간 줄 몰라. …… 그리고 28일 날인가, 전대[전남대학교]병원, 조대[조선대학교]병원, 기독교[병원]을 싹 찾아봐도 없어요. 그래서 사감하고 총무하고 둘이 찾으러 다녔지.

제작진　　어린 분이었어요? 나이가……

오종렬　　나이가 그때 열여덟 살이었지. 열세 살부터 데리고 있었지. 5년간.

제작진　　선생님께서 하시던 자활원은 3년이 되면 나가는……?

오종렬　　응. 자립해서 나가고. 애들이 직업이 없으니까 우선은 공부도 시키고, 학교에다가 얘기해 가지고, 거기서 자립을 해야 되니까, 구두닦이를 시작했지. 광주 시내 부근에 구두닦이를 하며 생계유지를 하고 지금을 하고.

　　　　　— 인터뷰, 2016/01/18

1980년 5월 당시 소년자활원은 혈연가족이 없거나 가족 형편이 어려워 맡겨진 50여 명의 청소년들을 수용하고 있었다. 그중 시내에서 구두닦이로 일하고 있던 18세의 김재형 씨는 5월 20일 저녁 8시경 다른 원생들과 자활원을 나와 시내에 나갔다가 계엄군의 총에 맞아 사망했다. 남광주시장 근처 한 구두수선소에 만난 박봉진 씨는 당시 소년자활원 사감으로 일했다. 그는 미확인 시신들이 안치돼 있는 상무관과 시내 여러 병원들을 돌아다니며 김재형 씨의 행방을 한 달여 동안 수소문했다.

박봉진　　5·18 적에도 내가 못 나가게 막 문을 이중 삼중으로 못 나가게 해놨는디도 유리창 문을 열고 나가 가지고. 차 따라다니다가……
저기 광고[광주고등학교] 앞에서. 총 맞아서. 그래서 시신을
찾으러 다니느라고 애 꽤나 먹었잖아. 우리가…… 대학병원에서
연고자가 없는 시신을 찾으러 다니고…… 허리띠, 운동화 안
보면 못 찾어. 얼굴 갖고는 못 찾겠더만. 부패가 되어 버려 가지고
완전히. 막 여자들도 총으로 쏴가지고 으미…… 시체를 쌓아
가지고 열어 봤는데 허리가 요만치…… 결국 찾어. 운동화를
보고 알았어. 그래서 찾았지. 얼굴 보고는 찾지도 못해요.

— 인터뷰, 2016/08/24

박봉진 씨는 당시 항쟁 이후 한 달 만에 서부경찰서에서 김재형 씨로
추정되는 시신을 발견했다. 시신의 얼굴은 이미 식별하기 어려울 만큼 변해
있었지만, 착용하고 있는 허리띠와 운동화가 김재형 씨 것임을 확인하면서
김재형 씨의 시신임을 결론 내린다. DNA 감식이 불가능했던 1980년
당시 박봉진 씨가 대면한 청년의 시신과 김재형 씨의 동일성을 입증할 수
있었던 결정적인 증거는 허리띠와 운동화가 아닌, 허리띠와 운동화에 대한
박봉진 씨의 기억이었다.

　　　미성년자 부랑인들을 단속해 소년자활원에 입소시켰던 박봉진
씨는 김재형 씨를 비롯해 당시 인근 지역 수용 시설의 원생들이랄지
거리에서 생활하는 청소년들의 얼굴을 웬만큼 기억하고 있었다. 그는
천변에서 잠을 자고 넝마주이 일을 하던 '애기들'을 단속해 자활원에
데리고 오기도 했지만 그들은 시설 생활을 오래 견디지 못해 금방
이탈했다고 한다. 원지교 아래 살던 넝마주이 무리를 기억하고 있던 그는
김 군의 얼굴이 매우 낯익다고 말했다.

박봉진　　석천주조장다리라고. 그때 당시에는 그렇게 안 불렀어요.
　　　　　거가 무슨 다리라고 불렀는데, 석천다리. 석천주조장다리라는
　　　　　것은, 그 옆에 다리 건너 가지고 화순 너릿재로 올라가는 데로
　　　　　조금만 올라가면은 냇가에가 주조장이 있어. 막걸리 만드는

석천주조장. 그래서 사람들은 석천다리라고 부른가도 모르지. 그 다리 밑에도 애들이, 이 애들이 잤을 거여. 내가 알기로는. 보통 여섯 명 다섯 명 요런 애들이. 거기서 잤어. 잔다는 것은 알아. 우리가 애기들이 부랑아들이 이렇게 나와 가지고 거리에서 잠자는 놈들 잡아간다 그러면 한두 명이 안 가. 여기서 한 스무 명이 가갖고 잡으면은 무조건 갖다가 조사 버려. 그러면 가 따라와 오면은 원에 들어오면 그때 당시 많이 맞고 좀 맞기도 허고 그래요.

제작진　원에서 얌전히 살라고요?

박봉진　그러죠. 착실히. 이 애들이 일해도 먹고살기 힘든데 뭣 하러 거기서 잠을 자고 잤을까 그래. 내 생각에는 다 죽은 걸로만 알아요. 모르죠. 하나라도 살았으면 다행이고. 우리 원에 하여간 겁나게 잡혀 들어 왔으니께. …… 내가 알기로는 다 갔는지만 알아.

제작진　5·18 때 거기에?

박봉진　예. 갔는지만 알아. 그때는 얼굴들은 다 봤지. 옛날 그때 당시 따라다니는 것은 다 본 게. 차로 이러고 댕기는 것도 댕기고, 막 댕겨 놔서 알아. 우리가 이름을 정확하게는 모른디. 총 들고 다녔어. 지금은 안 보여서 간 줄만 알아. 우리 원에도 들락날락하고 그런 놈들이여. 잡아다가 놓으면 도망가 불고. 고아원에서 나와서 어영부영하면 다 잡아 가고 그랬어. 그랬는디 내가 알기로는 그 머시기랑 다 죽은 걸로만 알아. 다리 밑에 있는 애들도 많이 죽고, 넝마주이 하는 애들도 다 죽은 줄로만 알아.

제작진　그 후로도 못 보고?

박봉진　고것도 못 보고. 그랬으면 진작에 나한테 찾아오고 그라지. 고 다리 밑에 살던 총각들은 몇 명 정도가 그러고 있었어요. 거가 한두 명이 아니어요. 여러 명이 있었어요. 배고픈다리. 석천다리서부터 조금 가면은 증심사 올라가는 데까지 가면은 애기들이 좀 '복잡한

김군을 찾아서

애들'이 많았어. 특히 광주 시내에서 배고픈다리 있는 애기들이
많이 탔어. 차를 타고 댕겼어. 대개 보면 "야이 시끼들아 니들
뭐허고 돌아다니냐 이 녀석아." 막 슈퍼에서 밥 주고 뭐 주고 주먹밥
주고 그렇께로 타고 댕기기만 하는 기야.

제작진	선생님 보시기에는 이 얼굴이 그때 그 석천주조장다리에서……
박봉진	조금 기억이 나구만요.
제작진	얼굴이 기억나시는 거예요?
박봉진	기억이 나구만 나. 하지만 안 찾아오니깐. (김군 사진을 보며) 얘는 얼굴이 겁나 익어. 겁나 익은 얼굴이여…… 이런 정도의 애기들은 몰래 다녀. 몰래……
제작진	여러 명이서?
박봉진	하나서는 절대 안 다녀. 그러니까 잠잘 땐 다리 밑에 가서 쉽게 말하면 뭘 깔고…… 석천다리 밑이니까…… 지네들이 좋게 잘 만들어서 자. 근데 우리가 가면 다 도망가 버려.
제작진	석천다리 지금 보면 다리가 두 개가 생기고 엄청 조성을 해놨는데, 옛날엔 어땠어요?
박봉진	허술했지. 비가 오고 그러면 둑이 무너지고. 잠자기엔 좋았지. 다리 밑에 물이 내려가고 있지만 다리 붙은 쪽으로 자면 잠자기 좋게…… 근데 이런 애기들은 넝마를 치다가 돌아다니면서 어영부영하는 하는 애기들 헛찔러서 다녀. 이름만 알고 그러지. 성이 제대로 막 그렇게 하지도 않고. 그러니까 이제…….

— 인터뷰, 2016/08/24

남구 월산동에서 만난 50대 남성 A씨는 항쟁 당시 원지교 근처에 살고
있었고, 다리 밑 넝마주이들을 기억하고 있었다. 그는 넝마주이들이
집단으로 다른 지역으로 이주했다고 생각하고 있었다.

제작진	원지교 밑에서 넝마 생활 하는 사람들이 좀 있었어요?
A	그땐 거기 넝마 생활 하는 사람들이 많았지.

제작진	원지교 밑에?
A	내가 그걸 왜 어떻게 아냐면…… 나는 원지교 밑에 바로 밑에서 다리 그 근처에서 살았거든.
제작진	아……
A	그래서 내가 그때 넝마주이가 있었던 거 알지.
제작진	그중에 한 명이었다고 들어서 그분을 찾으려고 돌아다니는 중이에요.
A	지금 그 사람 찾고 있어요?
제작진	네.
A	근데 그때 당시에 그 사람들이 집단 이주를 한 걸로 아는데?
제작진	집단 이주요?
A	집단 이주를 한 걸로 알고 있어. 원래 거기서 많이 살았는데…… 옛날에 뒤에 소쿠리 큰 거 차고 집게 들고 다니고. 걔네들을 굉장히 무서워했거든. 다 사람들도 집어넣어서 데리고 가버린다고 어린애들한테. 그때 당시엔 그런 루머가 있었는데. …… 근데 내 기억으로 그때 당시에 그 사람들이 거기에 있다가 집단 이주를 했어. 근데 어디로 갔는지는 모르겠는데 없어져 가지고. 예전엔 많이 있었는데 한꺼번에 다 이주를 해서 없어졌어.
제작진	그게 혹시 5·18 때?
A	그 시점 전이지 않나 싶은데? 내 기억으론 그래. 왜냐하면 그때 당시에 무서워서 거길 안 갔는데 그 사람들이 갑자기 다 없어졌어. 한번에…… 그게 집단 이주를 시킨 거야. 시에서 옮겼는가. 아니면 남다른 배려가 있어서 그 사람들이 이주를 했는가 모르겠는데…… 반강제적으로 싹 다 옮겨 간 걸로 알고 있어. 그것이 아마 봉선동 쪽으로 옮겨 가지 않았나 싶은데? 봉선동 그쪽에도 지금은 남부경찰서 그 자리…… 버스 구종점 그 자리에 그 사람들이 있었거든. 내가 알기론 그 사람들이 그쪽으로 옮겨 가지 않았나 싶은데?

— 인터뷰, 2016/09/03

2016년 당시, 광주 시내에는 80여 개의 고물상 업체가 운영 중이었다. 주대체 씨는 식사를 하러 온 김군 일행이 등에 진 바구니를 가게 바깥에 나란히 두고 들어왔는데 바구니 안이 늘 비어 있었다면서, 그들이 시내에서 고철 등의 물건을 주워 고물상에 판 돈으로 음식 값을 치렀을 것으로 추측했다. 그렇다면 이는 그들이 고물을 납품하던 고물상이 어디엔가 있었다는 얘기였다. 우리는 고물상 업체들을 돌아다니며 혹시 1980년 당시 상황을 기억하는 이가 있는지 찾아보았다. 30여 년 이상 운영해 온 고물상은 단 두 곳밖에 없었다. 김군의 거주지였던 원지교 근방에 위치한 학동 '신도자원' 사장님은 1980년에는 아버지가 가게를 운영했기 때문에 넝마주이에 대해 아는 바가 없다고 말했다. 전남대 부근에 위치한 '대영고물상차바닥' 사장님은 당시 넝마 일을 했던 사람들 대부분이 고령으로 사망했을 것이라고만 추측했다.

        한편 우리는 광주공원에서 만난 당시 화물 운송 일에 종사했던 60대 남성 G씨로부터 김군이 고물 수거 일을 했으며 '자활대'로 활동했을 가능성을 제보받았다.

G   (김군의 사진을 보며) 이 사람 70퍼센트는 안면이 있어. 얘들이 대부분 형제가 없고 보육원에서 자랐어. 안면은 무지 있어. 넝마주이 양아치라고 하면 안 되고 '자활대'라고 했거든요, 자활대. 자활대 아이들이 일고여덟 명씩 다녔어요. 일을 가도 바구니 메고, 그건 하나의 생계 수단으로. 이 사람 내가 많이 본 놈인데 생각이 안 나. 만나는 자활대 아이 하나는 대전에서 유흥업소 해서 성공. 지금은 식당 운영. 하나는 나주에서 가정을 갖고 최근까지도 지게차 운전을 했어. 광주에서 지게차를 하다가 물건 떼러 가던 데가 있을 거잖아요. 그때는 여러 군데 다니면서 싣고, 내가 3년 남짓 운송을 했지. 자활대 아이들이 파워가 센 곳이 운암동이었어. 그 애들은 거기에 소속이 되어

있어. 월급도 없고 밥 먹여 주고 재워 주고. 법적으로 설립된
건 그때(1980년 4월)였어도 그 전부터 있었을 것이고. 운암동
말고도 다른 곳에도 비슷한 시설 있었어요. 운암동 아이들이
최고로 셌다니까. 동구 쪽에서 내가 운송을 제일 많이 했지.
아이가 영기라고 있었어, 잘생기고 아까운. 그런 아이들은
일고여덟 명이 있었지. 얘도 내가 많이 봤어. 이 사람, 내가 많이
익어. 고철 일이 3D. 지옥의 특전대. 그 여름에 땀 흘리고
쇠 만지고. 그때는 집게가 없어 수작업으로 통에. 자활대 그
아이들이 한다니까. 자활대 사람들이 주워 오는 것뿐만 아니라
상차 일도.

제작진   국가에 의해 운용된다는 게, 경찰에 의해?

G   그자들이 와서 몇 사람을 주라 이거여. 유치장에다 집어넣고
밥 먹여 주고 금방 나오는데 가서 좀 있으라고. '야 너 좀
갔다 와라' 보면 안 보여. '어디 갔어?' 그러면 '술 먹고 유치장
갔어' 그런 식으로 해버려. 그런 것은 내심 안 좋지. 사회적 파장.
말을 잘못하면 큰일 나는 거여 허허. 경찰관들이 잡아다가
의무적으로 살게 했어. 세상은 그렇게 돌아가는 거야. 자활대
있는 아이들이 그때 당시 스물한 살, 많으면 스물네 살. 서른 되면
도태되는 거야. 먹고살기 힘드니까. 다 열일곱, 열여덟, 스물.
동구에도 그런 애들이 몰려다녔지. 파가 있었지. 이쪽 아이들이
학동 아이들하고 많이 부딪쳤어요.

제작진   동구가 광주역에서 가까웠나요?

G   그쪽 아이들하고 여기 김군이라는 아이들하고 마찰이 무지
심했어요. 영역 싸움. 고철. 타 지역 가면 싫어하거든. 불 같은
게 난다, 그러면 서로 가져가려고 해. 저쪽 사람이 끼어들면,
가족들 먹어야 하는데. 오늘날은 사회안전제도가 잘됐지만,
불나면 그 사람들 몫이었지. 상상할 수 없이 뛰어들어 가는 거여.
들고 나오는 게 목적이지. 그 시절에는 주먹이 최고였어. 주먹을
써서라도 내 식구 안 굶겨야 인정받고 사람이 따랐어. 그쪽

아이들은 의리가 좋아요. 인정이 있고. 아무튼 애하고 같이 있는 아이들은 지 식구들이여 100퍼센트. 왜 그러냐면 무슨 일을 가도 같이 가지, 혼자 안 가. 지 식구들이여.

그래서 김군도, 내가 본 사람이여. 한 70퍼센트는 나하고 무지하게 부딪쳤어. 30퍼센트만 뇌에서 찾으면 어떻게 하는디. 헌데 나하고 무지하게 부딪친 사람이여.

— 인터뷰, 2016/06/21

1979년 10월 부마항쟁[4]이 일어난 직후, 박정희 대통령은 부랑인과 넝마주이 등 소위 불온한 '사회 전복 세력'들을 집단 수용해 부마항쟁과 같은 상황을 미연에 방지할 것을 시도 각지에 지시한다. 광주의 경우 1980년 3월 북구 운암동 1062번지에 넝마주이들을 집단 수용하는 시설이 건립된다. 항쟁이 있던 1980년 5월, '자활근로대'라는 명칭이 부여된 이 시설에 광주 및 전남 지역에서 떠돌아다니던 487명의 넝마주이들이 입소한다. 옛 신문에 남은 기록을 검색해 보니, 광주의 자활근로대 설립은 광주 서부경찰서가 주도했으며 담당자는 M 경사라는 인물이었다.

전화로 연락이 닿은 M 경사는 남구 월산동 수박등을 비롯해 광주 시내와 전남 지역에서 생활하던 '순수한 넝마들'을 모아 1980년 5월 14~15일 즈음 운암동 시설에 수용했다고 말했다. 그는 자활근로대에 수용됐던 넝마주이들이 5·18에 참여했을 가능성이 있는지 묻는 질문에 당시 항쟁이 발발함에 따라 자활근로대 시설을 완전 봉쇄했기 때문에 대원들이 바깥으로 출입하는 것은 불가능했을 거라고 했다.

수소문 끝에 우리는 운암동 자활근로대에 1980년 5월 입소해 현재까지 같은 자리에서 살고 있는 김종선 씨를 만났다. 광주에서 만난 생존자 가운데 거의 유일하게 서울말을 사용했던 그는 경기도 동두천 출신으로 광주와는 연고가 없었다. 그는 서울 용산 지역에서 남의 집 머슴으로 일하다가 아내를 만나 아내의 고향인 광주로 이주했다고 했다. 광주에 정착한 김종선 씨 부부는 임동 지역에서 넝마주이 생활을 하다가 자활근로대에 입소해 자녀들을 낳았고, 주거 비용이 별도로 들지

4. 1979년 10월 16일 부산과 마산 지역을 중심으로 일어난 반유신 체제 민주화운동.

않았기 때문에 자활근로대가 종료된 뒤에도 계속 이곳에서 생활했다. 무등갱생원의 경우처럼 독신 남성 대원들은 언덕가에 지어진 '기숙사' 건물에서 단체 생활을 했던 반면, 김종선 씨와 같은 가족 단위의 대원들은 언덕 아래 민가에서 별도로 생활했다고 한다. 김종선 씨는 불과 몇 해 전에야 이곳에 전기가 들어왔다고 말했다.

김종선	넝마 하면서 주워 먹는 사람들한테 얘기하는 거지. 여기 오면은 집도 주고 하니까 들어가라.
제작진	시 같은 데서 알려 준 거였어요?
김종선	그렇지. 시에서 알려 주니까 들어온 것이고, 경찰에서 플래카드 붙여 놓고 했으니까. 돈 없는 사람들 들어와서 벌어먹고 살라는 내용. 여수 사람 목포 사람 여기 다 들어와 있었어. 370~380명 됐었어. 여긴 연립주택이라서 살림하는 사람들만 밑에서 살았고, 혼자 사는 사람들은 저기 꼭대기에 살았었거든. 그러다가 오래해 먹지 못하고 나가 사는 게 많았어. 취직해서 나간 사람도 있고. 우리 여기 들어와서 광주사태 났거든. 아휴. 여기서 살 때는 막막했는데, 막막했어.
제작진	1980년에 여기가 만들어진 거죠?
김종선	1980년에. 1월부터 지었을 것 같애, 여기가 아마. 자갈 깐 데에다가 모래 갖다 뿌리면. 이제 차가 왔다 갔다 하니까. 그니까 시청에서 지은 것인디, 박정희 살아 있을 때 한 거거든. 그래 가지고 인제 없는 사람들, 여기서 돈을 좀 벌어 가지고 자본이 되면 나가서 장사를 하든가 그런 식으로 하라고 집을 지어 준 것이기 때문에. 리어카 끌고 다니는 사람, 청소부들 쓰레기 갖다 버리는데, 그거 해서 먹고 사는 사람들이. 우린 인제 처분장 따가지고 파지를 엮어서.
제작진	처분장이면 쓰레기장이죠?
김종선	쓰레기장. 안 다닌 데가 없지. 쓰레기 붓는 덴 다 다녔지. 그러다가 여기 들어와 가지고 청소부인지 고물인지 지도자들이

사가지고 지네들이, 우리가 고물 주워 오면은 그거 팔아 가지고
우리한테 일 시키면은 월급 받아 살고. …… 처음에 광주가 집에
얼마 없더만. 시내 쪽에만 있고 여기는 없었어. 그래서 여기서
나가려고 했는데 [경찰이] 나가질 못하게 하더라고. 있는 동안만
여기서 살다가 해체되면 나가서 살라고, 그 말을 해주더만.
경찰도 사흘에 한 번씩 여기 왔다 갔다 하고 그랬거든.
— 인터뷰, 2016/02/25

김종선 씨 가족은 자활근로대에 입소하면 주거지를 무상으로 제공받을
수 있다는 정보를 시와 경찰을 통해 전달받았다. 그러나 자활근로대는
거주지가 없는 넝마주이들을 위한 복지 정책이 아닌, 거리 '정화' 정책의
일환으로 창설된 조직이었다. 자활근로대 '대원'들은 운암동 거주
지역에서 자유롭게 벗어날 수 없었으며, 관할 경찰의 엄격한 감시하에
생활했다. 도주자가 생기면 모두가 도주자를 찾는 일에 동원됐고,
임금 착취와 구타가 일상적으로 일어났다. 이들이 모은 고물과 폐지는
경찰의 입회 아래 수거돼 고물 업체에 판매됐는데, 때때로 경찰과 일부
대원들이 판매 대금을 착복해 문제가 된 경우도 있었다. 1997년 경찰의
자활근로대 관리가 공식 중단된 이후 김종선 씨는 경기도 여주와
이천의 공사 현장에서 일용직 노동자로 근무하며 생계를 이어 나갔다.

제작진   80년에 자활근로대가 만들어져서 여기 많은 넝마 출신들이
                왔는데, 여기 못 들어온 사람도 있을 거 아니에요?

김종선   못 들어온 건 아니고. 수가 다 찼으니까 안 들어온 것이고. 지가
                싫어서 안 들어온 사람도 있을 것이고.

제작진   그럼 밖에 남아 있던 넝마 세계 사람들은……

김종선   그 사람들은 내가 모르지.

제작진   데모 지나고 나서 많이들 없어졌다고 하는데요?

김종선   글쎄, 그것은 모르지. 없어졌다 하든 죽었는지 살았는지 모르지.
                나는 가족이 있는 사람이라. 어쩌면 여기 들어온 걸 다행이라고

생각해야지. 안 들어왔으면 혹시나 재수 없으면 총에 맞아
죽었는지 모르잖아.

국가는 자활근로대 창설을 통해 도시의 미관과 치안을 해친다고 판단됐던
수백 명의 넝마주이들을 격리하는 데 성공했다. 물론 수용자의 규모와
수용 방식이 전적으로 몰이식 단속이 아니었다는 점에 비춰 보면, 광주
시내에서 넝마 일을 하던 모든 개인이 격리된 것은 아니었을 것으로
추정된다. 원지교 아래 살던 김군 무리가 5·18 항쟁 당시 계엄군의 살상에
희생되지 않았다 하더라도, 진압 이후 장기간 군과 관이 시위에 참여했을
것으로 보이는 청년들을 색출하고 체포하는 데 최선을 다했다는 점에서,
천변에서 흔히 보이던 넝마주이 집단의 거주 형태가 5·18 이후로 사라질
수밖에 없었던 데에는 이유들이 넘치고도 남았다.

김종선	지금 어머니도 인제 50년이 넘겨 가지고 찾아 가지고 꼭 8개월 만에 돌아가셔서, 지금 망월동[묘역]에 있거든. 우리 처는 화장터 그 옆에다가 묻었고. 자꾸 거길 지나가면은 [5·18 때 사망한] 학생들 묘를 자꾸 보게 되더라고. 거기 입구에 다 있잖아. 그럼 거기서 한참 보다 오고 그래. 한창 나이의 학생들도 죽고, 국민학생들도 죽었더만. …… 학생인지 뭔지, 양동다리, 다리 있는데서 누가 도망을 가더라고. 갔는데 푸줏간으로 갔나 봐. 우린 종이 싣고 오다가 군인들이 막아서 돌아가야 하는데, 군인들이 쫓아가는 거야. 막 쫓아가는데 도망가. 그런데 뒷다리 끌고서 질질 나오더라고. 산 사람이 들어갔는데. 그래 왜 사람을 저렇게 하는지…… 그걸 보고 징그러워 가지고 광주 밖 딴 데로, 이사가고 싶은 생각이 들더라고.
제작진	기숙사 사람들 맘대로 못 나간 거는 그때만 그런 거예요?
김종선	데모 때만 못 나가게. 데모 때니까 애들 못 나가게.
제작진	자활근로대 대원 중에는 데모하러 나갔던 사람들이?
김종선	없지. 가당치도 못해 여기서는. 우리가 광주사태 날 때 어딜

못 나가게 하드라고. 살림들 이불이고 뭐고 다 가지고 오라고 하더라고. 가져가서 빨래하고 하니까 (하면서 보니까) 버스 문짝 다 띠고 버스에서 꽝꽝 치고 하고 있더라고. 그래 일 났구나 났어 그러드라고. 그러니까 저기 학생들이잖어. 하면서. 서울 학생들하고 전대 여기하고 목포고 다 합쳐졌다 그러드만. 워메…… 그 사람 하나 죽은 데, 비니루[비닐] 옷. 비옷이지. 비옷. 엄청 나오드만 그게. [쓰레기장에서] 차로 막 갖다가 쏟아 놓고 그러는데, 불을 못 지르게 하더라고. 그을음이 나니까. 피는 묻어 가지고. 우리도 여기서 학생들한테 총 맞아 죽을 뻔했어. 저기 갔다가 술집에서 술 먹고 이리 오는데 누구냐고 총을 갖다 대고서는 쏠라고. 여기 사람은 쏘지 말라고 하니까 GMC 타고 그냥 가. 학생들이야 학생들. 전부 다 수염들 안 깎아 가지고. 학생들 겁나게 많더만. 한동안 그러다가 일도 못 다니고. 청소부 일도 못 하고 그랬잖아. 광주사태 때.

김종선 씨는 자활근로대 대원들이 당시 감금돼 있어 밖으로 출입할 수 없었다는 M 경사의 증언을 반복했다. 그러나 동시에 그는 항쟁 기간 중 술집에 술 마시러 나갔다가 돌아오는 길에 순찰 중이던 시민군 청년들을 맞닥뜨린 적이 있었고, 또 항쟁 기간 중 자활근로대를 관리하던 서부경찰서 경찰이 먹을 빵을 운반하기 위해 바깥을 나서기도 했다.

김종선   여기 파고다빵 공장이 있었거든. 광주은행 앞 거기가 빵 공장
          자리였지. 파고다곰보빵이랑 팥빵이지. 비닐에 들어가는 거.
          그때도 그 빵이 쌌잖어. 5원씩 빵 한 개에. 광주사태 때잖어. 갖다
          주라고 하니까. 서부경찰서에 갖다 주믄 지네들이 알아서 나눠
          먹는 것이지. 다 이렇게 퍼주는 것이 아니고.
제작진   가져갈 때 어떻게 가져가셨어요?
김종선   트럭에다가, 차로 갖다 부었지. 비니루[비닐] 씌워 가지고.
          종이 덮어서. 위장해서. 썩은 물 다 부어 가지고, 시궁창물

냄새 나잖아. 그래 가면은 빵에서도 냄새난다고 그러더라고.
볼 적에는 누가 그거 빵 가져가는지 알어. 여기서
서부경찰서까지 갔지.

기숙사와는 분리된 민가에 가족과 함께 거주했던 김종선 씨의 증언만으로
자활근로대원들이 5·18에 참여한 바가 전혀 없다고 단정 짓긴 어려웠다.
우리는 당시 기숙사에서 생활했던 다른 대원들을 만나고 싶었지만,
지금까지 자활근로대에 남아 생활하는 사람은 당시 민가에서 생활했던
김종선 씨를 포함해 스무 명뿐이었다. 이곳에서도 우리는 김군의 얼굴을
기억하는 사람을 만날 수 없었다.

제작진	(사진 보여 주며) 저희가 찾고 있는 사람이 이분이거든요. 이분이 이제 학동 쪽에 혹시 석천다리라고 아세요?
김종선	모르겠는데.
제작진	학동 쪽에 지원동하고 학동 사이를 잇는 다리가 있는데, 그때 넝마 하는 젊은이들이 많이 있었대요. 그 무리 중 한 명이었다고 얘기를 들었어요. 그 사람하고 같이 지내던 사람들이 나와 가지고 같이 시민군으로 활동한 게 아닌가, 하는데. 만약 그렇다고 치면 이 사람이 항상 친구들처럼 같이 다녔거든요? 그러면 원래 넝마 하던 사람들이 이렇게 같이 친하게 다녔어요? 아니면 개별적으로?
김종선	같이는…… 젊은 애기들하고 같이는 안 하고. 걔네들끼리 놀죠. 일하고 밥 먹으면 쓰러져 자버리니까. 걔네들하고 대화할 일이 없지. 나이가 20~30년씩 차이 나는데.
제작진	젊은 애들끼리는?
김종선	걔네들끼리 놀고. 그 근처에 식당이 있었어. 그럼 거기서 밥 먹고 일하고 놀고.
제작진	선생님은 혹시 얼굴이 기억나는?
김종선	없어.

김군을 찾아서

제작진　　　그럼 선생님 저희가 그때 얘기 많이 들어 보면, 5·18 전에는
　　　　　　넝마주이들이 많이 보였는데, 끝나고 나니 다 없더라, 이런 얘기
　　　　　　많이 하거든요.

김종선　　　지금은 없지. 넝마주이 없앨려고 모아둔 게 여기고. 지금은
　　　　　　할머니들 구루마 끌고 다니잖아. 집게만 안 갖고 다닌다뿐이지,
　　　　　　구루마 가지고 다니는 거 다 똑같애.

자활근로대의 넝마주이 수용이 5·18 항쟁 직전에 발생했다는 점을
생각했을 때, 김군이 이곳에서 며칠간 생활하다가 항쟁에 참여했을
확률은 희박해 보였다. 아마도 익명의 제보자가 언급한 '자활대'는
본인이 이야기했듯 운암동의 실제 자활근로대만이 아닌 고물을 수거하는
넝마주이들을 당사자들이 기분 나쁘지 않게 일컫는 대체어로 사용됐을
지도 모른다. 한편 연락이 닿은 많은 고물상 운영자들은 '갱생원'의
존재에 대해 언급했다. 남구 월산동 토박이였던 '동양자원' 사장님은
동네에 넝마주이들이 살던 갱생원 시설을 언급했고, 같은 동네에서 자란
'대원자원' 사장님은 그 갱생원의 이름이 '무등갱생원'이었다고 확인해
주었다. 그곳에 지게를 진 넝마주이들이 살고 있었다고 했다.

3.　　　무등갱생원

1980년 5월 22일 오후, 광주 지역의 변호사, 교수, 교사, 목사 등 지역
원로들은 시민들과 계엄군 간의 대치 상황을 평화롭게 해결하기 위해
'시민수습대책위원회'를 결성하고 상무대 전남북 계엄분소를 방문한다.
도청에 돌아온 이들은 시민들의 총기를 회수하고 무장에 대한 처벌을
면제하는 조건으로 계엄군과 협상을 해야 한다는 입장을 발표한다. 그러나
이미 무장한 시민군들 사이에서는 무기를 회수할 경우 계엄군의 공격에
저항할 수단을 잃게 된다는 점을 들어 총기 회수를 반대하는 목소리가
컸다. 당시 시민수습대책위원으로 활동했던 윤영규 씨는 1980년 5월

25일 도청 회의실 2층 강당에서 30여 명의 무장 시민군들에게 무기를 반납하자고 설득했던 상황을 기억하고 있었다. 그들은 윤영규 씨에게 자신들이 무등갱생원에서 왔다고 말했다.

윤영규　제가 나중에 듣고 보니까 바로 그 자리까지 그 30여 명의 완전 무장을 한 무등갱생원 애들인 것 같아요. 그때 저희들 손으로 거의 대부분 무장해제를 시켰는데, 이 애들은 안 합니다. 그래서 "야, 제발 좀 너희들 때문에 광주 시민이 폭도라는 누명을 쓰게 됐으니까, 너희들만 무장해제를 해준다면 문제는 끝나겠다" 하고는 간곡히 하니까, 그중 젊은 애 하나가 저한테 하는 말이, "여보시오! 당신만 애국자요? 우리도 애국 한번 합시다."

　　　　저는 그 순간 그 말에 대해 굉장히 '쇼킹'하게 받아들였습니다. '너희들 배운 놈들만 애국자냐, 우리 같이 무식하고 배우지 못한 놈들도 애국할 수 있다. 애국할란다' 저희들에 대한 '조크'랄까 비아냥거림이랄까 그런 느낌으로 그 말을 받아들였습니다. …… 그렇게 한두 시간 하다 보니까, 애들이 조금 누그러지면서 마지막에 하는 말이, "사실 다른 아이들은 총을 내놓아 버리면 자기 집에 가서 자버리고 자기 집에 숨어 버리면 되지만, 나는 총을 놓는 그 순간부터 밥도 얻어먹을 수가 없고 어디 가서 잡니까? 우리들 집은 지금 군인이 지키고 있는 저쪽 작전 지역 안에 있는데, 갈 데가 없습니다. 차비라도 있어야 되겠습니다." 그런 얘기를 해서, 그 자리에서 우리 수습위원들이, 이성학 장로가 빵떡모자를 쓰고 다니셨는데 제가 그 모자를 들고 다니면서 수습위원들 호주머니를 뒤졌지요. 그래서 그때 돈 한 13만 원 직접 전해 주고 무장해제를 시킨 적이 있었습니다.

　　　　그런데 문제는 저는 비교적 광주에서 '서클' 관계라든지 청소년 관계에 대해서 한 20여 년간 활동을 해온 사람입니다.

157　　　　　　　　　　　　　　　**김군을 찾아서**

······ 그런 이유로 해서 그런 사람들과 관계가 깊고 많은 아이들을 알고 있었습니다. 그런데 그 광주 문제가 끝난 지금까지 그때 헤어졌던 30여 명의 그 아이들로부터 전화 한 통화 또는 한 사람도 만나 본 적이 없습니다. 그것이 가장 궁금하고 그네들에게 어떠한 불행한 일이 있었다면 무장해제를 시켰던 우리들이 정말 그들을 죽인 것이 아닌가 하는 그러한 책임감으로 지금까지 괴롭게 살고 있습니다.

— 국회 광주진상조사특위 청문회 증언, 1989/02/23

무등갱생원생들의 행방에 대한 윤영규 씨의 의문은 광주청문회가 열린 지 8년이 지난 후에도 계속됐다. 그는 1997년 YMCA 5·18영상기록특별위원회 증언에서 무등갱생원 원장 박금현 씨가 5·18 당시의 원생들 행방과 관련된 전말을 숨기고 있다는 의혹을 제기했다.

윤영규   그런데, 가장 문제가 갸들이 5·18 지나고 지금까지 한 놈도 찾아온 놈도 없고, 인자 거기에 시체와 관계가 있습니다. 나는 그렇게 봐요. 하나도 없습니다. 그대로 광주 시내, 소위 양아치들이나 넝마주이 아이들이 한 놈도 없이 다 정리가 되어 버린 상황이거든. 그때 그게 수용소 소장했던 박금현이라는 사람이 있는데 지금까지 입을 다물고 있거든요. 박금현이라는 사람이. 지금 현재 무등갱생소 소장입니다. 근데 그 뒤로 무등갱생원은 그냥 그때보다 몇 배 큰 규모로 큰 기관으로 이렇게 확장이 됐죠. 근데 5·18 관계자들이 자꾸 가서 이야기 좀 하라고 [해도] 일체 말을 안 합니다.

— YMCA 5·18 영상기록특별위원회 증언록

무등갱생원 원생들이 사라졌으며 이에 대해서 갱생원 측에서 뭔가를 숨기고 있다는 생각은 윤영규 씨만의 생각이 아니었다. 1995년 12월, 김영택 동아일보 기자는 5·18과 관련해서 재조사를 벌이던 검찰 측에 무등갱생원을 둘러싼 소문을 서신으로 제보한다. 소문의 내용은 무등갱생원에 생활하던 원생들이 복면을 쓰고 시위에 투입되어 군경에 이용된 뒤 집단으로 살해됐다는 것이었다. 1996년 초 검찰에 참고인으로 출석한 김영택 씨는 무등갱생원의 정확한 위치는 알지 못하고 연락을 취해 본 적도 없으며, 단지 친지가 전해 준 소문을 제보했을 따름이라고 진술했다.[5] 당시 제보를 접한 검찰은 무등갱생원을 둘러싼 학살과 암매장 의혹을 수사했지만, 의혹에 실체적 근거가 없다는 판단으로 수사를 종료했다. 그러나 수사 내용이 투명하게 공개되지 않았던 까닭인지 소문은 20여 년이 지난 뒤에도 멈추지 않았다.

우리는 무등갱생원과 관련된 소문들을 5·18 생존자들로부터 심심치 않게 들을 수 있었다. 무장해제한 무등갱생원생들이 27일 새벽 사직공원 쪽으로 사라진 뒤 계엄군에게 살해됐다든지, 계엄군이 헬기로 무등갱생원생들을 데려갔다든지, 5·18 이후 무등갱생원이 폐쇄됐다는 내용의 이야기들이었다. 그러나 넝마주이들이 사라졌다는 소문과

5. "— 검찰: 진술인의 서신 내용을 보면 위 복면부대들은 정규 정보원이 아니라 무연고자인 광주 무등갱생원 원생들로서 광주사태 당시 위와 같은 의도하에 이용당한 후 전부 집단으로 살해된 것으로 보인다는 취지의 설을 접했다고 했는데, 어떠한 경위로 그와 같은 말을 듣게 되었나요.
— 김영택: 저는 최근까지도 전두환 등 신군부 측에서 정권 찬탈을 기도하고 시위대들을 폭도화시키기 위한 구실을 만들기 위해 광주사태를 의도적으로 악화·확산시킬 의도로 정규 정보원을 투입한 것으로 알고 있었습니다. 그런데 1995년 12월 초순경 이름을 밝힐 수 없는 저의 친지로부터 그 당시 투입된 복면 부대원들은 정규 정보원들이 아니고 광주 무등갱생원 원생들로서 그들은 시위에 투입되어 위와 같이 이용당한 후 집단 살해되었다는 소문이 있다는 말을 들었습니다. 이에 따라 저는 단순히 첩보 제공의 차원에서 김상희 부장검사에게 사신을 보냈을 뿐입니다.
— 검찰: 진술인은 그와 같은 소문을 직접 확인하여 본 사실이 있나요.

— 김영택: 제가 직접 그 소문의 진위 여부에 대해는 확인한 사실이 전혀 없습니다.
— 검찰: 진술인에게 위와 같은 소문을 전해 준 진술인의 친지는 그와 같은 소문을 어떻게 듣게 되었다고 하던가요.
— 김영택: 단순히 광주 일대에 그러한 소문이 있다고만 했을 뿐 그 구체적인 소문의 진원지 등에 대해는 전혀 말한 사실이 없습니다.
— 검찰: 무등갱생원이 어디에 위치하고 있는지 아는가요.
— 김영택: 그 점에 관하여는 전혀 아는 바가 없습니다. 다만, 광주 동부경찰서 관할 지역에 위치하고 있다는 말을 들은 적이 있을 뿐입니다.
— 검찰: 진술인의 서신상에 광주사태 진압 이후 무등갱생원들이 전부 사라졌다고 했는데, 그 점에 관하여 확인한 사실이 있나요.
— 김영택: 앞서 말씀드린 바와 같이 저의 친지가 전해 준 소문 내용의 일부일 뿐 그 진위 여부에 대해는 아는 바가 전혀 없습니다." 김영택 검찰 진술조서, 1996/02/07.

마찬가지로 그러한 상황을 직접 목격한 사람은 만날 수 없었다.

베일에 쌓인 듯 보였던 무등갱생원에 대한 정보는 구글에서
어렵지 않게 검색할 수 있었다. 마닐라 아시안게임 복싱 금메달리스트
박금현 씨가 1956년에 설립한 '무궁갱생원'[6]은 도청에서 서쪽으로
약 3킬로미터 떨어진 월산동 현 남구선거관리위원회 자리에서 25년간
운영됐고, 항쟁이 일어나고 일 년 반 뒤인 1981년 11월 동구 용산동 제석산
기슭으로 이전해 현재 '희망원'이라는 이름의 시청 관할 사회복지시설로
존속되고 있다. 희망원에는 1980년 당시 무등갱생원에서 생활했던
원생 P씨가 생활하고 있었다. 70대 후반의 P씨는 1940년 일본에서
태어나 해방 후 한국으로 돌아와 부산에서 성장했고, 이후 강원도 탄광과
창원 산업도로, 광주 양동 복개 공사 현장 등지에서 일용직 노동자로
전국을 떠돌아다니며 일했다. 그는 30대 중반 무렵이었던 1976년 월산동
무등갱생원에 입소했다.

P	1976년에 이 시설에 들어갔어요. 이 시설에 들어가서 그때는 직원들이 없었어요. 박금현이라고 한 분이 300명 가까운 원생들을 관리했어요.
제작진	그때 그러면 300명의 원생들은 대체적으로 나이대는 어느 정도?
P	나이요? 거리에서 잡아 온 사람들이기 때문에 평균을 낼 수가 없어요.
제작진	거리에서 잡아 왔다라면 어떤 사람들이 여기에 오게 됐던 거예요?
P	노숙 생활 했던 사람들이요. 1960년대, 70년대, 80년대에는 전부 노숙자들이 많았는데, 노숙자들은 행패 안 부리는 사람이 없어요. 왜냐면 밥은 안 먹고 술을 먹는 사람들이기 때문에. 좀 난폭한 그…… 집에서 맡긴 사람들은 몇 번 나가요. 자기 집으로.
제작진	본인의 뜻에 반해서 가족들이 억지로 집어넣은 경우?

6. 옛날신문을 검색해 보면, '무궁갱생원'
으로 지칭되던 해당 시설은 1980년을
기점으로 언론에서 '무등갱생원'으로
언급되기 시작한다.

P	네. 가족들이 맡긴 사람들. 그 사람들은 오래 안 있더만. 틈만 있으면 집으로 가버려.
제작진	선생님은 그때 당시에는 형제 자매들이나 어머니하고는 연락을 하고 지내셨어요?
P	없어요. 형제들도 집 없이 사니까. 집 없이 사니깐 아무 연락 못 하고 살았어.

— 인터뷰, 2016/03/17

당시 무등갱생원은 P씨처럼 가족이 없고 일정한 거처가 없는 부랑인들을 단속하고 수용하는 시설로 운영되고 있었다. 우리는 1967년에 무등갱생원에 입소했던 김준선 씨를 전남 무안의 한 다방에서 만날 수 있었다. 항쟁이 일어나기 직전인 1979년 광주를 떠난 그는 갱생원에 생활하던 시절 일종의 감찰직으로 일하며 경찰서와 시청 보안과의 연계 하에 광주 시내와 기차역 등지에서 다양한 연령대의 부랑인들을 단속해 무등갱생원에 수용했다고 기억했다.

김준선	옛날엔 단속 엄청 심하게 많이 했어. 전국적으로 부랑아들 단속을 무지하게 했어. 각설이처럼 깡통 차고. 소매치기 그런 애들도 우리가 단속하고 열차에서. 옛날에 열차에서 그런 애들이 엄청 많았어. 그러니까 한마디로 부랑아 단속을 우리가 주목적으로 많이 했지. 그러다 보면 그런 애들이 걸리면 어린애들이니까, "너 몇 살 먹었어? 집이 어디야?" 다 물어봐. 잡아 가지고. 그럼 집도 절도 없다고 해. 단속해서 차에 실어. 들어오지. 그럼 10대 같으면 무조건 16세 미만은 보육원으로 다 보냈어. 공부 가르쳐야 하니까. 그때 인자, 그런 사람들은 오면은 신원이 확인되면 주로 우리가 연락해 갔고. 정신적으로 좀 이상한 사람들, 육신을 못 쓰고 나이 먹은 사람들은 '수용소'에다 넣고, 또 육신을 쓰고 나 같이 젊은 사람들은 그때 당시에 밖에 내놔서 활동도 시키고, 일도 시키고, 그런 저기였던 거지. 시에서

도에서 해주는 걸로 생활하고 그랬어. 원장이나 간부급들이
나가서 버는 것도 없고 그 안에서만 생활을 오로지 하니까.

제작진　　그럼 사람들이 보통 생각하는 갱생원 사람들이 넝마를 한다고
하는 인식은 오해나 잘못된 거네요?

김준선　　그렇지. 나가질 않았지. 시키질 않았고 원에서…… 나가는 애들도
어떻게 될까 또 그런 생각으로 저기 해서…… 원생들 보호를
해줘야 하니까. 못 나가고 그랬지.

제작진　　그럼 오히려 원에서는 넝마주이 집단하고는 일정 정도 대척점이
있었겠네요?

김준선　　그렇지. 그렇다고 봐야지. 옛날엔…… 그 [넝마주이] 애들이
우리 애들만 보면 다 피해 다녀. 왜냐. 우리 손에 걸리면 전부 다
[무등갱생원] 들어갈까 두려워 가지고…… 큰 애들이 전부 다
부랑아들이야. 전부 다 그런 애들이…….

　　　── 인터뷰, 2016/07/05

무등갱생원은 시 지원금으로 운영됐다. 300여 명의 원생들은 '수용소'라
불린 말지기[7] 형태의 단체 수용 시설에서 감찰직 원생들의 관리하에
생활했다. 장애 및 질병 유무에 상관없이 노동을 할 수 있는 수용자들은
원내에서 벌어지는 업무나 외부 후원 행사에서 판매할 공예품을 만드는
일에 참여했다고 한다. 일부 감찰직을 제외한 일반 수용자들은 외부
출입이 자유롭지 않았기 때문에, 거리를 돌아다니며 쓰레기를 줍고
고물상에 납품하는 넝마 일을 비롯한 외부 노동이 불가능했다. 반면 거리의
넝마주이들은 단속에 잡혀 갱생원에 강제 수용될 것을 두려워해 갱생원
감찰들을 피해 다녔다. 넝마주이와 갱생원은 명백히 구별되는 집단이었다.
　　　당시 무등갱생원이 위치한 월산동 '수박등 부락'은
넝마주이들이 사는 동네로 알려져 있었다. 실제로 당시 많은 수의 수박등
부락 거주민들은 겨우 비를 피할 수 있는 하꼬방[8] 판잣집에 거주하며
고물이나 쓰레기를 수거하거나 고물상 등에서 일하며 생계를 이어

7. 김준선 씨의 부연에 따르면, 과거
시골에서 흔히 보였던 일자로 된 창고식
가건물 형태를 의미한다.

나갔다고 한다. 1960년도에 수박등에서 태어나 현재까지도 이곳에 살고 있는 토박이 윤갑성 씨는 부모님을 포함해 갱생원 주변의 민가 사람들이 바구니를 지고 다니며 쓰레기를 주웠다고 회고했다.

윤갑성 [무등]갱생원 안에 넝마주이가 있는 게 아니고 넝마주이는
        민가에, 주위 민가에서 넝마주이를 했지. 우리 엄마 아버지도
        쓰레기를 주웠으니까. 그 바구니 지고, 우리 어렸을 때
        바구니 지고 댕겨 갖고. 여기 동네에다 모아 갖고, 추려 갖고
        팔고 그런 작업을 다 했으니까. 갱생원 안에 넝마주이가
        있었다는 그 자체가 조금 나는 생소해. 그 주위에, 넝마주이가
        많이 살았지. 여기 다 그랬당께. 소방서 그쪽으로 길게
        갱생원이었지.
제작진 옛날에 다른 데서 이 동네 사람들을 다 갱생원 사람이라고
        불러서 오해가 생긴 것 같아요.
윤갑성 그렇지.
        ― 인터뷰, 2020/05/24

'갱생원'이란 말은 시대와 지역의 맥락에 따라 제각기 다른 함의를 갖는다. 네이버 영어사전에서 갱생원은 영어로 약물중독 치료를 위한 공간을 뜻하는 'rehabilitation center', 소년 보호관찰소를 뜻하는 'juvenile guidance center'와 연결돼 있는가 하면, 교도소 형기를 마친 뒤 갈 곳 없는 출소자들을 위한 과도기적 수용 시설을 일컫는 말로 쓰이기도 하며, 영화 〈짝코〉[9]에서처럼 노년의 부랑인들을 수용하는 시설의 의미로 쓰이기도 한다. 수용된 사람들 속성이야 어찌 됐든 거리에서 몰아내야 할 사람을 수용하는 시설이라는 점에서는 모두 일치한다. 월산동 수박등 부락의 경우 무등갱생원 집단과 넝마주이 집단은 서로를 엄연히 구분된 존재로 생각했다. 반면 우리가 만난 거의 대부분의 광주 시민들은 '무등갱생원'이라는 표현을 실제 갱생원만을 지칭하는 고유명사가

163

8. 상자[箱]를 뜻하는 일본어 '하코'는 こ와
'방'을 어원으로 하는 말로 판잣집을 뜻한다.
9. 임권택 감독의 1980년 영화.

아닌, 부락의 넝마주이들까지 포괄하는 넓은 의미의 대명사로 사용하고 있었다. 심지어 수박등에 거주하지 않더라도 고아 출신의 구두닦이라든가 타 지역의 넝마주이 등, 주거가 불분명한 하층계급 청년들을 '갱생원 아이들'로 통칭했던 것도 그러한 연유에서였다.

　　　　한편 윤영규 씨의 증언에 등장하는 '무등갱생원생'들은 자기 자신을 직접 무등갱생원생으로 소개했다는 점에서 그 구체성이 당사자의 목소리를 통해 담보된다고 볼 수 있었다. 그들은 윤영규 씨에게 자신들의 거주지가 '군 작전 지역'에 있다고 말했는데, 실제로 월산동 무등갱생원은 항쟁 기간 동안 군과 시민들의 대치 지점이었던 화정동 농업진흥원에서 대로변을 따라 불과 1.8킬로미터 남쪽에 위치해 있었다. 군의 관할 내에 있는 것은 아니더라도 '무등갱생원이 군 작전 지역에 있다'고 이야기할 만한 충분한 정황은 존재했던 셈이다.

　　　　우리는 윤영규 씨가 도청 민원실 강당에서 만났다는 무등갱생원생들의 행방이 궁금했다. 또 월산동에서 7킬로미터 남짓 떨어진 원지교 지역의 넝마주이였던 김군이 이들과 함께 활동했을, 만약의 경우 또한 확인해 보고 싶었다. 우리가 만난 무등갱생원 관련자들은 무등갱생원 원생들의 항쟁 참여 여부에 대해 제각기 다른 입장을 가지고 있었다. 1980년 당시 마흔 살이었던 P씨는 항쟁 기간 동안에는 원생들은 밖으로 나갈 수 없었지만, 항쟁이 끝난 뒤 계엄군이 갱생원 건물 내부를 수색한 적은 있다고 기억했다.

제작진　　　무등갱생원 원생들이 항쟁에 참여했다는 얘기를 많이들 하거든요. 그래서……

P　　　　　참석했다고? 나간 사람들이 없었어요. 대문 밖으로 못 나가게 하니깐 [원장] 박금현이가. 혼자 근무하니깐 경비실 앞에 대문을 열었다 닫았다 하는 열쇠를 가지고 있었으니.

제작진　　　그럼 80년 5월 항쟁 터지고 나서 끝날 때까지 다들 안에 갇혀 있었어요?

P　　　　　그렇죠. 끝날 때까지. 끝날 때까지 안에 있는데 [항쟁이 끝나고

나서] 30사단 군인들이 총 검사하러 왔어요. 방마다 총을 감춰 놨는지 알고. 우리는 전부 밖으로 나와 앉아서 있고, 그 사람들이 다 방마다 뒤지고 그리고 난 뒤에 우리가 들어갔지. 총 찾으러 온 일은 있었어요.

제작진　혹시 군인들이 와가지고 원생들한테 나가 가지고 하지 않았냐 이런거 물어보지는 않았어요?

P　　　아니요. 그런 거 없었어요. 총을 찾느라고 방 안으로만. 총만.

5월 18일 자정을 기해 비상계엄령이 전국으로 확대되면서 광주 시내의 학교들은 휴교령을 내렸다. 18일 이후 광주 시내에는 군인들이 젊은 사람들을 죽인다는 소문이 돌았고, 부모들은 자녀들이 집 밖으로 나서는 것을 막았다. 광주 시내의 각종 수용 시설들은 수용자들을 보호하는 동시에 격리하는 차원에서 시설 문을 닫았고 수용자들의 외부 출입을 금지했다고 한다. 여기엔 무등갱생원도 예외가 아니었다. 1979년에 광주를 떠나 항쟁 당시의 상황은 알 수 없었던 김준선 씨 역시 무등갱생원 원생들이 원장의 감시하에 있었기 때문에 항쟁에 참여했을 리는 없을 것으로 추측했다.

제작진　무등갱생원 원생들 30명 정도가 항쟁에 같이 참여를 했다가 다 같이 사라졌다, 아니면 항쟁이 끝나고 났더니 월산동에 헬기가 와서 거기 마을 주민들을 막 십 몇 가구 주민들을 다 실어 갔다, 이런저런 소문들이 많아요.

김준선　물론 그런 것들이 있겠지. 그때 월산동이 엄청 가난했기 때문에, 곤란한 사람들이 많이 살고 집 없는 사람들이 많이 살았기 때문에 그런 것도 많이 했겠지. 갱생원 원생들한테는 그러질 못했을 거야. 왜냐하면 원장이 지키고 저기 했기 때문에…… 철두철미하게 못 나가게 딱 저기 해버리니까 그런 애들은. 물론 이제 밖에서 생활한 애들은 물론 튀어나오는 애들은 있었겠지. 전혀 없진 않았겠지만…… 정신적으로 좀 이상한 사람들, 육신을 못 쓰고 나이 먹은 사람들은 '수용소'에다 넣고, 또 육신을 쓰고 나 같이 젊은 사람들은 그때 당시 밖에 내놔서 활동도 시키고, 일도 시키고, 그런 저기였던 거지.

제작진   젊은 사람들 활동한다고 하시는 거는 어떤 거죠?

김준선   그게 맨 원 안에서 하지. 일도 하고. 또 그때 당시 화단 정리도 하고, 일도 좀 하고. 뭐 딴 거 없어. 그 인자, 그때 당시엔 먹는 것은 강냉이가루죽이나, 밀가루죽. 이런 걸로 이제 생활해 가면서. 그러고 했네.

김준선 씨는 무등갱생원 '수용소'에서 단체 생활을 하던 원생들과 '밖'에서 생활한 원생들을 구분해 이야기했다. 그가 말하는 밖에서 생활한 이들은 자신과 같이 노동능력이 있는 청년들로, 원내에서 요구되는 노동을 도맡아 하고 때로는 감찰직으로 외부에서 부랑인 단속을 담당하며 자유롭게 외부 왕래를 할 수 있었다.[10] 또한 무등갱생원에는 가난을 피해 자발적으로 입소한 가족 단위의 원생들도 거주했다. 이들은 공식적으로는 무등갱생원 원생 명부에 등록된 수용자였지만, 단체 수용 시설이 아닌 갱생원 부지 내에 하꼬방으로 지어진 민가에서 생활했다. 우리는 윤갑성 씨의 이웃집에 사는 70대 후반의 월산동 주민 J씨에게서 무등갱생원 내 민가에서 생활했던 이야기를 들을 수 있었다. 그는 장애로 일을 할 수 없던 남편과 자녀들을 부양하기 위해 1964년부터 1972년까지 8년간 갱생원에 들어가 생활했다고 말했다.

J   [무등갱생원] 원생들은 주로 다 밖에서 얻어먹고 이제 오갈 데 없는 사람들…… 스스로 들어가는 사람도 있고. 우리는 스스로 들어갔네. 우리 같은 사람들도 스스로 들어가고. 살림하는 사람들은…… 그리고 가족 없는 사람들은 막 시에서

10. 당시 김준선 씨는 권투선수였던 박금현 원장의 권유로 운동을 했는데, 무등갱생원에서 송정고등학교에 이르는 왕복 30킬로미터가량의 거리를 정기적으로 달렸다고 한다.

1960년대 후반 참여되던 무등갱생원 단체 사진. 맨 좌측, 모자를 착용한 이가 10대 후반의 김준선 원감. 바로 옆에 선 수염을 기른 사람이 박금현 원장이다. 김준선 씨에 따르면 앞에 있는 사람들이 일반 수용자들이었고, 뒤에 선 사람들이 검찰지에 종사한 원생들이었다. ⓒ김준선

싹 다 실어다가 다 넣어 버리더만⋯⋯ 넣어 버리고 그땐
죽으면 [장례] 그런 것도 하지도 않았어. 리어카에 송장 그대로
실어다가 위에 거적때기 덮어 가지고. 위에 그땐 저런 곳이 다
산이었지. 집이 없어. 집이⋯⋯ 저기 아파트 그런 곳이
순 산이었어. 거기에 묻어 버리고 그랬당께. 그리고 아따 여기가
이렇게 발전되어 버릴 지 꿈에도 몰랐네. 이렇게 발전돼 버렸네.
맨 산이고 들이야. 여기가⋯⋯ 그러니까 여기 대로가 마누라
없이 살아도 장화 없이는 못 사는 동네라고 해서 여기가
수박등이야. 그렇게 길이 안 좋고 험하다고 해서.

제작진	질척질척해서요?
J	응. 질척질척하고 아주 징했어. 징해. 진짜⋯⋯ 나 여기 장사할 때도 여기 너머로 걸어왔다고만 하면 오매⋯⋯ 넘어지고 다 까지고 징했네, 참말로⋯⋯ 말도 못 해.
제작진	그럼 원에 원생으로 들어오신 거예요?
J	그렇지. 원생으로 들어온 거지. [박금현] 원장님이 방을 하나, 이제 이놈 절반 되는가. 그놈 가정집 방이 있더만. 그놈을 주더라고. 그놈을 주니까 거기서 강냉이죽을 얻어먹고 살았지.

애기하고…… 그래도 원생으로 해야 거기 배급이 나오잖아. 강냉이죽 그런 것이. 내가 후원을 받잖아. 먹는 것을…… 꽃거지들이 깡통을 가지고…… 그땐 꿀꿀이라고 해. 밥 먹고 남으면 그…… 구정물통으로 들어가잖아. 그 음식물통으로. 그런 것을 식당으로 얻으러 다니더만. 이제 그놈을 얻어서 먹으면 그놈을 다시 끓여. 다시 끓이면 담배꽁초도 나오고 요지[이쑤시개]도 나오고 별것이 다 나오재. 휴지도 나오고…… 그럼 그것을 추려 내고…… 그래도 그것이 맛있어. 배고프니까…… 그놈도…… 아이고…… 어떻게 살았는가 모르겠네. 그러니까…… 낮에는 강냉이죽. 저녁에는 거시기 다라이[일반 김장용 대야]에 이것보다 더 큰 놈으로 밀가루를 막 이렇게 주물러. 수제비 반죽하잖아. 반죽해서 그놈을 이런 걸 방망치로 다 밀어. 밀어 가지고 이러코롬 썰어서 수제비 하고. 막 굵기고 그러진 않았어.

제작진　갱생원에 어린 학생들도 좀 있었나 보네요?

J　많지는 않았어. 어린애들은. 개인적으로 많진 않고 가정집에 많이 살았네. 그때도……

제작진　가족들은 방을 따로 줬어요?

J　따로 줘.

제작진　개별적으로?

J　응. 혼자 있는 사람은 늙으나 젊으나 다 [단체로] 한방에다가 호실을 정해서 몇 호실 몇 호실 정해서 줘.

제작진　[가족들은] 몇 가구 정도?

J　몇 가구? 한…… 열한 가구 정도 살았을 것이네. 방은 적어도 얼마나 외로우면 살다가 못 살고 이런 곳으로 들어왔지.

　ㅡ 인터뷰, 2016/09/03

1972년 J씨는 갱생원 인근에 집을 마련해 자립에 성공했고, 1980년 5월에는 동네에서 넝마주이들이 숙식하는 고물상을 운영하고 있었다.

그는 항쟁 기간 동안 부락 바깥을 벗어난 적이 없어 자세한 사정은
몰랐지만 남편으로부터 흉흉한 소문들을 들었다고 했다.

J   애기만 들었지. 애기만…… 애기 밴 젊은 여자들도 막 총으로
                    쏴 죽이고 그런 애기만 들었지 보지는 않았어. 그랬다고 했어.
                    그런데 우리 아저씨 말이 난리 중에 5·18이 최고 무섭게 났대.
                    젊은 사람들까지 막 쏘고 그랬다던데? 그런 애기가 돌대?
                    그러니까 거시기도 있으니까 그런 애기가 나오재.

제작진   5·18 땐 뭐 하실 때였어요?

J   고물상 하면서 가게를 했구만. 같이 이렇게 했어. 했는데 그때
                    우리 큰아들이 열일곱 살 먹었어. 중학교 다닐 때인가?
                    그때 우리 아들이 무슨 차를 탔나 봐. 째깐한 것이. 그걸
                    타 가지고 우리 고물상까지 왔어. 왔는데 이제 군인들이 총을
                    줬는가. 누가 그 총을 줬는가. 애기한테 총을 주고. 이제
                    어른으로 생각하고 총을 이렇게 쏘려고 막 그랬어. 근데 째깐한
                    애기가 차에서 나오더라. 그래서 그때 안 죽었당께? 그놈이……
                    차에서 나왔는데…… 우와 아따 나는 놀래 버렸네. 그거 지금
                    생각하면…… 그래서 애기가 째깐하지. 열일곱 살 먹었으니까.
                    그러니까 이제 큰 대학생 그런 애기들인 줄 알고 죽이려고
                    그랬는가 봐.

제작진   군인들이?

J   응. 군인들이…… 그러고 이제 군인들이 우리 집까지 들어왔어.
                    여기가 길이랑께. 길이라서 여기 이렇게 해서 들어와 가지고 막
                    총대로 집에 들어와서 어디로 막 쑤시고 집에까지 들어왔어.

제작진   사람 찾으려고요?

J   응. 사람 찾으려고. 학생들 찾으려고 그랬는가 봐. 그래서 참말로
                    신우아파트 여자들이고 뭐고 밥을 주먹밥 해가지고. 엄청
                    그때 막 주위에서 저거 많이 했어. 주먹밥 해가지고 갖다 주고.
                    학생들…… 우리 애기들도……

제작진	그때 갱생원 원생들 중에도 참여한 사람들이 있었어요?
J	있지. 없었겠는가. 갱생원이 그때 있었는데…… 있었재.
	그런데 이제 어떻게 상황이 됐는가. 그것까지는 나는 모르지.
	못 봐서.

계엄군에 의한 수색은 갱생원뿐 아니라 당시 수박등 부락 주민들이
하나같이 목격한 공통의 경험이었다. 또한 J씨는 당시 열일곱 살이었던
큰아들이 시민군 차량을 타고 고물상에 도착한 순간의 놀라움을 생생하게
기억하고 있었다. J씨의 이웃인 윤갑성 씨는 J씨의 큰아들뿐만 아니라
자신을 포함해 다수의 수박등 부락 아이들이 당시 항쟁에 참여했다고
말했다. 여기에는 무등갱생원 민가에서 생활하던 그의 또래 친구들도
포함돼 있었다.

윤갑성	5·18 때도 활동을 했지. 내가 그때 당시에 스무 살, 스물한
	살인이 됐을 때여. 내 기억으로는 무등갱생원 애들이, 거의
	그 친구들이 다 [항쟁 때] 나와 버렸어. 다 나와 갖고 데모를 같이
	다 했어.
제작진	이게 우선 5월 21일 전 상황인가요? 아니면 5월 21일 집단 발포
	이후인가요?
윤갑성	[집단 발포] 이후지. 계엄군이 들어오기 전에는 이제 데모만
	하고 댕겼었지. 다 친구들이랑 싹 요 동네 애들, 안 한 애들이
	없어. 다 했어. 그래 갖고 다 했는데, 이제 계엄군이 들어와
	버렸지. 들어와 버려 갖고 시내에서 칼로 쑤시고 막 그냥 요러고
	죽이고 있응께, 시민군들이, 우리가 몽둥이 갖고는 안 되겠다
	해가지고, 아시아자동차 거기 들어가 갖고 차 빼내 갖고
	고놈 갖고 나주로 갔지. 가갖고 그냥, 군용차로 그냥 무기고를
	털어 와버렸지.
제작진	그때 무등갱생원에 선생님 나이 또래의 10대들이 있었나요?
윤갑성	있지 많지. 가정집에 많았어. 가정집에 많았재. 갱생원에서

받아 주는 장애인들만 있는 게 아니고 갱생원에도, 여기
할머니[J씨]처럼 민가가 밑에 1층에는 삥 둘러서 살았어.

제작진　　열 가구 정도밖에 안 된다고 하셨는데 더 많았던 건가요?

윤갑성　　열 가구가 넘지 않을까 보는데요.

그의 기억에 따르면 무등갱생원 아이들은 광천동 아시아자동차 공장에서
탈취한 군용 차량을 타고 수박등에서 약 18킬로미터 떨어진 나주시
산포면의 무기고에서 무기를 탈취했다.

제작진　　갱생원에서 무기고를 털어 와가지고, 나도 여태껏 군대도
　　　　　　면제되었고 총이라는 건 안 쏴봤어. 나는 그랬는데 그때 당시
　　　　　　애들이 그 무기고를 털어 갖고 와갖고, 그 2층에다가 요렇코
　　　　　　삼발이로 해갖고, 총 그때 한번 쏴봤어. 어떤 총인진 모르는데
　　　　　　요만하더만.

제작진　　선생님도 그때 올라가셨었어요?

윤갑성　　응, 2층에까지 댕겼어. 계엄군이 들어오기 전에 애들이 [나주]
　　　　　　산포에 가서 털어 왔잖아. 무기고를 털어 와갖고 총알은 다 개당
　　　　　　하나씩 갖고 다녔어. 요 동네 애기들이 다. 갱생원 애들뿐만
　　　　　　아니라.

제작진　　그럼 갱생원 2층에 갱생원생 말고도 선생님 같은 다른 젊은
　　　　　　친구들이 같이……?

윤갑성　　같이 다 댕겼지. 다 댕기고, 갱생원도 다 왔다 갔다 하고 왕래하고
　　　　　　그랬어.

김준선 씨에 따르면 1979년까지만 해도 무등갱생원 건물은 1층으로 된
'말지기' 건물이었기 때문에 2층은 존재하지 않았다. 윤갑성 씨에게 다시
확인해 본 결과 그가 이야기한 '2층'은 1층 건물 옥상을 의미했다. 여기서
그는 공중을 향해 삼발이가 달린 총을 쏴봤다고 말했다. 우리가 아는
바에 따르면 항쟁 당시 시민군이 탈취한 총 중 삼발이가 달린 것은 사진 속

김군이 소지했던 M1918 BAR과 캐리버50밖에 없었다.[11]

　　　항쟁 기간 중 무등갱생원은 대문이 굳게 잠겨 있었기 때문에
바깥 출입이 불가능했다고 기억한 P씨의 이야기와는 달리, 윤갑성 씨의 기억
속에 갱생원 대문이 잠긴 시점은 갱생원 아이들이 바깥에서 돌아온 다음
날이었다.[12] 대문이 잠기고 난 뒤 다음 날, 계엄군이 부락을 수색했다고 말했다.

윤갑성　　요 애들이 와버링께 그다음 날 문을 잠가 버린 거여. 그다음 날,
　　　　　몇 월 며칠인지는 모르는데, 내 기억으로는 거기가 문을 잠가
　　　　　버려 갖고 그 아침에 일어나니까, 여기 일대가 다 배추밭이었어.
　　　　　몇 가구 없었어. 그때 당시에는. 몇 가구 없었는데 일어나 갖고
　　　　　보니까는, 헬기가 일곱 대가 떴드만. 여기가 일곱 대가 떠갖고
　　　　　여기 '안테나산'(현 월산근린공원) 위로 군인들이 완전 무장하고
　　　　　떠갖고 댕겨. 그래 갖고는 아 뭔 일이다냐, 그러니까 우리
　　　　　엄니가 그래. 어머니가 지금 돌아가셨거든. 우리 어머니가 그래
　　　　　아야, 너희들 나가지 마라, 저 바깥에 배추밭에 군인들이
　　　　　다 엎드렸다고 그러더라고. 그래서 새벽 다섯 시에 일어나서 오줌
　　　　　싸려고 강께롱, 다 중무장하고 엎드렸더라고. 그래 갖고 이제
　　　　　내려가서 봉께로는, 대문 앞에가 탱크가 딱 받쳐 갖고 있드만,
　　　　　갱생원 있는 데로 해갖고. 문은 차단되었고 그래 가지고는
　　　　　군인들이 여기 안테나산으로 내렸어. 내려 가지고는 요 동네로
　　　　　들어와 갖고는 군부대가, 한 소대가 퍼부은 것 같어. 퍼부려

11. 전교사 작전 일지에는 5월 22일 오후
10시 30분경 월산동 신우아파트 옥상에
LMG가 시민군에 의해 설치되었다는
기록이 남아 있다. 무등갱생원 인근에 위치한
신우아파트 옥상의 LMG가 윤갑성 씨가
무등갱생원 옥상에서 목격한 '삼발이가
달린 총'과 동일한지는 확실치 않다. 다만
우리의 눈길을 끈 사실은 당시 체포된
시민들 중 훈방자 명단에 명시된 유일한
월산4동 거주민은 신우아파트에 거주하던
종업원 유 모 씨(21세)와 무등갱생원의
넝마주이 박 모 씨(21세) 단 두 사람이라는
점이었다. 우리가 만난 월산동 주민들은

당시 광주에 최초로 지어진 아파트 중
하나였던 신우아파트 거주민과 무등갱생원
원생이 평상시에 교류했을 가능성은
낮을 거라고 말했다. 그러나 항쟁 기간 광주
시민들은 서로를 알지 못한 채 계엄군에
맞서 함께 시민군으로 활동했기 때문에
연관성이 없다고 단정 지을 수는 없을 것이다.
12. 윤갑성 씨 기억에 당시 무등갱생원은
약 1000평[약 3306제곱미터] 규모였고,
갱생원 수용소에서 생활하던 P씨가 수용소
바깥 민가에 거주하던 원생 아이들의 외부
왕래 여부까지 알기는 어려울 것이라고
판단했다.

	갖고는, 15세 이상 남자들은 다 나오라 그랬어. 그래 갖고 우리 식구는 다 나갔어.
제작진	무등갱생원 원생들을 헬기로 다 싣고 갔다는 소문이 있는데 그게 사실이라고 생각하세요?
윤갑성	싣고는 안 갔어. 헬기가 여기서 떠갖고 여기 동네 민가를 조사는 했지. 조사는 해갖고, 집집마다 민가에 총이 안 나오니까 이제 그냥 다 방면을 [수색]했지. 방면을 수색하고 그냥 갔지.
제작진	그럼 그 갱생원 2층에 있었던 무기가 어디 간 거예요?
윤갑성	긍께, 이제 그것은 싹 없앴지, 원생 애들이.

윤영규 씨는 도청 민원실 2층 강당에서 무등갱생원 원생들을 마주한 날을 5월 25일로 일관되게 증언했다. 무등갱생원 원생들이 시민수습대책 위원들의 설득에 무장을 해제한 25일 당일 곧바로 월산동으로 돌아갔다면, 갱생원 대문이 잠긴 시점은 5월 26일이었고, 그다음 날인 5월 27일 아침 계엄군이 월산동 수색을 했다는 것이었다. 우리의 추론이 맞다면 30여 명의 무등갱생원 원생들은 5월 25일 도청에 총기들을 반납한 뒤 원으로 돌아왔기 때문에 27일 오전 계엄군이 원내를 수색했을 때 아무것도 나오지 않았고, 원생들은 학살과 처벌을 피할 수 있었던 것이다. 한편 5월 27일 월산동 수박등 부락에 여러 대의 헬기가 떴고, 부락에 거주하던 15세 이상 남성들을 모두 소집한 뒤, 갱생원과 부락 전체를 뒤지는 대규모 수색 작전이 펼쳐졌기 때문에, 당시 부분적인 상황을 목격한 사람들로부터 "월산동에 계엄군 헬기가 내려와서 무등갱생원생들을 잡아갔다"는 소문이 생겼을 수도 있겠단 생각이 들었다. 윤영규 씨가 말한 '나도 애국하겠다'고 했던 무등갱생원 출신의 시민군들이 항쟁 당시 무사히 살아남았다는 생각에 다행이다 싶으면서도, 항쟁 이후 그들의 삶이 어떠했을지 문득 궁금해졌다. 그리고 무등갱생원이 1981년 월산동에서 시내로부터 멀리 떨어진 동구 용산동으로 이전하게 된 상황에 원생들의 항쟁 참여 여부가 영향을 미쳤을지도 궁금했다.

영화 개봉으로부터 1년 뒤인 2020년 5월, J씨에게 인사를

173　　　　　　　　　　　　**김군을 찾아서**

드릴 겸 월산동을 다시 찾았다. 그의 자택에서 이야기를 나누던 중 방문한
윤갑성 씨로부터 당시 항쟁에 참여했던 무등갱생원 원생 S씨가 현재
월산동에서 청과물 가게를 운영하고 있다는 소식을 접했다. 가게 옆
은행 ATM 코너에서 만난 S씨는 1959년생 여성으로, 항쟁 당시 시민군
버스에 탑승해 각목을 두드리며 시내를 돌아다닌 기억을 이야기했다.
그는 당시 원생들이 모두 무사했다는 사실을 재차 확인해 주며 5·18 당시
무등갱생원과 관련된 의혹에 대해 '나쁜 소문'이라고 일축하면서도,
계엄군이 갱생원을 수색할 당시 발각될 수도 있겠다는 공포에 떨었다고
회고했다. 다만 그는 무등갱생원에서 살다가 'OB파'[13]에 들어간 한 원생이
항쟁 당시에 사망한 사실을 언급했는데, S씨는 그의 얼굴을 여전히
기억하지만 이름은 기억하지 못한다고 말했다.

S   갱생원에서 살다가, OB파로 들어가 갖고, 그 사람도 죽었어요.
                내가 오빠 오빠 하며 좋아했는데, 그 사람이 죽었더라고요.
제작진   성함은 기억 안 나시나요?
S   갑…… 아니 거기 가서 보면 알아요. 5·18 [묘역] 뭐시기에.
                이름을 잊어 먹어 버렸어. 얼굴도 다 알고요. 잘생겨 갖고 키도
                크고 그랬는디.
          — 인터뷰, 2020/05/24

우리는 월산동에서 탐문을 진행하며 만난 많은 사람들에게 김군 일행의
사진을 보여 주며 기억나는 얼굴이 있는지 물었다. 오랜 시간 골똘한
표정으로 사진을 들여다본 P씨는, 김군이 '완전히 직업적으로 넝마 생활
할 사람' '자기 스스로 돈 버는 사람' '갱생원에는 못 들어오는 사람' 같아
보인다며, 일반적인 무등갱생원생들과는 느낌이 다르다고 말했다.
J씨 역시 부랑인으로 시설에 온 대개의 원생들은 사진 속 김군처럼 이렇게
'앞서서' 활동할 수 있는 성정이 되지 못했다고 말했다. 김준선 씨와
윤갑성 씨, S씨 모두 전혀 기억나지 않는 얼굴이라고 이야기한 것을 보면
김군이 무등갱생원생일 확률은 희박해 보였다.

              13. 당시 광주 시내의 큰 조직.

버스에 탑승한 여성 시민군. 1980년 5월 22일 아침 촬영. ©이창성

2016년 2월 말, 아직까지 5·18 유공자로 등록하지 않은 생존자들 가운데
구금이나 연행의 피해를 입은 이들이 뒤늦게 광주광역시청을 찾았다.
5·18민주화운동 관련 기타 보상자 신청 접수 기간이었다. 광주시 보상신청
진실조사팀 직원들은 낡은 사진 속 흐릿한 얼굴과 신청인의 얼굴을
대조하며, 36년 만에 유공자 직위를 신청하는 신청인에게 일련의 사무적인
질문들을 던졌다. 접수대로 삼삼오오 모여들어 서류를 작성하는 중년의
생존자들에게 우리는 김군의 사진을 보여 주며 청년의 얼굴을 기억하는지
물었다. 함께 항쟁에 참여했던 동네 친구와 신청서를 작성 중이던 이종환
씨가, 김군이 탄 10번 트럭 사진에 찍힌 다른 청년을 가리켰다.

이종환   죽었어. 김영진이. 김영진이라고. [당시 전남 광산군] 송정리에
          보육원에 있었어. 얘가 우리랑 학교를 같이 다녔어. 그때
          5·18 당시에 죽었어요. 이 친구가 귀가 좀 안 들리고 그랬어.
          그때 당시 무진장 5·18에 대해 나선 사람이에요. 열성적으로
          나섰습니다. 시체를 찾았는가…… 가족이 있으면 가족 앞으로
          갔는데, 가족이 없으니까 보육원이었기 때문에…… 묘지로
          들어갈 수도 있었죠.
제작진   이분이 송정리 보육원에 있었다고 하셨나요?
이종환   백선보육원. 테레비[텔레비전]에서도 많이 나오고 그랬어요.
          이 친구가.
제작진   (사진 속의 김군과 다른 시민군들의 얼굴을 가리키며) 혹시
          이런 분들을 기억하세요?
이종환   아뇨.
제작진   아 이분만……
이종환   김영진이. 맞죠?
제작진   사실은 저희가 정보가 없어서 찾고 있던 중이었거든요.
이종환   테레비에서 많이 나왔었어요.

시민군 진압진 씨. ⓒ이창성

제작진   혹시 선생님하고는 어떻게 아는?

이종환   학교를 같이 나왔어요. 중학교.

　　 — 인터뷰, 2016/02/29

이종환 씨는 사진 속에서 10번 트럭이 도청으로 들어오는 진행 방향을
인도하고, 김군으로부터 무기를 받아 내리는 동료 시민군을 송정리에
위치한 정광중학교에 같이 다녔던 '김영진'으로 기억했다. 사진 속 이
시민군은 지만원 씨에게 '제391광수'로 지목되기도 했다. 우리는 이종환
씨가 '김영진' 씨와 함께 다녔다는 정광중학교에 찾아가 '김영진' 씨를
기억하는 교감 선생님을 만났다.

177   김군을 찾아서

10번 트럭 적재함에서 내려진 총기를 운반하는
시민군 진영진 씨. 5월 23일 오전 11시 10분 이전 촬영. ⓒ이창성

교감　　　키도 크고 호리호리하고 핸드볼 잘했다고 소문이 났고. 나주
　　　　　어디 중학교에 '금' 자 들어간 금선중인가 모르겠어. 금천중인가.
　　　　　근데 거기에서 핸드볼 시합 할 때 선수로 뛰고 그랬다고.
　　　　　— 인터뷰, 2016/03/18

교감 선생님께 확인해 본 결과, 이종환 씨가 '김영진'으로 기억한 사진 속
시민군의 이름은 '진영진'이었다. 그러나 5·18 생존자 회원 명단과 체포자
기록 등에서 우리는 진영진 씨의 이름을 찾을 수 없었다. 체포된 적도,
유공자 등록을 한 적도 없다는 이야기였다.
　　　　　광주유스퀘어버스터미널에서 만난 백선보육원 출신 홍순진
씨는 사진 속 청년 '진영진'을 4년 정도 손위 선배로 기억하고 있었다.
1960년생인 그는 1980년 5월 당시 공무원 교육을 받기 위해 5월 20일
기차를 타고 서울로 가 항쟁 이후의 상황은 알지 못했지만, 국민학교 시절
진영진 씨가 나주 군복중학교 핸드볼팀 유니폼을 입고 활동했던 것을
기억했다. 그에 따르면 진영진 씨는 군복중학교 학생이 아니지만 몸이 좋고
키도 괜찮았기 때문에 "가라로" 군복중학교 핸드볼 팀에서 활동했다.
또 진영진 씨는 송정리 미군 비행장 앞에서 다른 원생들과 함께 구두닦이로
일했다.

홍순진　　백선엽 장군이 공비들의 자녀들, 부모 없는 아이들을 모아
　　　　　놓은 게 [백선보육원] 거기요. 원래 저기 했던 게 아니고
　　　　　지리산 전투 하다가 부모 죽고 빨갱이들의 자식들을 모아 둔
　　　　　데가 거기야. 어디 둘 처지가 안 되까…….
　　　　　— 인터뷰, 2016/06/10

6·25 전쟁 당시 백선엽 장군이 이끈 한국군은 지리산에서 빨치산 토벌을
명목으로 주민들이 살던 마을에 불을 질렀다. 여기서 살아남은 아이들을
광주에 데려와 생활할 시설을 만든 것이 바로 백선보육원이었다. 지리산에
거주하던 사람들이 빨치산이 아님을 증명할 수 있는 길은 없었다.

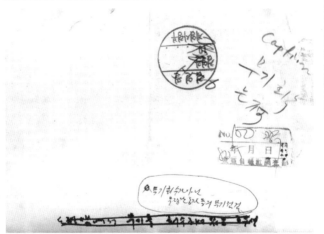

화수한 무기를 운반하는 진압진 씨의 모습이 찍힌 사진과 뒷면. 뒷면에는 계엄사령부의 검열필이 박힌데 있고 애초 "도청 앞에서 무기를 회수하고 있는 학생"이라고 작은 메모가 "무기 회수가 아닌 무장난동자의 무기 점검"이라고 고쳐져 있다. ⓒ동아일보

토벌로부터 살아남은 아이들은 부모를 살해한 장군의 이름을 딴 시설에서 자랐다. 레드 헌트$^{Red Hunt}$라는 역사의 비극 속에서 설립된 백선보육원에서 자란 아이들 가운데 한 명이 성장해, 계엄군에 맞서 항쟁에 참여했고, 30여 년 뒤 다시 '제391광수'라는 명칭으로 불리며 북한특수군으로 지목된다는 설정을 픽션으로 쓴다면, 작가의 의도가 설익게 투영된 작위적인 세계관이라고 비판받을 것이다. 그러나 이것이 엄연한

사실이라면? 정체를 모르는 존재들을 죽여도 되는 적으로 손쉽게 규정하는 군인들의 세계관이 애꿎은 사람의 실제 삶에 너무나 뼈아픈 영향을 주고 있었다.

마지막으로 사진을 훑어보던 홍순진 씨는 10번 트럭 적재함에서 김군 옆에 서있는 방독면을 쓴 청년을 가리키며, 확실치는 않지만 백선보육원 원생인 '지대지' 씨처럼 보인다고도 말했다. 우리는 김군에 대한 실마리를 찾기 위해 '진영진' '지대지'라는 이름을 단서로 송정리 지역을 탐문했다.

백선보육원이 있던 광산군 송정리가 광주의 일부가 된 것은 서울올림픽이 열린 1988년의 일이었다. 한적한 농촌이었던 광산군은 광주의 한 구로 편입되면서 산업단지의 확장과 신도시 지구 개발 등으로 급속한 도시화 과정을 겪는다. 김군이 촬영된 금남로와 그가 살았던 원지교 모두 동구 인근이었기 때문에, 우리는 KTX를 이용하기 위해 광주송정역을 들를 때를 제외하면 이때까지 광산구를 방문할 일이 거의 없었다.

공교롭게도 백선보육원은 광주송정역에서 5분 거리인 공영주차장 자리에 있었다고 한다. 우리는 송정리 시절부터 이곳에 거주한 주민들을 탐문하는 과정에서 백선보육원 원생들을 기억하는 사람들을 만날 수 있었다. 공영주차장 골목 맞은편에 있는 광주떡집 사장님은 1980년 이전부터 이곳에 살며 보육원 원생들과 알고 지냈다고 말했다.

떡집 사장 　여긴 어린 사람 없었어. 어린 사람은 육아원으로 보내고,
　　　　　　큰 사람만 있었어. 백선 사람이 5·18 나간 건 처음 듣네. ……
　　　　　　5·18 당시에 백선이 남아 있었던 것으로 기억해. 10대가 안
　　　　　　살고, 20대가 살걸. 아주 어린애들은 여기 없고, 좀 큰 사람들이
　　　　　　밥 스스로 해서 먹고 살아. 이름은 들어 본 것 같은데……
　　　　　　지대…… 지대지…… 어렴풋이 이름은 기억나. [원이] 이사
　　　　　　가고 나서는 안 보여. 지대지보다 키 큰 애가 배 타러 나갔다가
　　　　　　죽었는데.
　　　　　─ 인터뷰, 2016/07/04

광주떡집 사장님은 골목 맞은편 뷰티미용실에 가서 우리가 찾는
이름들을 전했다. 백선보육원이 있을 때부터 미용실을 운영했던 사장님은
'지대지'라는 이름을 기억하고 있었고, 그가 광산구 하남 지역에 살고
있다고 했다. 미용실 사장님은 지대지 씨에게 곧바로 전화를 걸어
5·18에 참여한 일이 있는지 물었고 지대지 씨는 5·18 항쟁 때 손가락을
다쳤다고 답했다. 이날 오후, 지대지 씨가 보육원 동기인 김종선 씨와 함께
뷰티미용실을 찾았다. 사진을 본 두 사람은 이종환 씨가 말한 사진 속
시민군이 진영진 씨임을 다시 확인해 주었다. 진영진 씨가 확실했다.

김종선   영진이 형이 맞아요. 얼굴이 여기가 딱 있네. 옛날 흑백사진을
         보면 영진이 형은 기구만. [1980년 당시] 한 스물넷, 스물다섯
         됐어요. 호적으로는 저 친구하고 똑같애. 여기는 기네.
         눈썹도 딱 짙어 갖고. 이거 영진이 형이여. 어렸을 때부터
         같이 붙어 다녀서 알아. 잘생긴 얼굴이었어요. 키도 크고.
         배구도 했응께 키도 크죠. 운동 잘하고 잘생겼고. 핸드볼 선수
         송정초등학교에서 할려고 한 기억도 나요. 귀가 안 좋았어요.
         크게 말하면 들리는데 웬만큼 말하면 안 들렸어요. 옛날에
         중랑구에서 산다는 얘기만 들었어.
제작진   서울 중랑구?
김종선   예. 중랑구는 기억나요. 집에 한 번 가본 적이 있는데 하도 밤에
         가서 집은 기억 못 해요. 서울에 [백선보육원] 출신 모임이
         있어요. 영진 형은 신체적 핸디캡이 있어서 어울리는 걸
         좋아하지 않았어요. 친했던 세 사람이 있는데 부모 찾은 후로는
         그들과도 연락이 안 돼요. 영진 형은 부산에서 아주 어릴 때
         기차를 타고 온 것 같은데. 그분 기억에 다섯에서 일곱 살에
         여기 온 것 같다고 하더라고요. 기억을 더듬어 간 거예요. 근데
         부모님이 서울로 이사를 간 거야. 이웃 도움으로 상봉했지.
         결혼도 해서 애도 낳고 그 뒤로 우리도 먹고살기 바빠서 연락이
         끊어졌어요. 여기서 나가고 나서는 한 번도 안 왔어.

183   **김군을 찾아서**

제작진	[진영진 씨가] 나가신 거는 20대 중후반?
김종선	네. 아까 이 친구가 안 말한 게 있는데 스물 몇 살이 되고도 여기 있었어요. 원장님 용인하에. 직장 잡기 전까지는. 그래서 스물다섯에서 스물일곱 살도 있었어요. 다시 돌아오기도 하고. 이 친구도 그렇고 저도 그렇고. 전체 150~160명 중에 10대 후반에서 20대가 스무 명 정도 당시 있었어요.
제작진	진영진 씨는 부모 상봉 이후에도 이름은 그대로였나요? [1993년에 만났을 때] 원래 이름이었는지?
김종선	자기 이름을 기억하니까 찾았겠죠. 생년월일은 모르는데 자기 호적을 찾아서 갔겠죠. 어차피 장애 때문에 군 복무는 안 하니까. 우리도 20대 때 만나서⋯⋯ 중랑구⋯⋯.

— 인터뷰, 2016/07/04

한편 홍순진 씨가 지목한 사진 속 청년은 지대지 씨가 아니었다. 지대지 씨는 항쟁 당시 도청 부근에 간 적이 없으며 진영진 씨와 함께 활동한 기억도 없다고 했다. 5월 29일에서야 보육원에 돌아온 그는 체포에 대한 두려움 때문에 다친 손가락도 치료하지 않은 채 서울로 피신했다. 항쟁 당시 부상을 입었지만, 그는 현재까지도 유공자로 등록돼 있지 않다.

지대지	내가 여기 69년도에 왔던가? 서울서 오는데. 영산포에서.
제작진	69년도면 몇 살 때인가요?
지대지	초등학교 3학년 때 왔어. 본래는 서울인데 부모를 모르니까 고아잉께. 원래 고향이 서울. 서울아동보호소라는 데 있다가 계속 쭉 여기서 살았지.
제작진	보육원이 그럼 한 스무 살 되면은.
지대지	열여덟 살에 나가야 해.
제작진	80년에 몇 살쯤 되셨어요?
지대지	스물셋, 스물넷? [1980년 당시에는] 아무것도 없으니 그냥 놀지. 직장도 없이. 우연히 여기 많이 있응께, 보육원에 있던

친구들이. 고향이나 마찬가징께. 우연찮게 전대[전남대학교]
다니는 선배가 앉아 있는데 사람 죽인다는 이야기를 해서
광주에 가봤지.

제작진　어디로요?

지대지　화정동에서 버스일 거야. 옛날 시외버스터미널. 지금
　　　　롯데백화점이 그 자리일 거야. 거기서 다시 송정리로 돌아와서
　　　　나주 쪽으로 나가게 됐지.

제작진　금남로나 도청 쪽으로는 간 적은?

지대지　그쪽으로는 못 갔어. 전남방직 시외버스터미널 그쪽으로만
　　　　다녔지.

　　　　── 인터뷰, 2016/07/04

시민군 버스에 탑승해 광주 외곽에서 활동했던 지대지 씨는 27일까지
광주에 돌아오지 못하다가 전라남도 보성에서 붙잡혔다. 다행히 그는 하루
만에 훈방됐다.

지대지　보성군청에서 잠자리 마련해 주니까 하룻밤 자고 각서 같은
　　　　거 쓰고 풀어 줬거든. 보성역에서 도망가려고, 아무래도
　　　　수상해서. 보성 사람들이 그러더라구요. 다시 잡아들일
　　　　거니까 조심하라고 해서 장흥 쪽으로 도망갔지. 장흥에 아무런
　　　　연고지도 없는디 어떤 사람이 오토바이 뒤에 태워 줘서
　　　　그 사람 집에 3일인가. 이름도 모르고. 정 가라고만 아는데
　　　　그 아저씨 돌아가셨을 거야 나이 많이 드셔서. 오토바이 타고
　　　　다시 들어왔다. 화순 쪽으로.

김종선　(김군 사진을 보며) 꼭 종표 같이 생겼다 눈매가.

지대지　죽은 종표?

제작진　그분은?

김종선　죽었어. 삼청교육대 갔다 와서 몇 년 있다 죽었어. 옛날 사진이
　　　　남아 있을 거야. 아까 그 사진은 영진 형이 남아 있네.

지대지	5·18에 참여한 원생 있는데 다 술 먹고 죽어 버렸어.
제작진	아까 그 종표라는 분? 5·18에 참가하셨나요?
지대지	했을 거예요. 삼청교육대 끌려가 갖고 1년인가 6개월 강원도 홍천인가. 맨날 술만 먹고 교도소 가다가, 난중에 배 타러 간다고 갔다가 죽어 버렸대, 배에서. 영광서.
제작진	원생들을 특정해서 삼청교육대?
김종선	있었겠지. 저 친구도 방위만 안 받았으면 끌려갈 판이었는데. 명단 갖고 다녔으니까 경찰들이.
지대지	나도 서울서 넝마주이를 했었어. 서울서. (웃음)
제작진	몇 년도?
지대지	아 근데 어렸을 때.
제작진	5·18 전에?
지대지	응 전이지. 아주 어렸을 때. 열다섯, 열여섯 살 때. 뭐 동네가 어디 다리 밑에 서울 무슨 곤데 이름도 잊어 먹었네. 아주 어렸을 때 쬐금 어렸을 때.
제작진	광주에서 넝마주이?
지대지	있었어요. 몇 명 있었는데 그 사람들은 안 보입디다? 옛날에는 자주 봤었는데 그 이전에는 자주 봤어요.
제작진	5·18 전에는……
지대지	네. 근데 안보이니까 다 흐지부지 잊어 버렸어. 그 사람들은 연고지도 없고. 나도 호적 만든 지 얼마 안 돼요. 70년대 보육원에서 만들어 줬어요.
제작진	진영진 씨는 넝마주이들과 알고 지내셨나요?
지대지	있었을 거예요. 근데 그 사람을 찾기가 좀……
제작진	송정 쪽에는 없었어요?
지대지	넝마주이요?
제작진	네.
지대지	한 명 '김광식'인가 있었는데, 죽었는지 살았는지 모르겠소. 우리 학교 다닐 때 있었는데.

제작진	지대지, 진영진 모두 이름의 앞뒤 글자가 같은데……?
김종선	저 친구는 좀 그랬는데 [백선보육원에서] 이름을 지어 준 경우가 보통 백 씨였어. [보육원 설립한] 백선엽 장군 성을 따서.
지대지	나도 호적은 여기서 만들어 줬게. 이름은 그대로 있었고.

우리는 서울 중랑구에 위치한 장애인 관련 단체를 수소문했지만 진영진 씨의 행방을 더 찾을 수는 없었다. 김종선 씨의 말에 따르면 진영진 씨는 혈연가족과 재회한 뒤로 법적으로 본명을 되찾아 살기 시작했다고 한다. 5·18 관련자로 등록하지도 않았고, 백선보육원 동료들과 20년도 넘게 연락이 끊겼다는 점을 고려했을 때, 스스로 5·18 항쟁에 참여했음을 밝히지 않는 한 그를 찾기는 어렵겠다고 판단했다. 그래도 우리는 김군과 함께 활동했던 그가 학살을 피해 무사히 광주를 떠났다는 사실을 확인할 수 있었고, 어딘가에서 새로운 이름으로 삶을 계속하고 있으리라는 생각에 마음이 놓였다.

　　　박선재 씨는 방석모를 쓰고 총을 든 사람들은 모두 도청 바깥에서 함께 활동한 일행이었을 거라고 추정한 바 있다. 우리는 이창성 기자가 촬영한 김군 일행이 무기 반납을 마친 뒤 트럭을 타고 도청 문을 나서는 순간을 황종건 동아일보 기자가 포착한 사진들을 통해 확인했고, 이 사진 사이에서 진영진 씨로 보이는 인물이 트럭 적재함에 타고 있는 것을 확인했다. 탐문 초반이었다면 김군과 진영진 씨 등이 탔던 10번 트럭의 인물들이 지역에 기반을 둔, 지인들로 구성된 작은 집단이었을 것으로 추정했겠지만, 이제는 진영진 씨를 만난다 해도 김군을 알 수 있을지 의문이 들었다. 항쟁 당시 무장 시민군 가운데 집단으로 활동한 사람은 거의 드물기 때문이다.

　　　항쟁 당시 박봉진 씨는 자신이 몸담고 있던 소년자활원뿐만 아니라 남구 송하동에 위치한 신애원, 현 광주송정역이 위치한 송정리의 영광원과 백선보육원 등에서 생활하던 고아들이 시민군으로 활동했다는 이야기를 들었다고 한다. 또한 지원동 무등육아원 '애기들'이 5·18 때 가장 많이 따라다닌 걸로 알고 있다고 말했다. 우리는 전년도인 2015년도

가을,『죽음을 넘어 시대의 어둠을 넘어』의 공동 저자 전용호 씨의
도움으로 무등육아원 출신 시민군 서한성 씨를 만날 수 있었다. 그는
자신이 운전하는 택시를 타고 약속 장소에 왔다.

서한성   나 같은 경우도 5·18을 헐 수 있었던 것은 혼자니까 한 거예요.
          혼자니까 가능해요. 책임져야 할 사람들이 있었다면 그렇게
          못 허지. 그럴 거 아니여. 나는 모르지. 부모고 뭐고 나는 내 이름이
          진짜인지 가짜인지. 정확한 나이는 모르지.
          ─ 인터뷰, 2015/09/07

서한성 씨는 넝마주이들과는 생활 방식이나 환경이 겹치지 않아 알고
지낸 사람은 없다고 말했다. 다만 넝마주이에 대한 두려움이나
죄책감을 토로하던 대다수의 사람과 달리, 그가 구두닦이인 자신이나
넝마주이가 '똑같은 따라지'였고, 무서울 게 전혀 없었다고 말한 것이
인상적이었다.

제작진   거기 당시에 천변에서 사는 분들도 있었다고 그러던데
          기억나세요?
서한성   천변?
제작진   학동다리, 광주천에 사람들 모여 살고.
서한성   그랬지. 그쪽에도 넝마주이들이 있었지. 방림다리 있는 데.
          모르지.
제작진   전혀 그 사람들에 대해선.
서한성   몰라. 먹고살기 바쁜디, 사람들 만나고 다니는 거 안 허지.
          같은 구두 닦았던 사람은 알고. 왜냐면 생활 방식이 틀리잖어,
          서로. 우리는 용준이도 그러고 나도 그러고 우리가 벌어서
          중고등학교를 다 다녔으니까 생활이 바쁘지. 그럴 거 아니여.
제작진   무서우셨어요, 혹시?
서한성   뭘 무서워! 무서울 게 뭐가 있어. 그들도 따라지, 나도 똑같은

따라지인데. 무서울 게 없지.

제작진 근데 한번도 말 섞거나 이러지 않으셨다고 해서.

서한성 생활 방식, 살아가는 환경이 틀리잖아, 서로. 우리는 학교 다니고
그래도 학교 다니고. 그들은 학교 안 다니고 그냥 길거리에서
종이 주으러 다니고 뭐 허고. 긍게 서로 우리는 인자 초등학교
때는 주로 한 학교를 가면 그 안에서 우루루 몰려다니고
그러니까 학교에서도 누가 못 건들어. 예를 들어서 인자 학기 말
학년 말 방학하면 1학년부터 6학년까지 싹 집합해 있을 거
아니여, 학교에. 그런데 1학년한테 어떤 놈이 와서 뭐 허면, 고놈
혼내 부러. 1학년 2학년 이렇게 가부러. 5, 6학년 때는 그래도
크잖아요. 누가 못 건드려. 한꺼번에 달려들어서 혼내 버리니까.

제작진 그럼 선생님은 주로 싸움꾼이셨어요?

서한성 아니요. 허약했는디.

그는 넝마주이들이 계엄군에 의해 사망했다는 소문을 유언비어로 여기고
있었다. 당시 계엄군의 폭력과 학살은 "젊다고 생각되는 머시매들"에게
무차별적으로 적용된 것이었고, 시민군들 사이에서도 누가 넝마주이인지
아닌지를 구분하기는 어려웠다고 말했다. 서한성 씨에게 항쟁 이전에
누가 무슨 일을 했는지는 중요하지 않았다. 그때는 모두가 '시민군'이었던
것이다. 그는 5·18 시민군에게 어떤 엄숙함이나 무게를 얹는 시도에
거부감을 느끼고 있었다.

서한성 재미라고 하면 좀 그렇고 할 일이니깐 함께 모여서 한 거지.
솔직한 얘기로 소명의식이 있었다면 거짓말이고, 그렇게
표현하는 거는 거짓말이여. 그냥 하니까 하는 거여. 막말로
솔직히 투사의식이 있어서? 소명의식이 있어서? 말도 안되는 겨.
더불어서 사는 거여. 더불어서 자연스럽게 하는 거지.

제작진 그래도 그때 하면서는 끈끈한 형제애 같은 거를 느끼니깐 거기
계속 계신 거잖아요.

189 김군을 찾아서

서한성　　　아니, 해야 될 일이니깐 하는 거여. 형제애나 그런 것도 거기다 이름 붙이는 것도 솔직히 내가 생각할 때는 사기여. 그냥 자연스러운 거여. 자연스럽게 한 거라니까. 끈끈한 정이랄까 투사의식이랄까, 소명의식이랄까 이것도 아니여. 해야 되는 거니까 자연스럽게 한 거여. 아따, 넝마주이네, 고아네, 그런 것도 모른다니깐. 그냥 자연스럽게. 시민군. 시민군이라는 표현이 맞지 구분 지어지는 것은 없는 얘기여. 나중에 보니까 그 사람이 고아 출신이었다, 넝마주이였다, 이러는 거지. 넝마주이였다, 구두닦이였다, 이러는 거지. 그냥 포괄적인 이야기지. 구분 지어 이야기하는 건 잘못된 거죠.

김군에 대한 우리의 탐문은 계속해서 제자리걸음을 반복하는 듯했지만, 당시 수용 시설이나 거리에서 생활했던, 등록되지 않은 개개인이 항쟁에 참여한 사실들을 새롭게 접할 수 있었다. 부랑인들과 넝마주이들을 단속하고 수용했던 각종 시설들에 대한 탐문을 진행하면서, 그리고 넝마주이 생활을 중단하고 다른 도시로 떠난 이들의 풍문을 전해 들으면서, 넝마주이들의 사라짐이 반드시 그 개인들의 죽음을 의미하는 것은 아닐 수 있겠다는 생각도 들었다. 다만 넝마주이들이 사라진 시점인 5·18 당시 벌어진 계엄군의 학살이, 항쟁 당시 가장 적극적으로 저항한 10대, 20대 청년들에게 집중돼 있었으며 그 피해의 전모가 여전히 제대로 밝혀지지 않았기 때문에, 신원이 확실치 않은 넝마주이들의 죽음과 당시 계엄군의 학살이 연관돼 있을 가능성을 완전히 지우기는 어려울 것이다. 지리적 거점이 상대적으로 한정돼 있는 넝마주이 집단이라 하더라도 법적 체계에 등록된 '이름'을 알고 있는 사람은 찾을 수 없었기에, 당사자인 김군을 직접 만나거나, 혹은 그와 함께 지속적으로 활동한 또 다른 개인을 만나지 않는 이상 탐문이 진전되기 어려워 보였다.

도청 앞 광장에 모인 시민들. 5월 23일 촬영 추정. ⓒ이창성

김군을 찾아서

5부 5월 24일

— 동료 — 송암동 — 2017년 — 증언

1.   제보

이강갑. 김군의 사진을 본 여러 시민군이 언급한 이름이다. 시민군 기동타격대 1조에서 활동했던 이재춘 씨는 사진을 보자마자 그의 이름을 내뱉었고,[1] 도청 안 시민들의 식사를 담당하는 보급부에서 활동했던 구성주 씨 또한 "거의 90퍼센트는 흡사한 얼굴"의 주인공으로 이강갑 씨의 이름을 언급했다.

구성주　　이 얼굴은 틀림없는 강갑이죠. 이게 도청이고 도청 안으로
　　　　　총기를 가져와서 반납하는 그 장면 같네요. 강갑이가 지금도
　　　　　광대뼈가 양쪽으로 불룩하게 튀어나오고, 눈이 살아 있는
　　　　　눈 같이 생동감이 있어요. …… 이강갑 씨는 80년 이후 쭉
　　　　　같이 영창에서나 교도소에서나 또 나와서 같이 살아온
　　　　　동지이기 때문에, 수많은 투쟁을 함께해 온 사람이기 때문에,
　　　　　누구보다도 그냥 알 수가 있죠. 뭐 많은 동지들이 있지만은,
　　　　　영창이나 교도소까지 해가지고 같이 살아온 동지는 그리
　　　　　많지 않기 때문에. 또 나와서도 열심히 활동하며 살았던
　　　　　사람이라 더 확신이 서죠. [항쟁 기간 동안] 도청에서
　　　　　얼굴은 봤지만은 부서도 다르고, 활동 영역이 틀리기
　　　　　때문에 마주쳤어도 기억하지는 못하죠…… 저 같은 경우는
　　　　　보급부에서 활동을 했고 또 강갑이는 외부 일을 많이
　　　　　했고 지키는 일을 많이 했기 때문에…… 이강갑 씨를 만나서
　　　　　한번 확인을 해보십시오.
　　　 — 인터뷰, 2016/08/29

1980년 당시의 이강갑 씨를 기억하고 있는 시민군 김준봉 씨의 증언 또한 사진 속 얼굴이 이강갑일 가능성에 무게를 실었다. 1980년 당시 고려시멘트 직원이었고 항쟁에 참여했던 김준봉 씨는 황종건 기자가 촬영한 GMC 트럭에 탑승해 뒤돌아보는 김군 사진의 경우, 눈빛과

광대뼈가 튀어나와 있는 특징으로 보아 이강갑 씨가 확실하다고, "얼굴은 속이지 않는다"고 힘주어 말했다.[2]

　　항쟁 당시 이재춘, 구성주, 김준봉 씨는 5월 27일 새벽 도청에서 계엄군에게 체포되기 전까지 이강갑 씨를 알지 못했다. 당시 체포된 대부분의 시민군은 상무대에 수감됐고, 징역형이 선고 확정된 이후로는 광주교도소로 옮겨 짧게는 여러 달, 길게는 일 년이 넘는 시간 동안 함께 생활했다. 항쟁 당시에는 서로의 정체를 알려 하지 않았던 사람들이 좁은 구금 공간에서 서로 통성명을 하게 된 이때, 세 사람은 이강갑의 존재를 처음으로 인지했다.

　　구성주 씨에 따르면 이강갑 씨는 "화순에서 무기고 활동을 한 이력"이 계엄군에게 발각되면서 심한 고문을 받았다. 당연한 이야기지만 이강갑 씨가 고문받은 사실은 현재 전남합동수사단의 이강갑 문답조서 기록에서는 흔적을 찾아볼 수 없고, 오로지 피해자들의 기억으로만 남아 있다. 다만 계엄군이 이강갑 씨를 일반적인 시민군들과 달리 대우했다는 사실은 그에게 선고된 형량으로 확인할 수 있다. 우리가 만난 대부분의 시민군들이 소요죄 등으로 징역 1~2년을 선고받았던 반면, 이강갑 씨의 경우 내란실행죄 혐의가 적용되어 징역 6년이라는 예외적인 중형을 선고받았다. 항쟁 기간 전후로 연행 및 구금된 1689명[3]의 시민 가운데 10퍼센트 미만인 163명만이 징역 5년 이상의 형량을 선고받았다는 점을 고려한다면, 이강갑 씨는 5·18을 주도한 주요 인물 중 한 사람으로 지목됐다고 볼 수 있다. 기관단총을 소지했던 김군이 계엄군에 생포됐다면 분명 중형을 선고받았을 거라고 예상했던 우리에게 이는 어쩌면 이강갑 씨가 사진 속 인물일 수도 있겠다는 강력한 심증으로 작용했다.

　　또한 앞서 만난 시민군 문관 씨는 김군이 5월 21일 오후 화순 동면파출소에서 LMG를 탈취해 GMC 트럭에 설치하는 모습을 목격했다고 증언한 바 있다. 이강갑 씨를 만나 그가 무기를 탈취한 곳이 동면파출소인지를 확인하고, 김군 사진이 촬영된 5월 22일과 23일 당시의 행적을 확인할 수 있다면, 동일인일 가능성을 어느 정도 판가름할 수 있겠다는 생각이 들었다.

2. 인터뷰, 2016/08/29.

3. 제7차 보상 기준 연행 및 구금자 숫자, 5·18기념재단.

김준봉　　우리 동지들이 보면 다 어려워요. 이 친구도 어렵게 생활하다가, 최근에는 광주도청 문화센터 거기, 대림건설 쪽으로 해서 현장 반장 정도로 일을 하다가 그게 끝나 가지고, 정식 직원은 끝나고 계약직으로 매달 계약을 한다더만요. [일이] 언제 끝날지 모른다고 앞으로 어떻게 살까 걱정을 하더라고요.
　　　　　— 인터뷰, 2016/08/29

이강갑 씨는 2011년 옛 전남도청 별관 철거 반대 농성 이후로 도청 자리에 세워진 아시아문화전당 건설 현장에서 대림건설 소속 현장 반장으로 일하기 시작했고, 아시아문화전당 공사가 마무리된 당시는 '민주평화교류원'이란 새 이름이 붙여진 도청 건물의 시설 관리 담당자로 월 계약직으로 일하고 있었다. 그러고 보면 이강갑 씨는 무기를 나르고 시신을 옮기던 도청 공간을 1980년 이후로도 지금까지 떠나지 않고 살아온 것이다.

2.　　두 번째 '김군' 후보

2016년 6월 7일, 5·18기념재단의 차종수 연구원과 함께 도청 수위실에서 근무 중인 이강갑 씨를 처음 만났다. 항쟁 당시 시민군들이 수거한 무기들이 잔뜩 쌓여 있던 수위실은 1980년 당시보다 작은 규모로 복원되어 있었다. 안으로 들어가자 검은 점퍼를 입은 이강갑 씨가 우리를 반갑게 맞아 주었다. 그는 지금껏 만나 본 어느 시민군보다도 진한 남도 사투리를 구사했다. 전날 잠을 제대로 이루지 못해 새하얘진 정신을 애써 가다듬으며 이강갑 씨의 얼굴을 보았다. 곱슬머리에 진한 쌍꺼풀이 진 눈이었다.

　　　　　이강갑 씨의 첫인상은 사진으로 보아 온 '김군'과는 거리가 멀어 보였다. 사람마다 생각하는 '닮음'의 범위가 다르다는 점을 이해하면서도, 두 얼굴을 닮았다고 생각하는 사람이 있는 것 자체가 신기하다는 생각이

들 정도였다. 그러나 이강갑 씨의 머리는 원래 곱슬머리가 아니었고, 나이가 들면서 쌍꺼풀이 진해졌다는 이야기를 듣고 나서는 지금 보이는 모습만으로 쉽게 결론을 내려서는 안 되겠다 싶었다. 36년이라는 시간 동안 사람의 얼굴은 얼마든지 바뀔 수 있기에, 30여 년 전 찍힌 사진과 현재 모습의 형상적인 동일성만으로 동일인 여부를 판단할 수는 없다. 당장 궁금한 점이 많았지만 충분한 시간을 갖고 관련 증언들과 자료들을 확보하고 검증한 뒤, 그의 기억에 대해 물어보기로 했다.

        5·18 북한군 광수 개입설에 따른 제3차 지만원 고소

변호인단은 '제1광수'의 당사자가 나타났다는 사실에 상기돼 있었다. 이미 두 차례 5·18 생존자 소송을 진행했지만, 이강갑 씨의 경우 지만원의 북한군 음모론이 제기된 출발점인 '제1광수' 당사자로 인지되는 인물이기 때문에 그 의미가 더욱 특별했다. 1980년 당시 스물한 살이었던[4] 이강갑 씨는 1980년 5월 24일 광주 남구 진월동에서 체포됐고, 같은 해 10월 24일 전교사계엄보통군법회의에서 내란실행죄로 징역 6년을 선고받았다.[5] 재소자 신분카드, 사면장, 전교사군법회의 검찰부에서 발급한 수용확인증 등 당시 시민군 활동을 입증하는 자료들은 소송을 제기하는 데 필요한 원고로서 사실 요건들을 충족하고도 남는다. 또 이강갑 씨 본인도 5·18 생존자로서 지만원 측 주장에 맞서 법적으로 대응할 의지를 갖고 있었다. 변호인단과 5·18기념재단은 이강갑 씨 외에 추가로 광수로 지목된 광주 시민 두 명을 더 찾은 뒤, 추가 소송을 곧바로 진행하기로 논의를 마쳤다.

        이강갑 씨는 1984년 촬영된 본인의 사진들을 갖고 있었다. 스물다섯의 그는 김군과는 달리 부드러운 느낌의 인상을 가지고 있었다. 다만 그의 사진이 카메라로부터 시선을 피한, 김군 사진과는 다른 각도로 얼굴이 촬영됐다는 것을 감안해야 했다. 우리는 그 사진을 보며 왜 구성주, 김준봉 씨를 비롯한 동료 시민군들이 이강갑 씨가 김군이라고 확신했는지 이해할 수 있었다. 이강갑 씨의 1980년 당시 수형카드 사진을 확인해 보고 싶었지만, 국가기록원에서 발급한 수형카드 복사본에 남은

---

4. 우리는 많은 생존자들로부터 사진 속 김군이 스무 살에서 스물두 살 사이의 청년으로 보인다는 말을 들었다.

5. 이강갑 씨는 1998년 6월 24일 이뤄진 재심에서 무죄를 선고받았다.

1980년에 촬영된 김군. ⓒ이창성

1984년에 촬영된 이강갑. ⓒ이강갑

까맣게 인쇄된 형체로는 얼굴을 아예 분간할 수 없었다. 지만원 씨에게
광수로 지목돼 원고로 소송에 참여한 유족 김진순 씨와 심복례 씨의 경우,
등본 자료에 당시의 증명사진이 또렷이 남아 있었지만, 이강갑 씨를 비롯한

1960년대생 시민군들의 등본 자료에는 사진이 포함돼 있지 않았다.

제작비가 소진되면서 9개월간 진행해 온 촬영을 마무리해야 했던 9월 14일, 도청 수위실에서 근무 중인 이강갑 씨를 만나 세 시간 가량 긴 대화를 나눴다. 우리는 사진을 통해 확인한 1980년 5월 22일부터 23일 사이의 김군의 행적과 이강갑 씨의 행적이 얼마나 일치하는지 확인하고 싶었다.

제작진   1980년 당시 어떤 일을 하고 계셨어요?

이강갑   5월, 80년도 당시?

제작진   네.

이강갑   중학교 댕기고 나서부터는 공장 댕기고 다른 사람보다 **빨리** 사회생활을 시작해 놨어. 당시에 내가 나 아는 그 우리 형님, 형님이 그 공장을 하고 있었거든. 종업원으로 공장에 일하고 다닐 때였어.

제작진   어떤 공장이요?

이강갑   가구. 그때 당시에 나전칠기 있잖아. 자개를 붙이거나 칠하는 사람이 따로 있어. 목수는 짜기만 하고 그걸 받아 갖고 칠을 해서 자개 붙이고 해서 완공을 시켜. 마무리를 한단 말이야. 그런 것을 했지. 가구 공장에 다니고 있을 때 6월 10일자로 군대 영장을 받아 놨었다고. 그 과정에 5월 달에 항쟁이 터졌잖아. 5월 17일인가. 공장이 그때 광천동에 있었거든. 광천동에서 시내를 나왔었어. 같이 일하는 친구랑 같이. 그리고 18일 날도 나왔거든. 그때가 쉬는 날이라 물건 산다고 같이 돌아 댕기고 그러다가 계엄군들이 이렇게 난폭하게 하고 다니는 걸 우리가 봤단 말이야. 시내를 안 나온 사람들은 그 광경을 안 본 사람들은 모르지. 그때 우리도 몰랐을 뻔했어. 나왔응께, 봤응께 알지. 그때 그걸 보고 왜 저렇게 심하게 하냐고 대학생들이 돌 던지고 계엄군들한테 하고 했을 때여. 대갈**빡** 피 터지고 아주 그냥 끌고 가고 뚜들겨 맞고 하는 거를 봤당께, 내 눈으로. 그래서 용납이 안 된거여.

제작진   그때부터 언제까지 활동을 하셨어요?

이강갑   나 잡힐 때까지 했지.

제작진   잡힌 건 며칠이었어요?

이강갑   24일.

제작진   5월 24일. 그 기간 동안에 항쟁에 참여하신 거네요.

이강갑   계속하고 다녔지.

       — 인터뷰, 2016/09/14

이강갑 씨의 체포 날짜는 공교롭게도 김군이 마지막으로 사진 찍힌 날인 5월 23일 바로 다음 날이었다.

제작진   차량 타고 돌아다니실 때는 어디어디로 했는지 기억은 안 나세요?

이강갑   광주 시내 안 돌아다닌 데 없이 다 돌아다녔당께. 며칠간 돌아다녔으니 [어딜] 안 돌아다녔겠어. 어디를 어디라고 딱 꼬집을 수 없어 그냥. 도로는 다 돌아다녔어.

제작진   그때 탔던 차들이 어떤 차들 탔는지 지금……

이강갑   군 트럭 거 있잖아. 제무시[GMC] 같은 거. 그것도 타고 돌아댕기고. 또…… 버스도 타고 댕겼고잉. 동양고속인가 그, 아 광주고속 아니었어, 분명히. 그 버스도 탔었고잉. 또 지프차도 타고 다니고잉. 하여튼 차는 뭐 그냥 내가 보기에는 이것저것 탔어.

        …… 21일 날도 마찬가지로 차 타고 다니면서 이렇게 목 내밀고 구호 외치고 다닐 땐데. 산수동 오거리에서 계엄군이 총을 계속 쐈다 그 말이여. 그 군중이 밀리고 가니까 얘네들이 뒷걸음을 치면서 총을 쏘고 갔어. 그래서 앞에 가고 있었는데 사람이 쓰러진 것을 나는 못 봤어. 총소리는 계속 나고. 그런데 봤어. 총 쏘는 것은. 이러다가 앞에 맞아 죽게 생겼다고는

빠졌어. 옆으로 빠징께, 군중들이 계속 밀고 가더만. 뒤로
빠져나가 갖고 도로로 나옹께 도로로 들어가기 전에 앞
도로도 사람이 많았어. 화순 그 탄광에 다이너마이트 털러
가자고 누가 그러더라고. 화순으로 가야 된다, 화순 탄광에
가서 우리가 다이너마이트 털고, 다이너마이트로 대응을 하자.
좋다 그래 갖고 차를 탔잖아. 거기서 그때 21일 날.

제작진   21일 날 오전?

이강갑   오전에. 그때가 한, 몰라. 9시나 됐을 거야. 그래 갖고 거기서
차 타고 간 것이 어느 정도 사람이 탕께 그냥 차가 갔어.
계속 가갖고 화순으로 향해 갖고 간 거 아니야. 그렁께 21일
날 최초로 탄광에 가다가 중간에 동면지서가 있어서
화순 동면지서를 털었어. 누군가가 무기고를 뿌셔 갖고 무기를
막 끌어냈어. 그래서 나는 무기고에 갈 상황도 없고 무기를
막 들고 나온 게 받아 갖고 차에 막 싣느라고 받아서. 다
털었다고 나와 갖고, 그 차 탄 사람도 있고 나랑 같이 탄 사람도
있고 여러 명. 또 나중에 후속타로 차가 또 왔을 거야.

이강갑 씨는 문관 씨가 5월 21일 김군의 무기 탈취를 목격했던 화순
동면지서에서 무기를 탈취해 광주로 돌아왔다고 기억하고 있었다.
대부분의 시민군들은 체포된 후 조사받는 과정에서 무기 탈취 활동을
언급하지 않고, 체포된 상황에 참여할 수밖에 없었던 상황만을 진술했다.
그러나 이강갑 씨는 활동의 시작부터 끝까지를 계엄군들에게 소상히
밝힘으로써 폭동을 일으킨 주모자 중 한 사람으로 취급받기 시작한다.

제작진   선생님께는 내란죄를 씌워 놨잖아요. 도청에서 확실히 뭔가
일을 하고 있던 사람들 경우 내란죄를 씌우는데, 선생님이랑
같이 잡혔던 사람들 보면, 그 정도 수준의 죄명이 아니거든요?

이강갑   나는 내란이지. 총기 피탈했다고.

제작진   동면지서 털었던 것 때문이에요?

이강갑   총기를 최초로 털었잖아. 그것 때문에 나를 완전히 거시기로
        본 거여. 그래서 상무대 영창에서 화순경찰서로 또 넘어갔잖아.
        화순경찰서 가서 산 사람은 나밖에 없당께. 화순 사람 빼고는.
        그래서 한 달간을 살았다 했잖아. 그러니까 총기를 네가 안
        갔으면 안 털었을 것인디, 너는 완전히 총기 턴 놈, 어떻게 보면
        아주 파렴치범이라 생각했던 거지.

이강갑 씨는 5월 21일 화순 동면지서 무기 탈취라는 주요 행적이 김군과
일치한다. 그러나 이날 동면지서에서 무기 탈취 활동을 한 시민군은
200여 명으로, 같은 날 같은 시간 같은 곳에 있었다는 것만으로 동일인임을
확신하기는 어렵다. 그 후의 행적은 어떨까. 5월 22일과 23일은 사진으로
확인할 수 있는 행적이 있기 때문에 비교가 용이하다. 1980년 10월 24일
작성된 이강갑 씨의 판결문에 적시된 그의 5월 22일 행적은 "22일 오전
9시경 광천동 소재 화천기공사 앞에서 네 명이 타고 있는 시위 차량에
탑승하여 아시아자동차 공장에서 군용 지프차 한 대를 탈취하고 동일
저녁에는 광천동 전남고 뒷편 하천에서 순찰"한 것으로 요약된다. 5월 22일
오전 8~9시경 금남로와 오후 12~1시경 도청 분수대 광장에서 촬영된
김군의 궤적과 비교했을 때, 김군과 이강갑 씨의 행적은 시간대상으로 딱히
충돌되는 부분은 없지만 정확히 일치하는 행적 역시 존재하지 않는다.
이강갑 씨가 정말로 사진에 촬영된 바로 그 인물이라면, 그는 오전 8시부터
9시까지는 페퍼포그차를 타고 금남로4가와 5가 사이를 순찰하다가,
오전 9시부터는 광천동으로 이동해 '시위 차량'에 탑승하고, 정오에는 다시
도청 분수대로 돌아가 페퍼포그차에 탑승해 사진이 찍힌 뒤, 저녁에는
광천동으로 돌아가 순찰 활동을 했어야만 한다. 금남로에서 광천동까지는
불과 3킬로미터 내외의 거리로, 현실적으로 불가능한 동선은 아니다.
그리고 만약 이강갑 씨가 탑승했던 '시위 차량'이 페퍼포그차였다면,
이강갑 씨와 김군이 동일인일 가능성은 매우 높다고 할 수 있다.
        이강갑 씨는 5월 24일 진월동에서 체포된 후 한 달에
한 번씩 전남합동수사단의 조사를 받았고, 이때 기록된 문답조서가

『5·18광주민주화운동자료총서』에 남아 있다. 당시 이강갑 씨의 진술 기록에 따르면 광주천에서의 야간 순찰을 마친 그는 동료들과 함께 5월 23일 오전 군용 트럭을 몰고 광주공원에 도착한다. 여기서 누군가가 차량에 흰 페인트로 숫자를 기재했고, 이후 도청으로 트럭을 몰고 간 일행은 무기를 모두 반납했다.[6] 1980년 당시에도 이강갑 씨는 차량에 적힌 번호가 무엇이었는지는 기억나지 않는다고 진술했다. 이는 오전 11시 10분 전 흰색 페인트로 숫자 '10'이 칠해진 GMC 트럭을 타고 도청 경내 공터에 주차한 뒤 적재함에 수거했던 총기들을 반납하고 나중에는 트럭에 설치된 캐리버50까지 반납했던 김 군의 궤적과 들어맞는다. 이강갑 씨는 당시 '무기 회수반'의 일원으로서 곳곳을 돌아다니며 총기들을 회수해 GMC 트럭에 실어 나르는 활동을 했다고 기억했다.

이강갑   전날 23일 날도…… 몰라. 막 그 여그 도청 앞에 와갖고. 낮에는 보통 그때는 총 들고 있응게 돌아다닌 것은 아니고. 주로 요 근방 많이 왔다 갔다 했었당께.

제작진   그 시점에서는요?

이강갑   응. 그때는 총기도 막 회수했다가 다시 또 나가고 막 그랬을 때여. 총기 막 회수하러 다니고 차 번호판 빵끼로 해갖고 번호 매기고 댕긴다고, 몇 대나 돌아다닌다 해갖고 걸어 댕기고 도시 외곽에 갔다 돌아오면 여기 도청으로 들어오고 그랬단 말이여, 요리. 내 기억으로는 그래 지금. 무기 회수반이라 해갖고. 돌아다니면서 차도 번호 매기고 다니면서 그때 그 무기를 회수해야 되니까. 여그 여 도청으로 모이라고. 왜 그러냐면, 직접 가서 총 주라면 주겠는가, 자네 같으면? 그래서 도청에서 요렇게 설명해서 무기를 회수한다고 이야기를 했을 거야. 그래서 자체적으로 내려놓고. 나중에 총기를 다룰 수 있는 사람에 한해서 총기를 다시 배포하더라도 이렇게 질서를 잡아 가려고 그래서 그런 것 같아 내가 알기로는.

6. 차량 번호 기재는 광주공원과 도청 두 곳에서 이뤄졌다는 다른 시민군들의 증언이 남아 있다.

제작진	선생님도 도청에 선생님 무기를 들여오셨어요?
이강갑	여기에 내려놨다가, 다시 여기에 총 24일 날 할 때 또 받아 가지고 있었을 거여 내가. 저기 총 들고 있을 때는. 저기서.

김군의 사진을 본 이강갑 씨는 도청 앞 GMC 트럭에서 뒤돌아보는 얼굴은 자신이 맞는 것 같다고 했다. 또한 당시의 이강갑 씨를 기억하는 주변 동료 시민군들과 부인을 비롯한 가족들 모두 사진 속 시민군이 이강갑 씨가 맞는다고 생각하고 있었다. 이강갑 씨는 사진기자에 의해 촬영된 기억은 명확히 없지만 김군과 같은 복장을 하고 있었고 GMC 트럭에 탔으며 사진에 보이는 총기 회수 활동을 했기 때문에 자신이 맞을 수도 있겠다고 생각하고 있었다. 1980년 당시에도 자신의 모습을 텔레비전에서 보았다는 마을 선배가 있었다고 했다.

제작진	사진 같은 거 찍힌 기억은 있으세요?
이강갑	나는 그런 것도 모른당께. 옛날에 우리가 처음에 시위하고 다닌 거 있잖아. 몽둥이 들고 다닐 때. 그때 이미 방송에 나오고 있었다고 하더라고. 시위하고 댕긴 것이. 그거는 우리 마을 사람들한테 들었다니까. 마을 선배한테. 너 데모 댕기는 거 테레비[텔레비전]에 나왔다고. 그래서 어떤 장면이 나온 줄을 모르겠어, 지금도 나는.
제작진	선생님이 보셨을 때는 어때요? 이 사진이 선생 같으세요?
이강갑	아니 나는, 내가 뭐 어쨌다 저쨌다 탁 말을 못 하겠어. 근디 우리 식구들이나 집사람이 보면 기다 했어.
제작진	아 이 사진도?
이강갑	응. 그때는 당신이 아주 완전히 눈도 그렇께, 지금도 눈이 쌍꺼풀졌다고 해도 무섭게 생겨 갖고 인상이 무섭다고, 맨날 그랬거든. 집사람도. 어떻게 올라가 갖고 찍혔는가를 내가 기억을 못 하겠당께. 폼 잡고 한 번 올라가 갖고 있는 것이 사진을 그때 찍어 버렸던가.

만약 이강갑 씨가 사진으로 확인되는 김군의 행적 가운데 일반 시민군들이 경험하지 못했던 부분에 대해 구체적인 기억을 말해 줄 수 있다면, 두 인물의 동일성 여부를 입증하는 일은 수월했을 것이다. 한 예로 당시 시민군은 아시아자동차 공장에서 나온 수십 대의 GMC 트럭을 운용했지만, 페퍼포그차는 많아도 열 대 미만에 불과했다. 따라서 사진 속 김군처럼 페퍼포그차 상단에 올라 금남로와 도청 앞 광장을 오갔던 시민군은 상대적으로 적었을 것이다. 또한 대부분의 시민군이 카빈총 혹은 M1 소총을 지급받아 소지했던 반면, 사진 속 김군이 소지했던 M1918 BAR과 캐리버50 기관단총을 다뤄 본 사람은 극소수에 불과했다. 만약 이강갑 씨가 페퍼포그차나 두 총기에 대한 기억이 있다면 그가 김군일 가능성 역시 높다고 볼 수 있다.

제작진 22일 차 타고 돌아다니실 때, 혹시 경찰 가스차나 이런 건 타고 다니신 적 있으세요? 페퍼포그차 같은 거?

이강갑 차를 이놈 저놈 옮겨서 타고 다녀 갖고 뭐 정해 놓고 탄 게 아니었기 때문에. 왔다가 여기에서 아무 놈이나 타고 지프차 있으면 지프차도 타고 그래 놓으니까…… 그런 건 일일이 기억이 힘들어 내가.

제작진 총은 뭐 들고 다니셨어요?

이강갑 총은 카빈총 들고 있었어.

제작진 캐리버50 같은 기관총을 그때 다루신 적은 있었어요?

이강갑 아니 나는 그건 쏘진 않았어, 한 번도. 그건 안 쐈어. 지금까지 내 기억으로는 카빈총을 갖고 다닌 것만 기억하지, 뭐 LMG를 어떻게 해보고 한 기억은 없어 내가 분명히. 그러니까 그런 것들이 기억이 다 살아나 있어야 되는데, 하나부터 순서대로 차근차근해야 하는데 그런 과정들이 기억이 안 나.

광수로 지목된 시민군들의 경우, 사진이 촬영된 사실 자체를 인지하지 못했던 경우라 할지라도, 사진 속 자신의 상황에 대해 매우 구체적으로

날짜	김군	이강갑
5월 21일	화순 동면지서에서 무기 탈취 (시민군 문관 목격)	화순 동면지서에서 무기 탈취 (1980년 계엄군 전남합동수사단 진술, 2016년 본인 증언)
5월 22일 아침	오전 8시부터 9시 사이, 페퍼포그 차량을 타고 금남로 4가와 5가 사이를 순찰(이창성 촬영)	오전 9시경, 광천동 소재 화천기공사 앞 노상에서 성명 미상의 폭도 네 명이 타고 있는 번호 미상의 시위 차량에 탑승, 아시아자동차 공장에서 군용 지프차 한 대를 탈취(1980년 계엄군 전남합동수사단 진술)
5월 22일 점심	오후 12~2시, 도청 앞 분수대 광장에서 페퍼포그 차량 위에 M1918 BAR 무장하고 수건으로 얼굴을 가린 채 탑승 (이창성 촬영)	

날짜	김군	이강갑
5월 22일 **저녁**		광천동 전남고등학교 뒷편 광주천에서 순찰. 저녁 9시 30분경 골탄제조차량 밑에 들어가 취침(1980년 계엄군 전남합동수사단 진술)
5월 23일 **아침**	오전 11시 10분 이전, 흰 페인트로 숫자 '10'이 앞 범퍼와 차량 옆면에 적힌 군용 GMC 트럭에 동료 시민군 7~8명과 탑승해 도청 경내로 들어와 수거한 총기를 내려놓음. 캐리버50은 반납하지 않은 채 동료들과 10번 트럭에 탑승해 도청 밖으로 나감(이창성, 황종건, 정남영 촬영) 오전 11시 10분 이후, 도청 앞 분수대 광장에서 캐리버50이 설치된 10번 트럭 앞 좌석에 탑승한 채 경계 근무(이창성, 황종건, 신복진, 최종현 등 촬영)	"23일 새벽 기상하여 약 30분 뒤 30세가량의 트럭운전사가 동 트럭에 승차 허가하여 본인과 피의자 최영철 외 두 명은 군용 트럭에 승차하고 광주공원 앞에 도착하였더니 대기 중이던 성명 미상 대학생이 흰 페인트통을 들고 동 차량 조수석 문짝에다가 차량번호(기억나지 않음)를 기재한 후 휴대하고 다닌 총기를 도청에 반납하라고 하여 23일 오전 6시 30분경 동 차량 편으로 도청 정문 앞에 도착하자 학생으로 보이는 사람 네 명이 무기를 회수하고 있음을 봄. 그러나 본인을 포함한 세 명은 총기를 반납하지 않고 옛날 역 방면으로 향함"(1980년 계엄군 전남합동수사단 진술) 　　이강갑 씨는 M1918 BAR과 캐리버50을 사용한 적은 없다고 기억
5월 24일	도청 경내에 반납된 캐리버50 포착(나경택 촬영)	5월 24일 10시경, 도청 앞에서 군용 GMC 트럭 탑승해 송암동·진월동으로 이동. 오후 2~3시경 진월동 효덕초등학교 근처 민가에서 11공수여단에 의해 체포

기억하고 있었다. 그들은 우리가 주목하지 못한 사진 속 세부 정보와
사진에 미처 담기지 않은 상황까지 떠올려 내곤 했다. 그러나 이강갑 씨는
M1918 BAR과 캐리버50을 사용한 적은 없다고 했고, 페퍼포그차에
탑승한 기억 또한 확실하지 않다고 말했다. 그는 김군의 사진에
포착된 세세한 정황이나 함께 활동한 동료 시민군들에 대한 기억을 전혀
갖고 있지 않았다.

이강갑   진술할 때도 어떻게 보면, 내가 자세하게 할 수 없었던
상황이야. 그냥 내가 생각난 대로 진술했을 것 아닌가. 그리고
뚜들겨 맞고 고문당하고 있는디 내가 긍게 그러잖아. 사람이
그러잖아. 아픈 상처만 남는다고. 다른 것은 지지리도 모른디
그 두 가지는 내가 안 잊어 버리잖아. 내가 징하게 당했기
때문에. 그 두 가지 말로. 나머지 긍게 어느 정도는 얘기했어.
총기도 해갖고 총 쏜 거 어디 쏜 것도 다 얘기했는데. 그
과정에서 화순서 총기 턴 것도 그래서 나와서 화순서 넘어온
것이지만은, 그 두 가지, 김일성이한테 무슨 지령을 받았냐,
김대중한테 얼마 받고 폭동 일으켰냐 소리에 고문을 어떻게
당했기 때문 그것은 내가 안 잊어 버려. 근데 나머지는
내가 어떻게 진술했는지도 몰라 나는 지금. 그때 당시에도
무조건 나는 한나절 내내 두드려 맞고 한나절은 고문만
시켰당께. 그 두 가지 말로. 그 두 가지 때문에 내가 고문당한
거 아닌가. 처음에 안 맞을 놈도 더 맞고. 그 수사받을 때도.
장난하는 것 같이 책상에 해갖고 여기로 누르고 그놈이.
꽉 눌러 갖고 돌리고. 대답해 인마. 대답해 이 새끼야, 그러고
다리 고문당할 때는 본격적으로 당한 것이여, 내가 고문을.
책상에 엎어져 갖고. 그놈 때문에 다리가 맨날 안 좋은 것이지
내가…… 내 담당이 이흥기였네 이흥기. 그 수사한 놈이
그때. 고문시킨 놈이 이흥기. 내가 안 잊어버려. 이흥기한테
내가 고문당했당께. 지금 살았는가 어쨌는가 모르겠느만은.

내가 그때 상처가 깊은 것이 사람이 기억이 딱 안 지워지고 남아지더라니까. 말하자면. 다른 것은 아무 생각 없이 하고 댕긴 것은 나한테 큰 상처 난 것이 아니기 때문에 여 기억이 없어. 잊어버린 것이여. 나도 안 해부러. 근데 나한테 상처가 있고 나한테 집중하게 거시기한 것은 남아 있어 긍께. 묘해.

앞서 얘기했듯이, 당시 체포된 시민군들은 자신의 '무장 폭도'로서의 경험을 되도록 축소해서 진술했다. 여러 날 활동한 시민군들조차도 체포 당일 시내에 구경 나왔다가 얼떨결에 인파에 휩쓸려 활동에 참여했다는 식으로 진술했다. 한편 당시 체포된 이강갑 씨는 총기 탈취 활동에 대해서는 진술했으면서도, 김군이 사용한 총기를 사용했다고 증언한 적은 없다. 실제로는 언급된 총을 사용했다 하더라도, 끝끝내 진술을 거부했을 수도 있다. 수개월간 무장 시민군이었다는 강요된 진술을 거부하는 과정에서, 자신의 실제 기억이 억제됨으로써 삭제된 것은 아닐까? 우리는 쉽게 결론을 내릴 수 없었다.

3.   동료

이강갑 씨는 함께 활동했던 동료의 이름을 기억하지 못했다. 우리는 1980년 전남합동수사단의 진술 기록에서 그와 함께 활동했던 최영철, 최진수, 박창호, 이재남 씨의 이름을 확인했다. 5월 24일 이강갑 씨와 함께 진월동에서 체포된 시민군 최영철 씨는 그들 중 유일하게 구속부상자회 회원으로 등록돼 있었고, '광주에서 택시 하는 사람'이라는 소개 글이 적힌 트위터 계정을 실명으로 운영하고 있었다. 우리는 그를 만나기 위해 그가 사는 광산구의 한 아파트를 찾았다. 정오가 조금 지난 시간 최영철 씨 자택에 도착했을 때, 그는 야간 근무를 마치고 돌아와 쉬고 있었다. 그와 두 시간가량 대화 나누는 사이 창밖에서 매미 소리가 들려왔다.

최영철	지금 이렇게 생각을 해보면 실상 며칠이 안 돼요. 나는 그것이 막…… 한 달. 그렇게 된 거 같은데…… 근데 실상 며칠이 안 되더라고요.
제작진	날짜로 치면 20일부터 24일까지 나흘인데 그것이 한 달처럼 길게 느껴지신다는 거죠?
최영철	그렇죠. 왜냐하면 하루 20시간을 타고 다니는 입장이 되니까요.
제작진	차를 몇 대 정도 갈아탔는지……
최영철	거의 없죠, 기억이.
제작진	너무 많아서?
최영철	네…… 많이 돌아다녔어요…… 광주 시내가 거의 내 바닥이었지. 손안에 딱 쥐고 있었으니까. 지금도 딱 쥐고 있지만…… 지금은 '인간 내비게이션'이라고 많이들 얘기하죠.

— 인터뷰, 2016/09/02

1980년 당시 스무 살이었던 최영철 씨는 금남로4가 '제일피혁' 공장에서 제화공으로 일하고 있었다. 그는 5월 19일 공장 옥상에서 계엄군이 시민들을 폭행하는 상황을 목격하면서 항쟁에 참여했는데, 공교롭게도 그의 일터는 이창성 기자가 김군을 촬영한 금남로4가 골목에 있었다.

제작진	혹시 이강갑이라는 이름 기억하세요?
최영철	네.
제작진	그분하고 같이 활동을 하셨던 건가요?
최영철	아니, 나중에 마지막쯤에 2, 3일 정도인가 일을 같이했죠. 같이 행동을…… 많은 시간은 안 하고, 짧은 시간으로 이틀 만나 본 적이……
제작진	무기 반납하실 때 날짜가 며칠이라고 했나요?
최영철	제가 알기로는 23일 날인가 될 겁니다.

10t 트럭에 수거한 총기들을 도청에 반납 중인 김군 일행. ⓒ이창성

최영철 씨는 5월 22일 밤 이강갑 씨와 광천동에서 야간 근무를 마친 뒤,
5월 23일 오전 광주공원에 들러 GMC 트럭에 번호를 부여받았고,
이후 도청으로 이동해 들어와 무기를 반납하기까지 내내 동행했다. 우리는
5월 23일 촬영된 GMC 트럭 위의 김군 사진들을 보여 주며 떠오르는
기억이 없는지 물어봤다. 최영철 씨는 차량에 기재된 번호나 설치된
타이어의 존재를 전혀 기억하지 못했다.

제작진   이 사진도 23일에 찍힌 사진들이거든요. 그래서……
최영철   이런 차는 내가 못 봤는데.
제작진   앞에 타이어, '감시반' 붙여 놨던 이런 차량……

            김군을 찾아서

제작진	그때 트럭에 특이 사항 같은 건 없었을까요? 페인트로 글이나 숫자가 써있었다든지.
최영철	페인트 글씨는 전두환이 물러가라, 아니면 도화선. 저 치프인가요? 치프['구치비' ﾛﾁ: 도화선을 가리키는 일본어]라 그런 거 같은데 다이나마이트 상자에 도화선. 버스에 그랬고 트럭에도 그랬고 트럭에는 총도 있었으니까 탄환 이런 것도 있었고.
	그…… 의자 밑에 총들도 있고 탄창도 있고 그랬죠. 철모도 있고. 광주대까지 도착하니까 그 앞에 울타리까지 도착하니까. 군인이란 소리에 철모 쓰고 카빈총 하나 들고 M1 하나 양손에 들고 제가 도망 나왔죠. 탄환하고 같이 챙겨서.

10번 '감시반' 트럭 후면. ⓒ이창성

최영철 씨는 항쟁 당시 복수의 GMC 트럭을 포함한 여러 종류의 차량에 탑승해 활동했다고 기억했다. 일례로 5월 22일부터 23일 오전까지 탑승한 GMC 트럭은 24일 진월동으로 향할 때 탑승한 GMC 트럭과 다른 차량일 가능성이 높았다. 그는 자신이 탑승했던 GMC 트럭에 기재된 번호를 기억하지 못했지만, 페인트로 쓴 '전두환 물러가라' 문구는 어렴풋이 기억이 난다고 말했다. 최영철 씨의 말을 듣고 다시 사진 속 10번 트럭 곳곳을

살폈을 때, 우리는 트럭 후면 '감시반' 문구판 뒤편으로 "~하라"라는 문구를 발견할 수 있었다. 100퍼센트 확신할 수는 없지만 감시반 문구 하단에 'ㅜ'와 'ㅂ'으로 추정되는 글자가 노출돼 있는 것으로 보아, 무언가를 '수습하라'는 말로 보였다(우리는 앞 범퍼에 '당국은 수습하라'는 문구가 쓰인 시민군 트럭 사진을 본 적 있었다). '전두환 물러가라'라는 문장과는 거리가 있었지만, 아니라고도 단정 지을 수 없었다.

　　　최영철 씨는 5월 24일 진월동에 정차한 트럭에서 내릴 당시 철모와 카빈총, M1, 탄환 등을 트럭 의자 밑에서 챙겼던 것 외에는 다른 기억이 없다고 했다. 반면 24일 진월동으로 향하는 GMC 트럭을 직접 운전했던 김태찬[7] 씨는 본인이 근처 공업소에서 직접 타이어를 구해 차량 전면에 설치했으며, 당시 수습대책위원회 소속 시민들이 번호가 없는 차량에는 주유를 해줄 수 없다고 해 실랑이를 벌이다가 결국 차량에 흰색 페인트로 번호를 칠한 뒤에 주유를 할 수 있었다고 기억했다.[8] 다만 차량에 기재된 번호가 몇 번이었는지는 기억이 확실치 않으며, 자신은 운전석에 있었기 때문에 적재함의 세부에 대한 기억은 없다고 말했다.

　　　우리는 최영철 씨에게 김군의 사진과 1984년에 촬영된 이강갑 씨의 사진을 보여 줬다. 그는 사진을 한참 동안 바라보며 갸웃거렸고, 아마도 이강갑 씨가 사진 속 김군의 모습처럼 '리더' 역할을 하지는 못했을 것이라고 말했다.

최영철　　그때 당시에 이강갑이라는 사람이 스무 살에서 스물한두 살이었어요 내가 알기로는. 스무 살에서 스물한두 살, 이 선인데, 리더 할 사람이냐 이거지. 아니죠 거의. 그리고 벌써 이 사람은 나이가 먹게 보이잖아요. 젊은 청년인데, 한창 청춘인데 어디 그걸 하겠어요. 안 되죠. 그리고 개인적으로 이강갑이라는 사람을 봤을 때는, 저러고 나설 사람은 아닌 거 같아요, 내가 보기에는.

7. 항쟁 당시 열아홉 살의 나이로 복사차, 군용 지프차, GMC 트럭 등 다양한 종류의 시민군 순찰 차량을 운전한 시민군. 기동타격대 7조 조장으로 활동하던 5월 27일 도청에서 체포됐다.

8. 인터뷰, 2018/06/02.

며칠간 함께 활동한 동료의 활동을 자신과는 무관한 일인 것처럼
이야기하는 그의 화법이 묘하게 느껴졌다. 최영철 씨의 반응은 1980년
당시 그가 이강갑 씨에 대해 진술한 기록의 내용과 비교했을 때 더욱
의문스러운 지점이 있었다. 최영철 씨는 체포된 직후인 5월 26일 이뤄진
전남합동수사단 조사에서 "본인에게 폭동을 종용한 사람"이 "군복과
방탄복"을 입었으며, 그 인상착의는 다음과 같았다고 진술한 바 있다.

문   피의자에게 총을 주면서 소요와 폭도에 참가하도록 배후에서
            조종한 사람의 인상착의를 알겠는가요.
답   키는 보통 키고 얼굴은 검은 편이며 체격은 약한 편이고 나이는
            22~23세 정도로 보였으며 전라도 사투리를 사용하였습니다.
   — 최영철 문답조서, 1980/05/26

체포 당시 최영철 씨는 이강갑 씨의 이름을 알지 못했다. 진월동에서
체포된 시민군 중 최영철, 박진우, 최진수, 이재남 씨는 상무대로 이송됐던
반면, 계엄군의 심한 구타로 의식을 잃은 이강갑 씨는 헬기에 실려 홀로
국군통합병원(이하 '통합병원')으로 이송됐다. 상무대로 함께 이송된
네 사람은 곧바로 서로의 이름을 알게 되었지만, 이강갑 씨는 2개월간
통합병원에서 치료를 받은 뒤인 1980년 7월이 되어서야 상무대로 옮긴다.
이강갑 씨가 상무대로 돌아간 뒤 이뤄진 1980년 8월 5일 조사에서
최영철 씨는 처음으로 이강갑의 실명을 언급한다.[9] 최영철 씨는 수사받은
상황을 다음과 같이 회고한다.

      상무대에서는 합동수사본부에서 조서를 받았다. 그곳이
      보안대라고 알고 있는데, 무엇을 했으며 어떻게 해서 붙잡혀
      왔는지를 따져 물었다. 질문에 대해 답변을 하면 받아쓰는

9. "— 문: 5월 24일 차를 타고 다닐 때 총은
몇 명이 들고 있었나요.
— 답(최영철): 조수와 이강갑이 방탄복을
입은 채 총을 들고 있었고 또 한 명이
총을 들었는가 어쨌는가 확실히 기억나지
않습니다." 최영철 문답조서, 1980/08/05.

형식이었는데, 슬쩍 보니 내가 말하는 것과는 전혀 다르게
쓰고 있었다. 예를 들어 총을 소지하고 있었으면 총을
쐈다고 쓰고, 김대중 석방하라는 구호가 있었다고 하면 적극
가담이라고 쓰는 식이었다. 함께 잡혀 온 사람들과는
같은 사무실에서 책상만 따로 해 조사를 받았다. 그때
알고 보니 대개가 다 나와 비슷한 처지로 전과자도 있었고,
가구공, 제과점 점원, 식품업자도 있었다. 다음 날 2차 조서를
받았는데 그때에도 역시 어제와 같은 이야기만을 반복했다.
수사관은 내 대답과 상관없이 1차 조서와 비슷하게 정리를
했다. 결국 나는 조서 내용과는 반대되는 말만 계속하는
꼴이었다. 조사를 받는 도중 매는 계속해서 맞았다. 몽둥이뿐만
아니라 각목과 철근으로까지 맞는 일이 예사였다.

    …… 며칠 후 수사관이 영창에 와서는 전부
고개를 숙이라고 하더니 한 명 한 명 살폈다. 그런데 아뿔싸!
나와 21일부터 함께 활동했고 24일 도청 앞에서 함께
지프차[10]를 타고 진월동에 내린 사람[이강갑]이 뒤늦게
잡혀 와 나를 지목하는 것이 아닌가. 나는 다시 불려 나갔다.
수사관이 나에게 먼저 물었다.

    "이 사람 아느냐?"

    "모릅니다."
시치미를 뗐다. 그는 그래도 나를 안다고 했다. 다른 세 명도
처음에는 모른다고 하다가 각목으로 때리려고 하자 함께
숨었던 사람이라고 불어 버렸다. 속으로 '에이 멍청한 놈들,
무조건 모른다고 하면 될 텐데' 하고 생각했지만 사람
속은 알 수 없는 일이었다. 그때처럼 인간에 대해 다시 생각해
보고 믿을 수 없는 존재라는 걸 뼈저리게 느낀 적도 없다.
더구나 나중에 잡혀 온 사람이 21일부터 함께 활동했던
것까지 다 말해 버려 그때부터 나는 다시 얻어터지고 고문을
당해야 했다. 볼펜을 손가락 사이에 끼워 돌려 버리는가

215

10. 여기서 최영철 씨는 군용 GMC 트럭을
지프차로 잘못 기억하고 있었다.

하면 각목으로 온몸을 때리고, 두 개의 책상에 머리와 다리만
걸쳐 놓은 채 몸은 공중에 붕 뜬 상태로 억수로 맞았다.
그래서 나도 화가 나 끝내는 다 말해 버렸다.

　　"21일부터 만나 함께 활동했고, 그때도 저 사람은
완전무장을 했지만 나는 총만 들었다. 그리고 저 사람의 친구도
함께했는데 지금은 안 잡혀 왔다." 우리 네 명은 석방된 후
길에서 우연히 만나기도 했지만 그때 일을 생각하면 정이 떨어져
아는 체도 하지 않았다. 그중 한 사람은 올해 망월동에서 마주쳐
그가 전화번호랑 적어 줬지만 관심이 없어 다 분실해 버렸다.
어려울 때 서로 생각하고 의리도 지켜야 하는데 자기 살길만
찾겠다고 했던 놈들이니 아는 척할 필요도 없다고 생각했다.

　— 최영철(1960년생), '현사연 5010 증언'

당시 통합병원에서 치료를 받으며 단독으로 조사받은 이강갑 씨는 북한의
당시 지도자 김일성의 사주를 받고 내려온 간첩, 야당 정치인 김대중의
명령을 받고 폭동을 일으킨 폭도라는 혐의에서 벗어나고자, 항쟁 당시
화순에서 무기를 탈취한 행동부터 진월동에서 체포되기까지의 자신의
모든 활동을 진술했다. 체포된 날의 행적만을 최소화해서 진술했던
최영철, 박진우, 이재남, 최진수 씨는 8월 20일 기소유예로 풀려난 반면,
진월동에서 체포된 시민군들 중 오직 이강갑 씨만이 내란실행죄로
기소되어 10월 24일 군사법원으로부터 징역 6년형을 선고받기에
이른다.[11] 계엄군은 이강갑 씨를 시민군 그룹을 인솔하고 무장을 명령한
리더로 판단했으며, 최영철 씨의 당시 진술은 계엄군이 그려 내고자 하는
'폭도 이강갑'의 초상에 중요한 조각을 제공해 주었다.

　　두 사람의 증언들을 연결하는 과정에서, 모진 고문으로
서로를 밀고해야만 살아남을 수 있었던 생존자들의 상황이 선명하게

11. 기소된 5·18 관련자 255명 중 163명이
5년에서 20년 사이의 징역형을 선고받았고,
정동년 씨 등 5명은 사형, 7명은 무기징역
선고를 언도받았다. 다행히 사형은 집행되지
않았고, 이듬해 사면되어 석방됐다.

다가왔다. 함께 체포된 시민군들 중 이강갑 씨만이 유일하게 기소되어 중형을 선고받았다는 사실을 알지 못했던 최영철 씨는 계엄군에게 자신을 동료로 지목했다는 사실에 대한 서운한 마음이 남아 있었고, 함께 체포된 동료들에 대한 기억이 없는 이강갑 씨에게는 당시 간첩으로 몰려 고문을 당한 기억만이 현재의 그를 괴롭히고 있었다. 각자 가장 큰 상처가 된 기억만을 수십 년째 홀로 안고 있었던 것이다.

　　동료 시민군 최영철 씨를 만난다면 이강갑 씨에 대한 결론을 낼 수 있을 것이란 기대는 결국 빗나갔다. 최영철 씨는 이강갑 씨와 김군이 닮았다는 사실은 인정하면서도, 이강갑 씨의 당시 나이와 인상을 근거로 김군과 동일인은 아닐 것이라는 의견을 제시했다. 그러나 우리는 그가 1980년 5월 26일 전남합동수사단 조사에서 이강갑 씨가 군복과 철모, 방탄복을 착용하고 무장을 지휘하며 그룹의 리더로서 활동했음을 진술한 사실을 확인하기도 했다. 우리가 확인한 이강갑 씨의 행적과 김군의 궤적은 분명 절묘하게 일치하는 지점들이 존재하고, 오히려 그 둘이 결정적으로 어긋나는 부분은 존재하지 않았지만, 이강갑 씨를 사진에 찍힌 그 사람으로 확증할 수 있는 결정적인 단서나 이강갑 씨의 구체적인 기억 또한 더는 확인할 수는 없었다.

　　혹시나 하는 마음에 우리는 두 얼굴의 동일성 여부에 대한 '과학적' 판단을 구해 보기로 했다. 얼굴 인식 기술을 전문적으로 연구하는 한국과학기술연구원[KIST] 영상미디어연구단 김익재 박사에게 김군과 이강갑 씨의 사진을 보내 동일인 여부를 분석할 수 있을지 문의했고, 며칠 뒤 다음의 메일을 받았다.

　　보내 주신 여러 장의 사진으로 비교를 수행하였습니다. 비교 대상으로 활용한 얼굴 인식 엔진은 현재 미국 뉴욕 경찰[NYPD]에서 활용되고 있는 엔진으로 인식 분야에서 가장 좋은 성능을 보이고 있는 엔진을 활용하였습니다.

　　여러 장의 김군으로 추정되는 80년의 사진들 중에서 첨부해 드린 사진과 현존하는 인물의 옛 사진과의 비교만이 가능했음을 알려 드립니다. 나머지 사진들은 인식 엔진에서 정확한 얼굴로 인지하기 어려운 이유로 인식 시도 자체가 되지 않았음을 알려드립니다.

0과 1.0 사이의 값 중에서, 같은 사람의 경우는 1.0에 가까운 수치가 나오고, 다른 사람의 경우로 판단되는 경우는 0에 가까운 결과가 나오는데, 첨부해 드린 두 사진으로 비교를 하면, 0.146098의 수치가 나왔습니다. 수치만으로 해석했을 때는 다른 인물로 판단되어집니다.

KIST와 NYPD의 얼굴 인식 알고리즘은 이 두 사진에 촬영된 사람들이 동일인이 아닐 확률이 반대의 가능성보다 높다는 수치를 제시했다. 물론 사진의 상이한 앵글과 노출 등이 다른 환경에서 촬영된 2D 이미지 한 쌍을 근거로 확실한 결론을 낼 수는 없다. 이미 미국에서는 인종과 성별, 연령에 따른 얼굴 인식 알고리즘의 편향성과 부정확성이 논란이 된 바 있으며, 얼굴 인식 알고리즘이 제공하는 확률 수치를 용의자를 범인으로 확증 짓는 증거로 사용할 수 있는지에 대해서는 논란이 계속되고 있다.[12] 어쨌거나 우리에게 제시된 수치는 두 인물이 동일인일 '개연성'이 상대적으로 낮다고 판단하고 있었다.

우리는 이강갑 씨 본인의 불확실한 기억에 비추어, 법률적인 영역에서 이강갑 씨를 사진 속 인물과 동일인임을 확증하기 어렵다는 결론을 잠정적으로 내렸다. 이미 이강갑 씨가 변호인단과 만나고 있는 과정이었던 터라 고민이 됐지만, 이후 소송이 실제로 진행되면서 문제가 커지기 전에 제작진 입장에서 개입을 하는 게 최선이라고 생각했다. 우리는 이강갑 씨가 사진 속 인물이 아닐 가능성에 힘을 싣는 근거 자료들을

12. FBI, MIT, ProPublica의 연구진들은 얼굴 인식 알고리즘의 흑인, 청년층, 여성의 얼굴 인식률이 백인, 고령층, 남성의 경우보다 떨어진다는 사실을 발표한 바 있다 EFF, "When Facial Recognition Is Used to Identify Defendants, They Have a Right to Obtain Information About the Algorithms Used on Them, EFF Tells Court." https://www.eff.org/deeplinks/2019/03/when-facial-recognition-used-identify-defendants-they-have-right-obtain. 또한 용의자를 특정하는 과정에서 얼굴 인식 알고리즘의 데이터가 체포와 기소의 근거로 사용되는 것에 대한 우려와 비판이 존재한다. NYPD, "NYPD Questions and Answers - Facial Recognition." https://www1.nyc.gov/site/nypd/about/about-nypd/equipment-tech/facial-recognition.page.

변호인단과 5·18기념재단에 공유했고, 변호인단과 재단은 이강갑 씨와 사진을 촬영한 이창성 기자와의 추가 면담을 진행했다. 결국 이후 소송 원고인단에 이강갑 씨가 참여하는 일을, 동일인임을 소명할 수 있는 증거를 추가적으로 발견할 수 있다면 언제든지 소송이 재개될 수 있다는 전제하에, 보류하기로 결정했다. 소송에서 제외됐다는 소식을 접한 이강갑 씨는 사진 속 남자가 자신이 아닐 수도 있다고 말하며 덤덤하게 반응했다.

날이 추워질 무렵 제작비가 마침내 바닥이 났고, 나는 혼자 광주를 오가며 촬영을 이어 갔다. 나는 이강갑 씨의 존재가 영화를 보는 관객에게 사진 매체와 기억에 대한 중요한 질문들을 던질 수 있겠다고 생각했다. 시간이 날 때마다 광주에 방문해 이강갑 씨의 모습을 촬영하며 도청 수위실에서 시간을 보냈다. 12월이 되면서 이강갑 씨의 경비 근무 계약이 그해를 끝으로 더는 연장이 어렵다는 사실이 명백해졌다. 그는 아시아문화전당과 월마다 계약을 해왔기 때문에 계약 연장의 중단 행위는 법률적으로 해고로 인정될 수 없었다. 그러나 이강갑 씨가 수년간 근무했던 일터이자, 40여 년 전 시민군으로 활동했던 공간을 타의로 떠나야 하는 상황은 납득하기 어려웠다. 우리는 몇몇 언론에 제보도 해봤지만, 기사화를 검토해 보겠다는 답변 이후로는 아무런 추가 연락을 받지 못했다.

2016년 12월 30일은 이강갑 씨의 마지막 근무일이었다. 새벽 6시경 출근한 그는 평소처럼 제일 먼저 도청 정문을 열었고, 근무 일지를 작성했고, 정문을 통해 들어온 보수 공사 트럭이 경찰청 건물 쪽에 주차할 수 있도록 '옛 전남도청 복원' 현수막을 잠시 걷었다. 그가 아침 일과를 마치고 나서, 우리는 수위실에서의 마지막 인스턴트 커피를 마셨다. 이강갑 씨는 도청 옥상에 게양된 태극기를 새것으로 교체하고, 본관과 별관, 경찰청, 상무대 건물 등 도청 공간 이곳저곳을 순찰하는 것으로 마지막 날의 업무를 마무리했다. 퇴근 시간이 되자, 그는 그동안 관리했던 도청 건물 열쇠들을 아시아문화전당 직원에게 반납했다. 고문 후유증으로 항쟁 당시의 기억조차 명확지 않은 시민군 출신의 비정규직 경비원이 5·18의 문화적 계승을 위해 수천 억 원을 들여 세운 기관에서 쫓겨나는 상황을 무력하게 지켜보면서, 기억하고 계승한다는 것이 과연 뭘까 하는

김군을 찾아서

분심이 일었다. 동시에 이강갑 씨가 실제로 사진에 촬영된 '제1광수'였다면, 사람들이 그의 해고 사실에 좀 더 관심을 기울이지 않았을까 싶은 마음에, 소송에 개입한 것이 후회되기도 했다. 이강갑 씨뿐 아니라 우리가 만난 대다수의 무장 시민군 출신의 생존자들이 일정한 직업 없이 지내고 있었다.

4.   송암동

이강갑 씨와 최영철 씨 일행은 훗날 '송암동 양민학살'[13]로 명명된 사건의 현장 한가운데에서 체포됐다. 최영철 씨의 자택을 방문하고 며칠 뒤, 시민군이 최초로 결성된 광주공원에서 그를 다시 만나 못다 한 대화를 이어 나갔다. 최영철 씨는 자신의 택시에 우리를 태우고는 항쟁 당시의 기억이 남아 있는 광주의 공간들을 다녔다. 5월 21일 집단 발포 이후 시민군이 최초로 결성됐던 광주공원, 김군이 거주했던 공간이자 시민군들이 화순에서 탈취한 총기들을 분배했던 학동 원지교…… 항쟁 당시 GMC 트럭에 올라 순찰하던 시내의 동선을 따라가며 최영철 씨의 기억을 훑어 나갔다. 매일 광주 시내를 운전하는 그가 바라보는 차창 밖 풍경은 어쩌면 실제 눈앞에 보이는 모습과는 다를 수 있겠다는 생각이 들었다.

제작진   평소 운전하고 다니시면서 광주 시내를 많이 다니시잖아요. 지금도 우리가 옛날에 선생님이 다니시던 길로 가고 있는 건데, 그럴 때 좀 이상한 감정이 들 때라든지 옛날 생각이 날 때라든지 그런 건 없으세요?

최영철   이제 그런 마음 딱 드는 건 한 군데밖에 없어요. 저기 [진월동] 광주대 앞에 효덕초등학교 들어가는 입구 쪽에.

제작진   마지막으로……

최영철   네, 마지막 5월 24일 잡혔던 곳. 그쪽밖에 없지.

제작진   그쪽에 가실 때 같이 갔었던 사람들이 있잖아요?

13. 1980년 5월 24일 송암동과 진월동 일대에서 11공수부대 63대대에 의해 민간인들이 학살된 사건.

최영철   네 최진수, 이강갑, 그리고 [나머지는] 거의 잘 몰라. 항상 갈
        때마다 새삼스럽고, 새롭고, 뭐랄까…… 감회가 깊은 것도
        아니지만 약간 글썽거리기도 하고, 막 그래요, 좀.

제작진   그때 당시 서로 이름을 알았어요?

최영철   전혀 몰랐죠. 나중에 알았죠…… 그러니까 그것이 이제 또 그
        사람들 이름을 알았던 때가 언제냐면, 상무대 영창에 가서
        그때 알았죠. 그때 적에…… 그전엔 몰랐었는데.
        ― 인터뷰, 2016/09/09

1980년 5월 24일 오전 10~11시 사이, 이강갑 씨와 최영철 씨를 포함한
여러 명의 시민군은 도청 앞에 정차된 GMC 트럭 적재함에 탑승한다.
김태찬 씨가 운전한 이 트럭은 금남로5가 근처 수창국민학교 후문 방면을
들러 전남방직을 지나 시내 곳곳을 돌았고, 이 과정에서 몇몇의 시민들이
하차한다.[14] 트럭이 광천동 공업단지 부근을 지날 즈음 영창제과사
직원 이재남 씨(당시 20세)가 탑승한다. 백운동에 사는 지인을 만나기
위해 트럭에 탑승했던 최영철 씨는 백운동 로터리에서 차를 세워
달라고 말했으나, 운전 중인 김태찬 씨는 이 말을 듣지 못한 채 로터리를
그대로 지나쳐 목적지인 송암동·진월동으로 향한다. 오후 1시 30분경,
진월동 효덕국민학교 삼거리에 도착한 GMC 트럭에서 이강갑, 최영철 씨
등 적재함에 탑승했던 시민군들이 모두 하차한다. 운전수 김태찬 씨와
조수석에 탄 동승자는 차량을 몰고 다시 도청이 있는 광주 시내로
돌아간다. 김태찬 씨는 5월 24일의 상황을 다음과 같이 기억한다.

김태찬   내가 송암동 효덕[국민학교] 거기를 오후에 갔어요. 2~3시
        정도. 오후 들어서려고 할 때. 내 기억은 그래요. 도청에서
        [출발할 때]는 [오전] 11시인가 10시인가 했어요. [사람들이]
        타고 내리고 타고 내리고 했어. 근데 내가 차장은 아니거든요.

14. 계엄군이 광주 시내에서 물러났던
5월 22일부터 26일 사이, 일반 차량들의
운행이 시민군에 의해 통제되었던 광주
시내에서는 도청 본부의 인증을 받고
번호를 부여받은 시민군 차량들만이
도로를 달렸고, 시민군은 물론 일반 시민들도
이용하는 일종의 대중교통 수단으로
사용되었다.

뒤에 몇 명 탔는가 숫자는 안 보고, 세워 달라면 세워 주고,
내리고 싶으면 내리고. 몇 명 탔는가는 몰라요.[15] 아니 나중에
광주대로 가자고 했어요. 다른 데로 돌다가. 우리가 송암동
저기에서 내릴라니까 내려 줬어요. 따따따 총소리가 났어. 차
돌려서 나는 부리나케 돌려 나온 것이고.
— 인터뷰, 2018/06/02

이 무렵, 광주에서 나주 방향으로 이동 중이던 11공수여단 63대대 소속
APC 장갑차와 군용 트럭들이 진월동으로 진입하고 있었다. 11공수여단
선두 병력은 트럭에서 막 내린 시민군 일행을 발견하고 사격을 시작한다.

차는 진월동 효덕국민학교 앞에서 멈췄다. 그러자 조수가
우리 다섯 명에게 철모와 총을 하나씩 나눠 줬다. 그는
시민군의 역할 분담에 따라 외곽 지역 방어를 맡았던
사람인 것 같다. 나는 공교롭게 카빈[카빈총]과 M1 총을 다
지급받았다. 카빈 실탄은 15발, M1 실탄은 세 발을 받아
바지 주머니에 넣어 두었다. 우리를 내려놓고 차는 바로
되돌아갔다. 차가 떠난 지 얼마 지나지 않아 국민학생들이
학교 운동장에서 "군인이다" 하고 소리를 질렀다.
　　그때 시간이 오후 2시쯤 됐을 것이다. 공수부대가
지원동으로 통하는 좁은 길목으로 장갑차를 몰고 와
총을 갈겨 댔다. 그 길로 냅다 도로가 집에 숨어 들었는데
도망갈 때 총알이 귀 옆을 쌩쌩 스쳤다. 머리에 두 방이나
총알을 맞았지만 철모를 쓰고 있어서 살았다. 한 방을
머리 윗부분을 맞아 철모가 약간 흔들거렸고, 또 한 방은
철모 뒷통수에 제대로 맞았다. 그때 앞으로 푹 쓰러지며
M1 총은 버리고, 카빈 한 정만을 들고 도로가에 있는
끝 집 뒷간으로 숨었다. 우리들 중 다른 두 명은 그 집 방으로

15. 김태찬 씨는 자신의 차량에 탑승했던
시민군들에 대한 기억이 없었던 반면, 항쟁
기간 김태찬 씨가 운전한 차량들을 여러
번 탑승했던 최영철 씨는 체포된 뒤 상무대
영창에서 그의 얼굴을 알아보고 이름을
기억한다.

숨었다고 했다.

— 최영철(1960년생), '현사연 5010 증언'

11공수여단의 총격에 놀란 시민군들은 민가로 피신한다. 한편 진월동이 내려다보이는 금당산 어귀에 매복 중이던 전투교육사령부(전교사) 산하 육군보병학교 교도대는 11공수여단 선두 병력의 총격을 시민군의 공격으로 착각하고 대응하기 시작한다.

> 교도대는 시민군들이 무리를 지어 외곽으로 빠져 나가는
> 것으로 착각했다. 즉각 90밀리미터 무반동총 네 발을
> 발사하여 선두 장갑차와 뒤따르던 군용 트럭들을 폭파시켜
> 버렸다. 뒤이어 M16 소총과 대규모 살상용 클레이어모어를
> 발사하고, 수류탄 등을 투척하였다. 11공수여단은 선두의
> 장갑차가 갑자기 폭발하자, 시민군이 땅에다 지뢰를
> 매설해 놓고 공격하는 줄 알았다. 공수부대도 즉각 반격에
> 나서 30분 넘게 계엄군들끼리 치열한 전투를 벌였다.
> —『죽음을 넘어, 시대의 어둠을 넘어』개정판, 332쪽

교도대의 공격으로 11공수여단의 장갑차와 트럭들이 폭발하고, 이로 인해 공수부대원 아홉 명이 사망한다. 11공수대원과 교도대 간의 치열한 교전 끝에 11공수여단 대원과 일부 병력이 금당산으로 올라가 교도대 한 명을 사살하고 나머지 대원들을 생포한 뒤에야 11공수여단 대원과 교도대는 서로를 시민군으로 오인했음을 깨닫고 전투를 중지한다.[16] 한편

16. "11공수여단 병력은 선두에 대대장 조창구 중령, 작전과장 차정환 대위, 김모 병장 등 6명이 타고 있었다. 11공수대원은 차에서 내려 총알이 쏟아지는 방향을 향하여 응사하며 쳐들어갔다. 11공수대원은 치열한 공방 끝에 산 쪽의 매복지를 점령하고 1명을 사살, 7명을 생포했다. 붙잡힌 포로를 조사해 보니 전교사 산하의 육군보병학교 교도대였다. 이때 교도대는 '수십 대의 차량에 탑승한 폭도들을 선제 공격하여 제압했다'고 상부에 무전으로 보고하였다. 전교사에 있던 지휘부는 11공수여단과 교도대가 서로 적으로 오인하여 벌어진 전투라는 것을 알아차리고 뒤늦게야 양쪽에다 공격중지 명령을 내렸다. 11공수여단 63대대는 오인전투로 9명이 순식간에 사망했고, 63대대장 조창구 중령 등 33명이 부상당했으며, 장갑차와 트럭 4대가 파손되었다."『죽음을 넘어, 시대의 어둠을 넘어』개정판, 332쪽.

계속 진월동 방면으로 이동 중이던 11공수여단 후방 병력은 선방에서의 교전 소리를 듣고는 차량 바깥을 향해 무차별적으로 난사하기 시작한다. 이로 인해 원제마을 냇가에서 물놀이를 하던 중학생 방광범 군(당시 13세)이 사망하고, 마을 주민의 농가의 젖소 두 마리와 김행남 씨 농장의 칠면조 250여 마리가 총격으로 희생된다.[17]

1000여 명의 병사들이 수십 대의 군용 차량에 탑승하여 장갑차를 앞세우고 비행장으로 출발한 것은 오후 1시경이었을 것이다. 그때 이미 우리들은 개인당 580발의 실탄과 수류탄이나 가스탄 등의 무기를 소지하고 있었고, 시위대의 기습에 대비하여 실탄을 장전하고 경계하며 차량 이동을 하게 되었다. 국도를 따라 한참을 이동하던 중 간간이 민간 마을을 향해 사격을 하는 소리가 들려 왔다. 그곳은 광주 시내로부터 멀리 떨어진 시골 마을이었고 마을의 주민들이나 아이들도 시내의 소요와는 무관하게 평소처럼 모내기를 하거나 학교 운동장에서 뛰어노는 그런 곳이었는데, 지금도 나는 왜 군인들이 그런 마을을 지나며 사격을 했는지 이해가 가지 않는다. 한두 발씩 들리던 총성은 이내 콩 볶는 듯하는 요란한 소음으로 바뀌었고, 논에서 모내기를 하던 농부들이나 저수지에서 물놀이를 하던 어린이들, 그리고 학교 운동장에서 뛰어놀던 아이들이 총소리에 놀라 혼비백산 흩어지고 자빠지던 모습이 지금도 생생하다. 당시 군인들의 말로는 시위대가 나타나 그랬다는데 사실 여부는 모르겠다. 당시 사정을 경험하지 못한 사람은 이해가 안 되겠지만, 내 느낌으로는 실탄 장전이 된 소총을 가진 군인들이 한편으로는 두려움 때문에 다른 한편으로는 움직이는 물체를 향해 본능적으로 사격을 해댄 게 아닌가

17. 김행남 씨는 죽어 가는 동물들을 옮기던 중 파편에 맞아 부상을 입었다(김철수, 1989년 현사연 증언). 젖소를 잃은 마을 주민은 충격으로 끝내 사망했다.

하는 생각을 한다. 후에 알고 보니 이런 와중에 애꿎게 총에
맞아 죽은 아이들과 어른들이 여럿이었다.

— 이경남,「20년 만의 고백─한 특전사 병사가 겪은 광주」[18]

계엄군 간의 전투가 종료된 뒤 11공수여단 부대원들은 총탄으로 벌집이
된 마을의 가택들을 수색해 이강갑, 최진수, 최영철, 박창호, 이재남
총 다섯 명의 시민군을 체포한다. 한편 이 과정에서 총격을 피해 도망가던
전재수 군(당시 12세)과 하수구에 숨은 박연옥 씨(당시 51세)가
11공수여단의 조준 사격으로 사망하고, 권근립 씨(당시 25세), 임병철
씨(당시 25세), 김승후 씨(당시 20세)가 집에서 끌려 나와 사살된다.
다음은 당시 11공수여단 63대대 소속으로 민간인 학살을 목격했던
나 모 씨의 증언이다.

> …… 야산에서 젊은이 두 명을 시위대라고 잡아 왔습니다.
> 양손을 뒤로 꽁꽁 묶이고 얼굴은 형체를 알 수 없게 구타를
> 당해서 오는 시위대에게 너도나도 개머리판으로 때리기
> 시작했습니다. 그리고 옆에 흐르는 물에 "엎드려" 하고
> 시켰습니다. 온몸을 파르르 떨고 있는 모습이 눈에
> 보였습니다. 자신들은 절대 시위대가 아니라고 주장했습니다.
> 근처의 모 연탄 공장에 다닌다고 했습니다. 제가 보기에도
> 그랬습니다. 하지만 변명이 통하지 않았습니다. …… 헬기가
> 계속해서 사상자와 20~30명에 달하는 부상자를 거의
> 다 나르고 있을 즈음, 뒤쪽으로부터 리어카에 실은 농부
> 한 사람을 딸이 끌고 왔습니다. 논에서 일을 하다가 총에 맞아
> 놀라고, 그 딸은 겁에 질려 울지도 않았습니다. 논에서 일을
> 하다가 무슨 죄가 있다고……
>
> 　　차량이 거의 다 불에 타버리고 다시 뒤쪽 저희 소속대
> 쪽으로 가니 철군 준비를 하라고 했습니다. 그때까지 아까

18.『당대비평』1999년 겨울, 216~217쪽.
1980년 5월 당시 11공수여단 63대대 소속
군인이었던 이경남 씨가 1999년 투고한 글.

잡혀 왔던 젊은 사내 두 명은 엎드려 있었습니다.

그때 모모 장교가 'OOO 사살시켜라'라고 말하자
'예' 하면서 M16 자물쇠를 풀더니 앞의 젊은이에게 세 발을
탕, 탕, 탕 하고 쏘고 다시 뒤의 젊은이에게 세 발을 쏘자
파르르 물속에서 떠는 것입니다. 사람의 목숨이 너무나도
보잘것없고 비참했습니다. 다시 모 하사관은 확인 사살을
한다고 죽은 젊은이에게 사격을 가하는 것입니다. 제가
꿈속에 있는 것 같았습니다.

— 11공수여단 63대대 소속 나OO의 말, 「광주사태에서 나는
　무엇을 했나—광주사태 당시 투입됐던 어느 계엄군의 수기」[19]

1995년 검찰이 발간한 5·18 수사 결과 보고서에 따르면 1980년 5월 24일
오후 송암동·진월동에서 벌어진 11공수여단 63대대의 민간인 학살로
인해 '성명불상 무장시위대 한 명'과 마을 주민 여섯 명이 공수부대원의
총격을 받아 사망한 사실이 확인된다. 사망한 여섯 명의 마을 주민들의 경우
유족과 이웃 주민들을 통해 신원이 특정될 수 있었다. 한편 우리는
사망한 '성명불상 무장시위대'와 관련된 기록이나 증언은 어디서도
찾을 수 없었다. 1980년 당시 체포된 시민군 다섯 명의 전남합동수사단
진술조서에서 동료의 죽음을 언급한 이는 당연하게도 아무도 없다.

이강갑 씨 일행이 5월 24일 오후 진월동을 방문한 유일한
'무장시위대'였다면, 이들 중 누군가는 분명 '성명불상 무장시위대'의
죽음을 목격했을 것이다. 우리는 체포된 이들의 증언 기록들을 세세히
살펴봤다. 11공수여단이 시민군 일행을 발견하고 사격을 시작할 당시, 홀로
한 민가의 재래식 화장실로 피신했던 이강갑 씨는 투항 당시의 상황을
다음과 같이 기억하고 있었다.

이강갑　[화장실] 담 안에서 내가 분명허니 바깥으로 총기를 던졌단
　　　　말여 이렇게. 그래 놓고 돌아서서 대문 앞으로 나온 거지.
　　　　그거 총기 내버릴 때는 이미 들어왔었잖아. 따라 들어와 갖고

19. 윤재걸, 『작전명령 화려한 휴가』,
실천문학사, 1987, 57쪽.

○ 이에 11공수여단 63대대 병력은 부근 일대를 捜索하여 武裝示威 隊를 체포하였는데, 성명불상 무장시위대 1명과 시위대로 오인, 逮捕된 마을 청년 권근립(남, 33세), 김승후(남, 18세), 임병철 (남, 25세) 및 하수구에 숨어 있던 박연옥(여, 50세)이 격분한 공수부대원의 銃擊을 받아 死亡하였음.

1995년 7월 18일 서울지방검찰청 및 국방부 검찰부가 발간한 『5·18관련 사건 수사결과』, 126쪽.

나올 적에 볼 때, 내가 그때 기억으로 계급장이 딱 보였는데, 분명히 중령 계급장을 내가 봤다니까. 그 중령 계급장을 보자마자 기절해 놔서 모르지 이제. 대문을 나오자마자 내가 봤을 때는 총기로, 개머리판으로 박아 버린 것 같아. 그래서 거기서 쓰러져 버렸겠지. 기절해 버렸겠지. …… 그런 상태에서 계속 두드려 맞고 고문한 것 같아. 그러니까 내가 기절을 다섯 번 했겠지. 그리고 내가 마지막 기절을 했을 때 깨어나 갖고 이 오랏줄에다가 뒤로 손을 해서 분명히 묶었단 말이야. 그리고 앞으로 걸어가라고 해가지고 걸어가고 있는데…… 양쪽으로 쭉 서있었어 계엄군이. 그러면서 그 앞 삘쩍삘쩍 해갖고 가고 있었는데 그 앞에 오면 한 대씩 때리고 때리고 내가 분명히 맞고 그랬단 말이야. 그러다가 지 앞에 오니까 또 때리고 지 앞에 오면 때리고. 그리고 맞으면서 걸어가고 있는데 누군가가 분명히 뒤에서 발로 차버린 것 같아. 그러니까 뒤로 오랏줄을 묶은 상태라 아스팔트로 머리를 박아 버렸을 거 아녀. 그러니까 기절해 버린 거여, 거기서 또. 그러니까 내가 보니까 여기가 지금도 흉터가 있당께, 여기. 여기 보면 시커매 갖고 근데 지금 많이 없어졌어요. 여기가 여기 시커머니 있었어. 많이 없어졌어. 그래 갖고 이제 기절, 안 깨어나 붕께

227   김군을 찾아서

[국군]통합병원에 내려놓고 이 새끼 뒤져 버렸다고 통합병원에
내려놓고, 나머지 태운 사람들 영철이랑 상무대 영창으로 간
거 아녀. 과정이 거기서. 그래서 통합병원에서 내가 강께, 이제
머리 완전히 백프로 깎아 불고, 여기는 꼬매 놨을 거 아닌가.
뭐 사흘 만에 깨어났다고 하니까 내가 거기서. 긍께 저승
가불 놈이 살아나온 거지 말하자면. 그래서 내가 살아났을 때
그랬잖아 통합병원에서. 아무것도 보이지도 안 하고 깨어난
의식이 돌아옹께 소리만 들리더라고 소리만. 눈은 안 보이고.
— 인터뷰, 2016/09/14

투항 직후 경험한 극심한 폭행으로 머리에 부상을 입은 이강갑 씨는
현장에서 다섯 번이나 기절한 뒤 사흘 만에 깨어났다는 사실만을 기억하고
있었다. 그는 두 달 뒤인 7월경 상무대로 이송된 뒤에서야 먼저 상무대에
구금돼 있던 최영철, 박창호, 최진수, 이재남의 이름을 알게 된다.[20] 한편 또
다른 민가의 화장실로 피신한 최영철 씨의 기억은 좀 더 구체적이었다.

최영철   [트럭에서] 내리자마자 각자 뿔뿔이 헤어졌어요. 저는 정면에
        보이는 주택으로 갔어요. 주택으로 가서 거기, 주택 화장실에
        숨었죠. 시골 화장실 볏짚 쌓아 두고 소변 보고 하는
        화장실에 숨어 있었죠. 그리고 이강갑 씨는 다른 데 숨어
        있다가 우리가 체포된 뒤…… 언제 나왔는지는 모르겠지만.
        같이 나왔다는 걸로…… 그날 체포된 걸로만 알았어요.
        나중에 군인들이 몇 명 체포했다는 소리에…… 그 승객 인원이
        전부 체포된 걸로 알고 있어요.
제작진   승객 인원이 총 몇 명이었어요?
최영철   제가 알기로는 여섯 명이었어요. 체포당한 사람들이 완전히……
        죽사발이 되어서 정신도 못 차리고 기절도 몇 번씩 했으니까.
        …… 우리가 체포돼 갖고 딱 나오니까. 제 앞에 쓰러진 사람도

20. 당시 전남합동수사단의 이강갑 씨
진술조서에는 동료 시민군 네 명의 이름이
명시돼 있다. 반면 2016년의 이강갑 씨는

처음에는 어느 누구의 이름도 떠올리지
못했고, 우리가 네 사람의 이름을 언급하자
최영철 씨만을 기억해 냈다.

많았어요. 쓰러진 사람도 많았는데, 제가 알기로는 군인들도 막 쓰러져 죽었어요. 그때 군인들이 일고여덟 명인가 죽은 걸로 알고 있어요. 군인과 군인이 교전해서 죽은 걸로 알고 있거든요. 여기서 두들겨 맞는 것은 별거 아니었어요. 국군통합병원 도착하자마자 200미터 정도가 군인들이 양쪽으로 딱 벌려 갖고, 헬기에서 내리니까 두들겨 팼거든요. 겁나 맞았어요. 그때 많이 맞았으니까 [이강갑 씨가] 기억이 없을 수도 있을 거예요.

제작진   그럼 여섯 명이 다 체포되었다고 얘기를 한 건가요? 그럼 그중에 체포 과정에서 돌아가신 분은 없었나요?

최영철   없어요.

최영철 씨의 기억과는 달리, 그날 진월동에서 체포된 시민군은 여섯 명이 아니라 이강갑, 최영철, 최진수, 이재남, 박창호 총 다섯 명이었다. 그렇다면 트럭에서 하차한 시민군이 모두 체포됐다는 그의 기억은 사실일까? 우리는 1980년 합수단 조사 기록에서 당시 진월동에 하차한 시민군 인원에 대한 진술이 있는지 확인했다. 당시 증언자들이 진술한 하차 인원의 수는 증언자에 따라 달랐고, 같은 증언자라 하더라도 조사가 이뤄진 시기에 따라 차이를 보였다. 최영철 씨의 경우 1980년 5월 24일 체포 당일 조사에서는 트럭에서 하차한 시민군이 본인을 포함해 대여섯 명이었다고 진술했던 반면, 5월 26일 조사에서는 다섯 명(최영철, 최진수, 이재남, 박창호, 이강갑), 7월 8일과 7월 10일의 조사에서는 여섯 명이라고 진술했다. 이강갑 씨는 7월 7일 조사에서 여섯 명이 하차했다고 진술했다. 최진수 씨는 5월 24일 조사에서 아홉 명이었다고 진술했고, 5월 26일 조사에서는 운전사와 또 다른 사람이 일곱 명을 내려놓고 광주로 돌아갔다고 진술했으며, 7월 9일 조사와 8월 5일 조사에서는 하차한 인원이 여섯 명이라고 진술했다. 한편 시민군이 트럭에서 하차할 당시 효덕국민학교에서 야구를 하고 있던 김철수 씨(당시 21세)는 총 일곱 명이 트럭에서 내리는 모습을 목격했다고 기억한 바 있다.[21] 반나절 동안 함께 트럭을 타고 다녔더라도 이름조차 알지 못하는 동료들의

21. 현사연 증언, 1989.

숫자를 온전히 기억하기란 쉽지 않다. 특정한 사실을 기억할 수밖에 없었던 특별한 상황이 생기지 않은 이상에는 말이다. 다만 우리는 모든 증언자들이 체포된 다섯 명 이외에 최소 한 명 이상의 시민군이 트럭에서 하차했다고 일관되게 진술했다는 사실에 주목하고자 했다.[22]

　　2016년의 최영철 씨는 당시 체포 과정에서 사망한 시민군이 없었다고 기억했다. 그러나 1988년의 최영철 씨는 함께 체포된 동료 시민군으로부터 또 다른 동료의 사살을 목격했다는 이야기를 들었다고 증언했다.

> [체포된 후] 효천, 남평 쪽으로 도로를 타고 내려가 철로를 넘어서 또 밭을 지나 야산에 도착하니 헬기장이 있었다. 그곳까지 가는 도중 도로에서 군용 트럭 열네 대 중 불타고 있는 서너 대와 군인들 시체 아홉 구를 봤다. 나는 그때까지도 싸움이 왜 이렇게 크게 벌어졌는지 이해하지 못했다. 같이 잡힌 사람 말이 우리 뒤에 잡힌 한 명을 바로 앞에 놓고 머리를 쏴서 죽였다고 했다.
> ― 최영철(1960년생), '현사연 5010 증언'

여기서 최영철 씨가 언급한 '같이 잡힌 사람'은 최진수, 박창호, 이재남 씨 중 한 사람일 것이다. 이들 중에 정체를 알 수 없는 동료의 죽음을 직접 목격한 당사자가 있지 않을까? 최영철 씨에게 함께 체포된 동료들에 대한 기억을 물어봤다. 그는 박창호와 이재남이라는 이름을 떠올리지 못했다.

최영철　　내가 크게 의미를 둔 사람은 최진수예요. 최진수라는
　　　　　사람밖에 없어요.

22. 이강갑 씨와 최영철 씨는 조사 과정에서 "시민군의 발포로 인해 11공수가 대응하는 과정에서 11공수와 교도대 간의 오인 사격이 일어났다"는 서사로 결론을 내길 원하는 계엄군에 끊임없이 저항하고 협상하는 과정을 거쳤음을 증언했다. 시민군들은 낮은 형량을 받기 위해 자신의 활동을 최대한 축소해 진술하려 했고, 계엄군은 물고문과 고춧가루 고문 등의 강압적인 방식으로 이들의 '폭도'로서의 활동을 조서에서 강조하고자 했다. 다행히 트럭에서 하차한 시민군의 숫자의 경우, 계엄군이 자신들의 서사를 완성하는 데 있어서 유의미한 숫자는 아니었다.

제작진	왜 그러실까요?
최영철	제가 알기로는 같이 타고 간 사람이에요 그때 당시에.
제작진	이강갑 씨랑도 같이?
최영철	네, 같이 광주대 쪽으로 갔던 사람이고, 거기에서 같이 체포되고 했던 사람이 최진수예요. 좀 하는 행동이 약간 어리숙하고. 그래서 경찰이라고 두드려 패려고 하면 화들짝 놀라고 할 정도로 그렇게 했던 사람이거든요. 그게 상당히 내가 짠하게 생각하고 했던 사람이었는데. 그 사람밖에 거의 머릿속에 뱅뱅 안 돌아요.

우리는 앞서 보여 준 사진을 클로즈업해서 얼굴들을 하나하나 보여 줬다.

제작진	지금 여기 얼굴들 한번…… 혹시 선생님 보실 때……
최영철	그 친구 장발이었어요 그때 당시에.

김군 옆에 서서 총기를 전달하는 '반곱슬' 머리의 소년 시민군.
©이창성

김군을 찾아서

제작진   아 그때 당시엔 아예 장발이었어요?

최영철   네.

최영철   이런 식으로 최진수가 장발이었어요. 반곱슬…… 그냥
         보고 싶은 친구죠. 그때 잠깐이었지만, 보고 싶은 친구죠.
         안 죽고 살아만 있으면. …… 나중에 최진수라는 사람 한번
         찾아보세요.

제작진   찾게 되면 선생님께 꼭 알려 드릴게요.

이미 셀 수 없을 만큼 많이 보았다고 생각했던 사진들이었다. 그러나
최영철 씨의 시선과 목소리를 따라가며 사진 속 얼굴들을 하나하나
살펴 보면서, 한 명 한 명의 표정과 머릿결이 처음으로 보이기 시작했다.
그의 시선은 김군 옆에 선 방독면을 착용한 반곱슬머리 소년 시민군에서
멈췄는데, 김군의 동료 중 한 사람으로만 생각했던 이 소년의 모습이
최영철 씨의 목소리를 통해 새롭게 살아난 것처럼 느껴졌다.

5.　　　2017년

2017년 초, 본격적으로 영화의 편집을 시작했다. 촬영을 진행하는 중에도
구성안을 계속 고쳐 쓰긴 했지만, 파이널컷 프로[23] 타임라인에 이미지들과
소리 조각들을 하나둘 얹어 보기 시작하면서 구성안대로 편집할 수
없겠다는 사실을 깨달았다. 지난 1년여 동안 100여 분의 생존자들을 만나
대화를 나눈 300시간가량의 영상을 대화 내용과 시기, 주제, 정서
등의 키워드로 분류하는 작업을 마무리하는 데만 반년 가까이 걸렸다.
녹취 작업을 완료한 뒤 활자들을 기반으로 A컷을 골라내는 일반적인
다큐멘터리 편집 방식 대신, 촬영된 영상을 처음부터 끝까지 확인하고
이미지들과 소리들을 바탕으로 원점에서 편집을 시작했다. 촬영 시간
이상으로 더 긴 시간이 걸리는 지난하고 비효율적인 작업이었지만 덕분에
텍스트로 환원될 수 없는 흥미로운 순간들을 찾아낼 수 있었다.

23. 애플사의 영상 편집 프로그램.

편집을 진행하는 와중에도, '김군'이 나타났다는 소식을 접할 때면 광주에 방문해 촬영을 이어 나갔다. 사진을 본 생존자들로부터 제보를 받아 찾아가기도 했고, 사진 속 얼굴이 자신 같다고 연락해 온 이를 만난 경우도 있었지만, 대부분이 사진 속 상황에 대해 구체적으로 기억하지 못하거나 당시 김군의 행적과 어긋나는 경우가 많았다. 계엄군과 전투경찰이 도청에 놓고 간 군복과 방석모를 김군처럼 착용하고 활동한 시민군들은 더러 있었지만, 캐리버50과 M1918 BAR과 같은 총기를 사용한 기억을 가진 분은 끝내 만나지 못했다.

2017년 들어 영화를 편집하는 내내 영화의 결말에 대해 확신을 가질 수 없었다. 김군의 추적에 실패하더라도 찾아가는 과정에서 만난 수많은 생존자들의 목소리를 담아 간접적으로나마 김군의 경험을 체험할 수 있는 영화로 만든다면 충분히 의미 있을 거라는 다짐을 되뇌면서도, 편집이 조금씩 진척될수록 영화를 어떻게 마무리할 수 있을지 막막해졌다. 구체적인 얼굴에서 시작한 이 작업이 어떤 일반론으로 뭉뚱그려져서는 안 된다고 생각했기 때문에 조바심은 더욱 커져만 갔다.

2017년 2월 22일 오전 3시경, 옛날신문 기사를 검색하던 중 최진수 씨 얼굴을 발견했다. 편집이 잘 풀리지 않은 채 집에 돌아와 새벽이 되도록 송암동 양민학살과 관련된 키워드들을 검색창에 이리저리 넣어 보던 와중의 일이었다. 이강갑 씨의 관련 기록을 살펴보는 과정에서 최진수 씨에 대해 찾아본 적은 있었지만, 그의 사진이 신문에 실려 있을 거란 생각은 미처 하지 못했다.[24] 사진에는 송암동 주민 세 명과 나란히 선 최진수 씨가 항쟁이 일어난 뒤 9년 만에 열린 광주 진상조사특위 청문회에 출석해 증인 선서를 하는 모습이 촬영돼 있었다. 최영철 씨의 기억대로 그의 머리가 '반곱슬'인지 확인할 수는 없었지만, 앞머리 한 가닥에 컬이 진 것만은 분명했다. 열여덟의 나이로 5·18을 겪은 뒤 9년 만에 증언대에 선 최진수 씨가 확실했다. 며칠 뒤, 광주 5·18기록관을 방문해 최진수 씨의

24. 돌이켜 봤을 때 우리는 2016년 여름 이강갑 씨와 김군의 동일성 여부를 확인하기 위해 동료 시민군들의 자료를 검색하던 중 최진수 씨의 관련 기록을 검색한 적이 있었다. 그러나 청문회 속기록은 한자로 표기되어 있어 제대로 읽어 보지 못했고, 이강갑 씨와 관련된 별다른 언급이 없어 지나쳤던 기억이다. 2016년 9월 최영철 씨를 만난 뒤 최진수 씨를 만나 보고자 연락처를 수소문했지만, 최진수 씨를 기억하는 다른 생존자들을 만나진 못했다.

청문회 영상을 확인했다.

수백 시간의 푸티지^{footage}와 한창 씨름하던 2017년 4월, 전두환 씨의 회고록이 출간됐다. 1980년 당시 계엄군 보안사령관이었던, 광주 시민 학살의 실질적 책임자인 그는 2016년 6월호『신동아』에 실린 인터뷰에서 5·18 당시 광주에 북한군이 침투했다는 설을 듣고는 "어디로 왔는데?"라고 반문하면서, "난 오늘 처음 듣는다"라고 말했다. 그러나 그는 회고록에서 입장을 바꿔 5·18에 참여한 600여 명의 시위대가 북한특수군이라는 지만원 씨의 북한군 개입설을 신빙성 있는 주장으로 언급하기 시작한다. 또한 출간 다음 달인 5월 18일에는 자유한국당 정준길 대변인이 5·18 당시 북한군 개입 의혹의 진상이 밝혀져야 한다는 공식 논평을 발표하기에 이른다.

한편 그해 9월에는 한 공수부대원이 나서 1980년 5월 21일 금남로 집단 발포에 참여했음을 당당하게 고백한다. 11공수여단 62대대 중사 출신인 신동국 씨는 보수 유튜버가 진행하는 방송 등에 출연해, 5월 21일 금남로 집단 발포를 자신이 주도했고, 당시 사살된 사람들이 광주 시민이 아니라 북한특수군임을 확신한다고 발언했다. 학살을 실행한 가해자의 입으로 대한민국 국민이 아닌 북한군을 향해 정당하게 발포했다는 주장이 온라인에 올라온 것이다. 이들은 자신의 죄책감을 덜어 내는 데서 멈추지 않고, "자국의 군인들이 자국민을 살해했다"는 역사적 사실의 지위를 뒤흔들고, 자신의 학살을 애국적 행위라고 주장하고 있었다. 5·18 북한군 침투설의 서사는 결국 시민 학살을 합리화하고 계엄군을 피해자로 위치 짓는 데 필수적인 작업이었던 것이다.

최진수 씨와 연락이 닿은 것은 2017년 12월 어느 오후였다. 편집을 진행하는 사이 그의 연락처를 계속 수소문한 끝에 이재의 씨 도움으로 어렵게 연락처를 구할 수 있었다. 처음 전화를 걸었을 때 최진수 씨는 등산을 갔다가 하산하는 길이었다. 그는 낯선 이로부터의 연락에 조심스럽게 응대했고, 나는 주옥 씨의 목격담부터 최영철 씨를 만나기까지의 기나긴 과정에 대한 이야기를 풀었다. 전화 통화를 하던 도중에야 최진수 씨가 어쩌면 이 세상 사람이 아닐 수도 있을 거라는 최영철 씨의 말이 떠올랐다. 최진수 씨의 청문회 증언 영상을 보며 어쩌면 이것이 그의 마지막 모습일 수도 있겠다는 생각을 했던 기억이 떠오르면서, 실시간으로 그와 이야기를 나눌 수 있다는 사실이 생경하면서도 무척 반가웠다.

며칠 뒤 을지로 작업실에서 만난 최진수 씨는 등산복 차림을 하고 한 손에 비타민음료 박스를 들고 있었다. 시간이 많이 흘렀지만 1989년 청문회 영상으로 봤던 선한 눈매가 그대로였다. 그는 일반적인 의미에서의 전라도 사투리를 쓰지 않았고, 군대를 다녀오지 않았음에도 모든 문장에 '말입니다'를 붙여 말했다. 나이와 관계없이 모든 이들에게 존댓말을 하는 50대 한국인 남성을 만나 본 것은 오래간만의 일이었다. 중년인데도 여전히 수줍은 청년처럼 이야기하는 최진수 씨와 이야기를 나누면서, 오랫동안 상상했던, 살아 있는 김군을 실제로 만나는 순간이 실현되는 듯했다. 실제 인물을 만난 뒤 그의 옛 사진을 본 경우는 많았지만, 사진 속 얼굴의 주인공을 실제로 만난 것은 이때가 처음이자 마지막이었다.

최진수 씨는 5월 24일 오전 도청에서 출발할 당시의 상황을 비교적 구체적으로 기억하고 있었다. 그는 전날 밤 담양과 서울로 이어지는 국도변 부근의 중국집 건물 옥상에서 야간 경계 근무를 마친 뒤 도청에 도착해 한 시간 정도 쉬었다고 했다. 도청 앞마당 부근에 있을 때 누군가 송암동 주변에 군인들이 있으니 순찰을 가야 한다고 이야기했고, 여러 명의 시민군들이 대기 중이던 GMC 트럭에 올라탔다. 최진수 씨도 그때 트럭에 올라탄 청년 중 한 사람이었다. 그는 트럭 적재함 우측에 앉아 이동했고, 맞은편에 방어용으로 설치된 나뭇가지들이 있던 것이 기억난다고 말했다.

최진수   애기가 들어왔죠. 송암동 쪽에 군인들이 있으니까 그런 제보가
            들어왔으니까 출동을 해보라. 한 10여 명이 탔던 것 같아요.
            트럭 뒤로 올라서는데, 글자가 보였던 것 같아요. 그때 생각에
            아니, 수습대책위원회의 그 차라고 한다면 무기 반납하는

1989년 2월 22일 열린 제28차 광주 진상조사특위 청문회에
증인으로 참석한 김복동, 김금순, 최진수, 전영병 씨.
책을 준비하는 과정에서 찾아낸 사진이다. ©경향신문

그런 팀들이잖아요. 그래서 처음에는 수습반 그러니까, 시체
수습반인지, 아니면 시민대책위원회 무기 회수반 그쪽 차인지,
왜 내가 그 차를 타야 되지, 그런 생각을 했던 거죠. 인상적이었던
것은 트럭 뒷칸에 타이어 몇 개 있었던 거, 그리고 나뭇가지.
나뭇가지가 한두 개 있었는데, 그때 어린 나이로, 저거 가지고
위장막이 될까. 나뭇가지. 풍성한 것도 아니고. 그다음에
타이어가 앞에 엔진이 있는 데 몇 개 있었고. 트럭 뒷칸에도
있었죠. 저 타이어가 저를 보호해 줄 수 있는가. 타이어 몇 개가
있었거든요. 계엄군들이 발포를 했을 때 저 타이어가 저를 지켜
줄 수 있겠는가 그런 생각이 들었던 거고.

— 인터뷰, 2018/07/08

최진수 씨는 24일 탑승한 GMC 트럭 뒤편에 써있는 '수습'이라는 문구를
보고 거부감을 느꼈다고 했다. 그는 전날인 23일 오전, 산수동 오거리에서
시민수습대책위원회 무기 회수반을 만나 강제로 총기를 반납했던
경험 때문에 자신이 '수습반' 차량에 탄다는 게 기분이 썩 좋지 않았다고
했다. 한편 자신의 방석모를 버드나무 가지로 장식한 시민군은 김군이
유일했듯, 적재함에 나뭇가지가 설치된 시민군 소속 GMC 트럭은
김군의 10번 트럭이 유일했다. 한편 이날 트럭을 운전한 김태찬 씨는 차량
앞부분에 본인이 직접 근처 공업사에서 타이어를 구해 설치한 기억이
있으며, 주유를 하기 위해 항쟁 본부와 실랑이를 벌이다가 흰색 페인트로
트럭에 번호를 부여받은 기억을 떠올렸다. 다만 24일 사진에서처럼
차량 선두에 캐리버50이 설치돼 있지는 않았다고 말했다(우리는 23일
도청 경내에서 촬영된 캐리버50 사진을 확인한 바 있다). 두 생존자의
증언을 종합했을 때, 우리는 5월 24일 진월동으로 이동한 GMC 트럭이
전날 촬영된 10번 트럭일 가능성이 높다고 판단했다.

　　　　최진수 씨는 항쟁을 겪고 난 뒤 광주를 떠나 타지에서 살아왔다.
30여 년간 알고 지낸 친구와 동료들에게도 자신이 5·18 시민군이었다는
사실을 알리지 않았다. 다만 자신이 목격한 동료 시민군 죽음의 진상이

밝혀지길 바라는 마음에 큰 결심을 하고 1989년 국회 5·18 진상규명조사 특위 청문회에 출석했고, 2006년 국방부 과거사진상규명위원회 조사에 응했다. 그러나 최진수 씨는 오월의 기억을 낯선 사람들 앞에서 털어놓는 일에 결코 익숙해지지 못했다. 그날 두 눈으로 목격한 상황을 '말'로 표현하려는 시도는 매번 그에게 큰 고통을 안겼고, 5·18 당시 있었던 수많은 억울한 죽음들 중 단 한 명의 이야기에 주목하는 이는 많지 않았다.[25] 그는 영화의 취지에는 공감하면서도, 카메라 앞에서 다시 증언하는 것에 대해 오랫동안 고민했고, 계절이 바뀌고 수개월이 지나고 나서야 촬영을 허락했다. 나는 어떤 계기로 그의 마음이 바뀌었는지 그에게 물었고, 그는 잘 모르겠다고 답했다. 며칠 뒤면 5월 18일이었다.

6.　　　증언

최진수 씨는 1980년 5월 24일 오후 김태찬 씨의 GMC 트럭을 타고 진월동에 내린 여섯 명의 시민군 가운데 한 사람이었다. 최진수 씨 일행을 발견한 11공수여단 선두 병력이 사격을 시작하자, 시민군들은 인근 민가로 피신했다. 1980년 6월 24일 전남합동수사단 조사에서 시민군 이재남 씨는 트럭이 정차했던 곳 바로 옆 청색 대문 집으로 혼자 달려가는 와중에 최진수 씨와 다른 시민군들이 도로 건너편으로 뛰어가는 모습을 목격했다고 진술한 바 있다. 최진수 씨가 피신한 민가의 주인은 당시 일흔세 살의 이백윤 씨로, 그해 7월 1일 참고인 신분으로 합수단에 진술한 기록이 남아 있었다.[26]

> 본인과 [이웃] 김호진 두 사람이 본인의 집 마루에서 장기를 두고 있을 때 돌연 부락 후위에서 총소리가 나자 김호진과 본인은 겁이 나서 곧바로 방 안으로 들어가 이불을 뒤집어쓰고 있었는데 뒤따라 며느리 문병림(당시 39세)이 방 안으로 들어와 세 사람이 이불을 뒤집어쓰고 있었습니다. 약 5분

25. 1988~89년 청문회 당시에는 5월 21일 광주 도심 한 가운데에서 수십 명의 시민이 사망한 금남로 집단 발포 사건의 사실관계조사

제대로 규명되지 못한 상황이었다.
26. 전남합동수사단 참고인 이백윤 문답조서, 1980/07/01.

뒤에 총을 든 학생 같은 사람이 부엌으로 통해 방 안으로
들어오기에, 본인은 깜짝 놀라 살려면 총을 버리라고 하니까 그
학생은 곧바로 총을 천정을 뜯고 천정 위에 감추고 이불 속으로
들어와 같이 있었습니다. 그 후 뒤따라서 총을 든 장발 청년이
또 부엌을 통해 방으로 들어오기에 본인은 또 그 청년에게도
살려면 총을 버리라기에 그 청년은 먼저 들어온 학생 같은
사람에게 총을 주면서 천정 위에 감추라니까, 학생 같은 사람이
장발 한 청년의 총을 받아 천정 위에 감추었습니다. 그 뒤
약 4~5분 뒤에 또 다른 청년 한 명이 총을 들고 부엌을 통하여
방 안에 들어오기에, 본인은 그 사람에게도 총을 버리라고
말하자 천정 위에 총을 감추었습니다.
— 전남합동수사단 참고인 문답조서, 1980/07/01

이백윤 씨 댁 안방에 들어온 시민군은 총 세 명이었다. 처음으로 들어온
'학생 같은 사람'은 최진수 씨였고, 박창호 씨가 두 번째로 들어온 '장발
청년'이었다.[27] 그리고 마지막으로 들어온 '또 다른 청년'이 남아 있었다.[28]
고인이 된 이백윤 씨와 함께 이불을 뒤집어쓰고 있던 며느리 문병림 씨
역시 이 당시의 상황을 생생하게 기억하고 있었다.[29]

27. 당시 이백윤 씨 자택 안방으로 피신한
상황은 1980년 전남합동수사단의
최진수 및 박창호의 진술 조서들에서
반복적으로 기술된다.
28. 우리는 이 '또 다른 청년'이 체포된
시민군 중 한 명일 가능성은 없는지 기록을
확인해 보았다. 이재남 씨는 트럭 정차
지점 바로 옆 민가에 숨었으며, 이강갑 씨와
최영철 씨 또한 각각 다른 민가 화장실에
숨었기 때문에 그럴 가능성은 존재하지
않았다. 이 '또 다른 청년'을 제외한 나머지
다섯 명만이 체포된 것이다.
29. 2018년 7월 8일, 최진수와 함께 동료
시민군이 사살된 장소를 방문했다. 최진수 씨
일행이 피신했던 이백윤 씨의 민가
자리에는 텃밭이 남아 있었다. 우리는

텃밭에서 일하는 주민과 대화를 나누던 중
이백윤 씨의 며느리 문병림 씨가 생존해
있다는 사실을 알게 되었다. 그날 오후 열린
송암동·진월동 주민들의 월례회 모임을
방문해 문병림 씨 외에도 당시 슈퍼를
운영하던 김경림 씨, 이옥희 씨의 증언을
개별적으로 기록했다. 이들이 거주하던
민가들은 계엄군의 총격으로 벌집이 되었다.
특히 김경림 씨는 집 안 옷장에 숨어
있을 당시 11공수 63대대 부대원이 자신의
목에 총을 들이대고 위험한 상황을 항쟁이
일어난 이후 처음으로 증언했다. 세 분
모두 당시 계엄군에 의해 사망한 이웃들을
생각하면 살아남은 것만으로도 다행이라는
생각에 보상 신청은 생각지도 못했다고
말했다.

문병림   너인가 서인가 들어왔어 [시민군] 저 사람들이. 그래서 인자
시아버님이 너희들도 살려면. 애기들은 윗방에 여덟 명이나
들어 있고, 둘이서 놀다가 총소리가 나니까 전부 다
들어왔잖아요. 그래 갖고 총 갖고 들어온 사람들이 있기
때문에, 너희들도 살려면 총알을 감춰라. 그래 갖고 천장 뜯고
감췄잖아요. 감췄어. 시아버지가 감추라고 하니까 감춰 갖고
이불 속으로 다 들어갔지. 근데 어째 냄새가 나더니 아마도
씻지 않고 댕겨서 냄새가 나길래. 꼬랑내가 나, 안 씻고 다니니.
암만도 시민군들이 씻고 다니겠어. 불이 붙어 갖고 있는데.
냄새가 하도 나길래 내가 애기들 방으로 돌아갔어. 돌아간 뒤에
총성이 바로 와본 자리 뒤로. 총이 들어왔나 봐. 근데 다행히
총을 안 맞고. 안 그랬으면 나도 총 맞아 죽어 버렸겠지.
안 맞고 다행히 비껴갔어. 그래 갖고 총이 어느 정도 끊기니
군인들이 싹 달라들드만. 이제 포위를 해 도로가에. 도로가에
줄줄이 옆에 가서 총을 쏴. 근데 총이 어느 정도 중단이
되니 군인들이 집으로 싹 달려든 거야. 그래 갖고 학생들 사는
방에를 유리창을 깨고 나오라고 하는데 애기들이 작잖아
열둘에서 열세 살. 아들들 친구들. 그때 당한 애기[30]가 [지금
살아 있으면] 쉰둘인가. 38년 됐잖아. 중학교 1학년 때 그랬으니.
　— 인터뷰, 2018/07/08

다음은 1989년 2월 22일 국회 광주청문회 당시 최진수 씨의 증언이다.

약 한 시간 정도 그런 타격전이 끝나고 나서 가택 수색을 한다는
소리를 제가 들었습니다. 그와 동시에 안방 문을 손가락으로
찢고 보니까 수십 명의 공수 복장의 공수대원이 그 집 앞마당을
에워싸고 오고 있더라구요. 그래서 정말 쐈으면 한두 명 이상은
저희들도 죽이고 할 수는 있었습니다. 그런데 그 집 할아버지가
하시는 말입니다. 그 집 옆방에 국민학교 그 정도 수준의

30. 11공수의 총격으로 사망한 방광범 군
(당시 13세).

제가 들었습니다.

그와 동시에 안방문을 손가락으로 젖고 보니까 수십명의 空輸服裝의 空輸隊員이 그 집 앞마당을 에워싸고 오고 있더라구요. 그래서 정말 쏐으면 만무사 이상은 저희들도 죽이고 할 수는 있었습니다. 그런데 그 집 할아버지 하시는 말씀이 말입니다. 그 집 옆에는 國民學校 그것도 水準의 아이들이 約 20名가량이 있다고 하더라구요. 그래서 射擊을 좀 안 했으면 하는 그런 부탁과 함께 말입니다. 가지고 있던 銃을 집 천정을 뜯어서 올려 놓고 그 다음에 안주머니에 가지고 있던 實彈 30發을 비닐부대 안에 숨겨 놓고 손들고 나오라는 소리와 머물어 맑으로 손을 들고 나가니까 그 房에 다른 市民軍同志 둘과 저와 셋이 안방으로 숨었거든요.

그런데 門을 열고 바로 나가자마자 集團毆打를 시작하더라구요.

그래가지고 일어날 수 없을 정도로 엎드려져서 말입니다. 계속 짓밟는 대로 밟히고 있으니까 일으며 세우더라고요 그러면서 바로 제 10年 넘게 친구를 갖다 말입니다. 판사 놀이에 대고 반 T士가 M─16으로 그냥 쏴버리더라고요 그래가지고 그냥 죽었거든요. 그 친구는……

해가지고 그 下士가 저를 향해서 오더라고요 해가지고 막 쏘려는 순간에 한大尉가 그

니다.

그 사람이 아무 말도 안하면서 말입니다. 옆에 있는 한 部下에게 이 놈을 일단 얼굴을 한번 엣겨줘라 라고 그런 말을 하더라고요 그래가지고 바께쓰로 얼굴에 말입니다. 그래 심한 毆打를 당해가지고 전부가 얼굴 형체를 알아볼 수 없는 그런 狀況에서 그냥 불며 찌그려 주려마는 軍服 차림의 寫眞記者가 오더니 寫眞을 찍더라고요.

그리고 나서 다시 이어 고개를 숙이라 그러면서 하고 싶은 말이 뭐나 아무 말도 안했었거든요 엎드려라 하면서 約 30餘分間에 걸쳐서 그쪽에서 毆打를 했었습니다. 해가지고 그 狀況이 다시 지나고 나서 말입니다. 일어나라고 그러더라고요 그런데 일어날 수가 있겠습니까 어디……

심한 毆打로 아주 그때는 제발 빨리 말입니다. 한시라도 빨리 그냥……

○朴燦鍾委員 됐습니다. 뭐 지금 더 이상 具體的으로 말씀 안하셔도 최진수證人의 심정을 헤아릴 수 있을 것같습니다.

그런데 그 지금 같이 一行 숨어있다 나왔을 때 옆에 있던 金某 同僚에게 銃擊을 가하는 것을 보고 그 뒤에 따라 들어오던…… 아까 大尉라고 표현했지요?

○證人 최진수 예.

○朴燦鍾委員 大尉服裝 같은…… 확실하게는

1989년 2월 22일 제145회 5·18광주민주화운동진상조사위 제28차 속기록에 기록된 최진수 씨의 증언.

아이들이 약 20명가량이 있다고 하더라구요. 그래서 사격을 좀 안 했으면 하는 그런 부탁과 함께 말입니다. 가지고 있던 총을 집 천정을 뜯어서 올려놓고, 그다음에 안주머니에 가지고 있던 실탄 30발을 비닐 부대 안에 숨겨 놓고. …… 그 방에 다른 시민군 동지 둘과 저, 셋이 안방으로 숨었거든요.

― 국회 광주진상조사특위 청문회 증언, 1989/02/22

11공수부대원들이 이백윤 씨 집을 포위하자, 안방에 숨어 있던 시민군 세 명이 차례로 방을 나서 투항했다. 가장 먼저 발걸음을 옮겼던 최진수 씨는 먼저 나가면 죽을지도 모른다는 두려움에 툇마루에서 잠시 머뭇거렸고, 이 와중에 뒤따라 나오던 '또 다른 청년'이 그를 앞질러 걸어 나갔다. 박창호 씨는 마지막으로 방문을 나섰다.

최진수   항복이라고 제가 먼저 얘기했죠. 문 열고 나가 가지고……
먼저 발을 내리면 죽을 것 같더라고요. 머뭇거리고 있었죠.

툇마루 내려오면 바로 죽겠다 싶어 가지고 주춤하고
있는데, 지만원이 광수라고 지목했던 친구가 먼저 나가서
손들고 있고, 그다음에 제가 서고…… 세 번째로 아마
박창호가 나왔을 겁니다.
　— 인터뷰, 2018/05/15

• 최진수 씨는 자신을 앞질러 걸어간 '또 다른 청년'이 바로 우리가 찾던
　김군, 지만원이 '제1광수'로 지목한 사진 속 얼굴의 주인공이었다고
　말했다. 최진수 씨는 23일 오전 총기 회수반에게 총기를 반납한 뒤 도청에
　들어가 정문에서 잠시 경계 근무를 설 당시, 김군을 마주친 기억이 있다고
　떠올렸다.

최진수　　24일 날 이동할 때는 전경들이 썼던 방석 투구를 다 착용했기
　　　　　때문에 서로의 얼굴을 알아볼 순 없었죠. 그리고 또 그 상황에서
　　　　　서로의 얼굴을 확인할 수 있는 마음의 여유도 없었던 것
　　　　　같습니다. 근데 그 [이백윤 씨] 집에서 그랬던 것 같아요. 어르신이
　　　　　살려면 총기를, 옆방에 애들이 있으니까, 총기를 숨겨라. 그때
　　　　　방석모랑 벗어 가지고. 광수 1번이라고, 지만원이가 지칭했던
　　　　　그 사람. 눈이 상당히 강했죠. 그분하고 그 트럭은 인연이 있는 것
　　　　　같아 그 차를 떠나지 않았던 것 같아요. [23일 날] 도청 앞에서
　　　　　기관단총 비슷하게 들고 상당히 강했던 사람.
　　　　　— 인터뷰, 2018/08/04

마당으로 걸어 나온 최진수 씨는, 눈앞에서 그의 죽음을 목격했다.

최진수　　문을 열고 바로 나가자마자 집단 구타를 시작하더라고요. 그래
　　　　　가지고 일어날 수 없을 정도로 엎드려져서 말입니다. 계속
　　　　　짓밟는 대로 밟히고 있다 보니까 일으켜 세우더라고요……
　　　　　그 친구를 갖다 말입니다. 관자놀이에 대고 하사가 '식스틴'으로

그냥 쏴버리더라고요. 그래 가지고 그냥 죽었습니다. 그
친구는……

박태권   …… 그 이름은? 친구 이름은?

최진수   김 뭐라고만 알고 있습니다. 제가 한 10년……

박태권   지금 이름은 기억에 없고?

최진수   네.

— 국회 광주진상조사특위 청문회 증언, 1989/02/22

최진수   …… 사격 정지 소리와 함께 그러고 나서 가택 수색이 바로
이어지지 않았습니까. 이어지는 과정에서 제가 안방 문틈
사이로 보니까 그 집은 벌써 수십 명의 11공수부대원이
에워싸고 항복하고 나오라고, 그 소리를 듣고 문을 열고 나가서
툇마루에서 약간 주춤거리다가, 그리고 발을 툇마루 밑에
디딤돌이 있었던 것 같습니다. 지금 생각을 하면. 디딤돌에서
한두 발짝 더 나가면 죽을 것 같다, 그 생각이 바로 순간적으로
강하게 스쳐 가지고 주춤거리고 있는데, 제 뒤에서 한 사람이
나오더니만, 양손을 들고, 머리 뒤로 올리고 두세 발자국
제 앞으로 간 사이에, [11공수부대원의] 하사 계급장, 그건
기억에 생생합니다. 눈동자가 전혀 초점이 없는…… 그 상태에서
[동료 시민군의] 관자놀이에 총을 대고 바로 쏘고, 쓰러졌을
때, 그때 그 눈을 봤던 것 같습니다. 23일 날 전날, 강인했던 눈.
그래서 아…… 그 친구가 이렇게 쓰러지는구나.

— 인터뷰, 2018/08/04

박태권   …… 됐습니다. 뭐 지금 더 이상 구체적으로 안 하셔도 최진수
증인의 심정을 헤아릴 수 있을 것 같습니다. 그런데, 이, 지금,
같이 일행 숨어 있다 나왔을 때 옆에 있던 김 모 동료에게
총격을 가하는 것을 보고 그 뒤에 따라 들어오던…… 아까
대위라고 표현했지요?

최진수	예.
박태권	대위 복장 같은…… 확실하게는 모르지만 대위 같은?
최진수	예.
박태권	그 양반은 쏘지 말아라 하는 얘기를 하면서……
최진수	아니오.
박태권	밖으로 끌어내서 쏴라?
최진수	예.
박태권	그렇게 얘기했다.
최진수	예.

　　　　— 국회 광주진상조사특위 청문회 증언, 1989/02/22

최진수 　　…… 그 하사가 저를 향해서 오더라고요. 해가지고, 막 쏘려는 순간에 한 대위가 그러더라고요. 시끄러우니까 이쪽에서 죽이지 말고 일단 큰길가로 끌고 나가라고 얘기를 하더라고요. 그래 가지고 일단 큰길가로 말입니다. 큰길가로 나가니까, 오른쪽에 군 GMC 트럭이 불길에 휩싸여 있고, 그다음에 왼쪽에는 공수부대원이 허벅지에 관통상을 당해 가지고 신음하고 있는 것을 보았습니다. 그리고 그 순간 심한 구타를 하더니 말입니다. 고개를 땅에 처박은 채 약 한 시간 동안의 심한 구타를 당했었거든요. 그런데 그때 심정은 말입니다. 제발 이번 때리는 그 한 대로 차라리 아픔 없이 그냥 죽어 버렸으면 하는 마음이었습니다. 그런데 안 죽더라고요, 쉽게요.

　　　　— 인터뷰, 2018/08/04

최진수 씨 일행과 한 방에 피신했던 문병림 씨는 시민군들이 방문을 나선 직후 상황을 다음과 같이 기억하고 있었다.

문병림 　　그래 갖고는 어느 정도 총이 끊기니 군인들이 쐈어. 딱 쏘고 집으로 들어왔어. 긍게 시아버지가 여기 세 명이 있다고

하니 바로 들어갔잖아요. 그래서 하나는 바로 쏴서 죽여
버리고. 쏴죽여 버렸어. 한 사람을. 시민을. 나오라 해갖고
데리고 나가면서. 나가면서 어찌됐든 바로 쏴서 죽여
버렸더라고. 어느 정도 돼서 나가니 저거는 죽여 버렸다는데.
집에서 데리고 나갔으니 저 양반도 알구만. 데리고 나가서
쏴죽였다고. 저 양반[31]도 직접 봤구만. 시신은 멀리서 봤지만
누군질 알아야지. 모르는 사람인디.

1980년 7월 1일, 전남합동수사단은 국군통합병원에 입원 중인
이강갑 씨를 제외한 시민군 네 명[32]을 진월동으로 데려가 현장검증을
실시한다.[33] 이날 수갑을 찬 채 진월동 민가를 다시 방문한 최진수 씨는
현장에서 민가의 주인인 이백윤 씨를 만나게 된다. 이백윤 씨는
참고인 신분으로 진술한 합수단 조사에서 "계엄군 10여 명이 집에
들어와 폭도 세 명을 모두 체포해 갔다"고 말했으나, 최진수 씨에게는
다른 이야기를 전하기도 했다. 다음은 최진수 씨가 기억을 토대로
작성해, 2018년 9월 2일 제작진에게 전한 글의 일부다.

31. 최진수 씨.
32. 상무대로 이송된 최영철, 최진수,
박창호, 이재남 씨.
33. 이날 현장검증의 목적은 송암동에서
11공수 9명이 사망한 연유를 조사하는
것이었다. 민간인과 시민군의 죽음은 합수단
조서에 일절 언급되지 않았다.

"상무대 시민군 포로수용소에 수용되어
있던 1980년 7월 1일 오후이다. 갑작스레
호출을 하더니 우리가 왜 체포되었는지를
확인하기 위해, 그리고 총을 발사했는지에
대한 사실 확인을 위해 현장 검증을 가진다.

······ 5월 24일 이동 중인 11공수의
엄청난 집중 사격을 받아 피신했던 송암동
길가 민가에 도착했다. 체포되고 나서
현장검증을 위해 다시 찾게 된 송암동 그
민가는 집 곳곳에 수백 발의 총알이 박혀
있어 그날의 상황을 생생하게 기억하고 있는
듯했다. 현장 검증을 시작한 수사관들은

여기 있는 폭도들이 집에서 계엄군을 향해
총을 발사했는지에 대한 위압적 질문을
하기 시작한다. 민가의 주인은 고개를
좌우로 흔들며 "옆방에 어린애들이 많이
있으니 절대 총을 쏘지 말라고 하였고 또한
이들은 총을 쏘지 않고 천장에 숨겼다"고
답변한다. 그러면서 만약 시민군이 집 안에서
총을 발사했더라면 집에 피신해 있던
동네 애들을 포함하여 전부 몰살당하였을
것이라고 진술한다. 도로에서 바로 민가로
이어지는 집이다보니 이 광경을 목격한 몇몇
주민들이 몰려들어 우릴 바라본다. 그러고는
우리가 살아 있는 게 신기하다는 듯 몇 마디
위로의 말과 고향이 어딘지를 물어보기도
한다. 합수단 수사관들은 그때서야 비로소
송암동에서 어떤 일들이 벌어졌는지 알았고
생존 주민들의 증언을 신뢰한 듯 체포된
시민군들이 총을 발사하지 않았다는 결론을
내리게 된다." 서면, 2018/09/02.

잠시 합수단 수사관들이 망설이는 사이를 틈타 내가 민가의
주인에게 질문을 하였다. 5월 24일 집 앞마당에서 처형당한
시민군 시신이 어떻게 처리되었느냐고 물어봤다. 그날
요란한 포격 소리, 총소리가 한 시간 가까이 지속되고 이내
잠잠해져 방에서 나왔다고 한다. 그러고는 마당으로 나와
보니 안방 안으로 가장 늦게 들어왔던 시민군 중 한 사람이
관자놀이에 총을 맞고 죽어 쓰러져 있었다고 한다. 하여
살아남은 동네 주민들과 함께 집 안에 있는 이불보로 싸서
인근 금당산 야산에 매장시켜 주었다고 말한다. 그 얘기를
듣고 당연히 그 무덤이 있을 것이라고 생각하여 장소가
구체적으로 어디냐고 물어보니 다음과 같은 말씀을 하신다.
80년 5월 27일 광주가 진압군에 의해 점령되고 나서 5월
31일경[34] 사복을 입은 짧은 머리의 수사관들(보안사 요원으로
추정됨)과 함께 11공수부대원이 찾아와서는 그때 사살된
시민군 시신을 어떻게 처리했냐고 물어보았다고 한다.
집 근처 금당산 기슭에 매장을 시켜 주었다고 하자 같이 가서
위치를 알려 달라고 하여 알려 주자 시신을 다시 파헤쳐
갔다고 덧붙인다. 그러고는 그날 계엄군들이 마을 전화선을
절단시키고 심지어는 전신주의 변압기를 폭파시켜 밤이면
마을 전체가 한 달 가까이 암흑천지로 변해서 촛불을 켜고
살았다고 한다.

— 서면, 2018/09/02

우리는 시민군의 죽음과 관련, 1989년 1월 18일 국회 광주특위
현장검증소위의 송암동 양민학살 사건 현장검증 자리에서 주민 김래식
씨(당시 58세) 역시 시신 매장에 참여했다는 증언을 했음을 확인했다.
그러나 김래식 씨와 이백윤 씨를 포함해 매장에 참여했던 마을 주민
남성들은 이미 오래전에 세상을 떠나고 없었다.

247

34. 11공수 '시체처리반'이 광주에 다시
방문한 시기는 그해 6월 초였다.

문병림 그때는 남자들이 있으니 남자들이 다 했지. 여자들은
상관을 안 했지. 남자들이 해야지 여자들이 그런 걸 하겠어?
아저씨들이 다 돌아가셔서. 긍게 우리 아저씨 모두 있을 때
같이 협조를 해줬지. 근데 다 돌아가셔 갖고 자세히 알 수
있어야지. 나가서 보니 마당에 총알이 수북했는데 하나도
없이 다 수거해 갔더라. 전쟁이라곤 모르는데 그런 전쟁은
없었어. 6·25 때도 요러고 한 시간 해부면 다 죽어 버린다더만.
도로가에 줄줄이 엎드리게 해서 쏴버렸는데 오죽하겠어.
자기들끼리 암호가 안 돼서 [계엄군 간의 오인 사격을]
그랬다고 하는데 그렇게 하면 되겠어요? …… 다 간 뒤에,
조용할 때 가져갔어. 한 구는 묻어 줬는데 그날 시신을 파헤쳐
갔어. 소독약 치고 그 시신은 누가 가져갔는지 모르네.
모르죠. 본인들이 다 돌아가셔 갖고. 그러니까 본인들이 다
돌아가셔 가지고 몰라. 여자들은 간섭을 안 했지. 그 젊은
애기들…… 가슴이 아프대. 미어지더라.

최진수 씨의 증언을 촬영하고 엿새 뒤, 우리는 그가 마지막으로 체포된
진월동을 방문했다. 시민군 일행이 피신한 민가가 있던 자리는
작물들이 빼곡하게 자라는 텃밭으로 변해 있었다. 최진수 씨는 동료들을
만나고 싶다고 했다. 1980년 9월 교도소에서 석방된 뒤 만난 적이
없었던 이들이었다. 이강갑 씨와 최영철 씨에게 연락을 드려 세 분이 같이
만나기로 약속을 잡았다. 사진을 보며 조용히 이야기할 수 있는 공간을
고유희 프로듀서와 함께 찾던 중 인근 광주 CGI센터[35] 내부에 150석
규모의 시사실이 있다는 사실이 떠올랐다.
　　　5월 21일 오전 9시 30분경, 카메라와 삼각대 가방을 들고
CGI 센터 시사실에 먼저 도착했다. 카메라를 세팅하고, 서울의 장비
렌탈숍에서 대여한 세 개의 무선마이크 소리가 잘 들어오는지 확인하는
사이 최진수 씨가 먼저 도착했다. 노트북을 시사실 프로젝터와 연결해

35. 광주시 남구 송하동에 위치한 영화
후반 제작 시설. 최진수 씨 일행이 체포된
민가로부터 2킬로미터 거리에 있다.

김군의 사진들을 슬라이드쇼로 띄워 놓았다.[36] 세 분을 개별적으로 만났을 때 보여 드린 사진들이긴 하지만 함께 보았을 때 무언가 새로운 기억들이 떠오를 수 있을지도 모른다고 생각했다. 이후 15분 정도 간격으로 이강갑 씨와 최영철 씨가 도착했고, 차례로 극장 안에 들어와 38년 만의 해후를 나눴다. 최진수 씨는 동료들과 인사를 나눌 때마다 "살아 계셔서 고맙습니다"라는 말을 반복했다. 이후 세 시민군은 스크린에 영사되는 김군의 사진들을 보며 기억을 맞춰 갔고, 이백윤 씨 민가가 있던 텃밭에 방문해 학살 당시의 순간을 재연했다. 그들은 텃밭 바로 옆 횟집에서 늦은 밤까지 술잔을 기울이며 기나긴 대화를 이어 갔다. 우리는 이날 하루, 세 사람의 일거수일투족을 카메라에 담았지만, 사실 여부의 확인 과정은 이전에 각자와 나눈 대화를 통해 관객들과 공유할 수 있겠다는 생각에, 이들이 극장에서 처음 만나는 순간과 밝게 빛나는 스크린 속 김군을 바라보는 얼굴만을 영화에 담았다.

　　　　최진수, 최영철, 이강갑 씨는 진월동에 도착한 트럭에서 내려 각자 다른 민가에 피신하던 중 체포당한 상황에 대해서는 모두 명확하게 기억했다. 이는 수차례 합수단 조사를 받으며 반복해서 진술해야 했던 부분이기도 했다. 그러나 다른 곳에 있었던 최영철 씨와 이강갑 씨는 최진수 씨가 목격한 시민군의 죽음을 목격할 수 없었기에 이 일을 이야기하지 못했다. 최진수 씨와 함께 피신했던 박창호 씨가 이 자리에 있었다면 또 다른 목격담을 들려 줬겠지만, 우리는 끝내 박창호 씨의 생사를 확인할 수 없었다. 1990년대 들어 5·18 당시 체포된 피해자들의 보상신청자 명단에도 그의 이름을 찾을 수 없었기에, 오기철 씨의 말처럼 세상을 떠났거나, 5·18과 관련되어 있다는 사실을 숨기며 어딘가에 살고 있으리라 생각한다.

　　　　세 분이 24일 탑승한 GMC 트럭에 대한 이야기를 나누던 도중, 5월 24일 진월동으로 GMC 트럭을 운전했던 김태찬 씨가 이강갑 씨에게 전화를 걸어왔다.[37] 이강갑 씨가 김태찬 씨에게 묻자, 김태찬 씨가

---

36. 이날 촬영한 스크린이 걸리는 장면들은 스크린 재생 주파수의 문제로 사용하지 못했다. 개봉 버전에 삽입된 스크린 인서트는 2019년 4월 한국영상자료원 2관에서 보충 촬영한 부분이다.

37. 김태찬 씨와 이강갑 씨는 38년 동안 5월 24일 트럭에 함께 있었음을 알지 못한 채 같은 구속부상자회 회원으로 교류해 왔다. 통화를 마친 이강갑 씨는 '김태찬 씨의 귀가 많이 간지러웠나 보다'라고 말했다.

그날 운전한 사람이 자신이 맞으며, 운전한 트럭 차량 앞에 타이어들이 달려 있었고, 하얀 페인트로 번호가 적혀 있었다는 이야기를 전하며, 사진 속 트럭이 10번 트럭일 가능성을 재차 확인해 주었다.

　　　이후 세 사람은 자리를 옮겨 민가를 방문했고 당시 상황을 하나하나 복기했다. 이강갑 씨와 최영철 씨는 계엄군의 모진 고문을 당하며 서로 동료를 지목해야 했던 상황을 털어놓으며 수십 년간 쌓였던 오해를 풀었다. 마지막으로 헤어지기 전, 최영철 씨는 최진수 씨의 손을 잡으며, 살아 있는 것을 이렇게 확인했으니 더 이상 한이 없다고 말했다. 애틋하게 기억하는 상대는 서로 달랐지만, 그 감정의 폭과 깊이에는 어떤 일관된 결이 있다고 생각했다.

　　　최진수 씨는 김군과 자신의 삶이 뒤바뀐 것 같은 생각을 수십 년간 떨칠 수 없었다고 말했다. '그 친구' 대신 자신이 살아가고 있다는 생각에, 최진수 씨는 이름도 알지 못했던 친구의 죽음을 수십 년째 규명하려 하고 있었다.

최진수　　　[1989년] 국회 차원에서 나름대로 진상 조사를 했다고 하지만, 예를 들어서 송암동 사건 같은 경우는 수박 겉핥기식, 그것도 일부 사망자 가족이라든가 중상자, 마을 주민들 집중적으로 현장 조사를 했던 것이지, 실질적으로 거기서 몇 사람이 오인 사격 이후 학살당했고, 시민군 총 몇 명이 거기서 하차를 했고 몇 명이 거기서 처분당했는지에 대해서는 단 한 번도 밝혀지지 않았기 때문에 아마 그런 부분에 대한 상실감…… 그렇다고 한다면, 제 자신의 삶이라도, 그 친구를 생각하면서…… 어떻게 보면 제가 그 친구 대신 제가 대신 삶을 살아가고 있다고 생각을 합니다. 디딤돌을 밟고 제가 한두 발 정도 더 나아갔다면, 아마도 그 친구는, 1번 광수로 지목된 그 친구는 한순간에 그렇게 희생당하지 않았겠죠. 그리고 두 번째로는 김대중 정부 이후 문민정부가 들어서고 나서, 아니 참여정부가 들어서고 나서 그 사건 관련해 가지고 진정을 했죠. 진정을 하니까 정확히는 2007년도 6월에 군의문사진상규명위원회 당시 기무사 요원하고 5월 재단에서 한 사람이 왔던 것 같습니다. 그래서 진정 내용과 관련해 가지고, 이미 파악을 해서 왔더라고요. 의문사진상규명위원회에서도 하는 얘기가 뭐라 그러냐면, 당시 증언이나 제 진술을 종합해 보면 뭐 시민군이 처형된 건 기정사실이다. 그렇지만 알아야 될 게 뭐냐면, 자기 힘으로 11공수를 상대로 협조를 구하기는 분명한 한계가 있다. 그렇기 때문에 그것은 포기하는 것이 좋겠다, 아예 뭐 조사 자체를 해보지도 않고. 상대가 특수군 사령부 예하 11공수여단인데 거기서 과연 일개 민간인이 그런 진정이 들어왔다고 해서 조사에 협조해 줄 것인가, 그런 논조로 저에게 얘기를 했던 것 같습니다. 그렇기 때문에 그 부분에 대해서는 완전히 더 이상 기대를 하지 않고, 그 이후에 오마이뉴스, 통일뉴스, KBS, MBC, SBS, 광주일보, 무등일보까지 전부 다 그 정황과 관련해 가지고 아주 구체적이지는 않지만, 5월 24일 날 언론 방송에 알려진 것 외에, 시민군 즉결 처분이라던가, 또 정호용이가 직접 현장에 나타나 수습을 지휘했던 것 관련해서 기사 제보를 했음에도 불구하고, 단 한 번도 언론사나 방송사에서 연락이 없었죠. 그렇기 때문에 결론적으로 방향을 바꿔야겠다 싶어서 2014년도부터 방향을 좀 바꿔 가지고 현상금을 내걸고, 그때 당시 11공수가 이백윤 씨 민가에 들어왔고, 즉결 처분하는 그 장면을 본 11공수 63대대원이 있을 거고, 또 나중에 현장검증 갔을 때 민가 주인께서 언급해 주신 것처럼 그로부터 일주일 후, 아마 5월 31일 정도 대략 그 정도가 되겠죠. 그때 당시 군인들하고 사복을 입은 수사관들이 와가지고 그 시신이 어딨느냐, 그래서 그걸 매장지를 가르쳐 주니까 가서, 파헤쳐 갔을 때, 함께 봤던 11공수 요원이라던가 사복 수사관 요원들이 있을 거라고 생각했기 때문에, 그분들은

김군을 찾아서

살아 있을 거라고 생각했기 때문에, 현상금을 내걸고 광고를 했던 적이 있죠. 단 한 사람도 나오지 않았죠.

제작진   만약 당시 상황을 목격했던 분이 연락이 온다면 어떤 걸 물어보고 싶으신가요?

최진수   단 하나입니다. 그러니까 그때 당시 시신이 어딨느냐. 참고로 11공수 출신 중에 양심선언을 했던 분이 한 분 계십니다. 그분을 어렵게 수소문해 가지고 [만났는데] 그분 하는 말씀이, 11공수가 56대의 차량을 이용해서 이동을 하고 있을 때 그 차량 아주, 대열 후미에 있었기 때문에 전방 상황은 자기가 알 수 없다라고, 그래서 어떤 도움도 주지 못해서 정말 미안하다고. 시신을 찾아 가지고 일단 그 이름 없이 스러져 간 그분들이 한두 사람이 아닐 거라고 추측됩니다. 그리고 저희 송암동 현장에서 암매장된 그 시신을 찾아 가지고 오월 묘역에 안장해 주는 거. 그러고 나서 다른 생각을 할 수 있지 않겠느냐라고 생각합니다.

제작진   만약에 시신을 찾아서 이장을 하면 선생님께 달라지는 게 있을까요?

최진수   정확한 답변은 뭐, 제 기억에서 사라져 버리면 그, 그 기억 속에 존재하는 삶도 영원히 사라져 버리는 거잖아요. 근데 그거를 발굴했을 때는 세상이, 저만의 것이 아닌, 모두가 다 인정하고 받아들이는 거잖습니까. 가장 큰 부분은 더 이상 잊히지 않게끔 이 사회가 기억할 수 있게끔, 기억해야 되는, 기억하지 않으면 또 그와 같은 그런 상황들이 언제든지 반복할 수밖에 없는 이 한국 사회의 현실을 보더라도, 기억하게끔 해주는 것이 기억하고 있는 사람의 의무가 아니겠는가 생각합니다.

— 인터뷰, 2018/08/04

항쟁이 끝난 뒤 신원을 알 수 없는 11명의 시신이 망월동 묘역에 묻혔다.

21년이 지난 2002년 이뤄진 시신과 행방불명자 가족들의 DNA 비교 분석을 통해 이 중 여섯 명이 이름을 되찾을 수 있었다. 무연고자의 시신이 매장된 묘역 앞에는 '무명열사의 묘' 비석이 세워져 있다. 한편 실종 신고는 됐지만 시신의 행방이 묘연한 실종자들 또한 존재한다. 국립 5·18민주묘지 1묘역 10구역 '행방불명자 묘역'에는 봉분이 없다. 사망한 사실은 확인됐지만 시신을 찾지 못한 희생자들의 영령을 기리는 비석들만이 서있을 뿐이다. '아무개의 묘' 대신 '아무개의 령'이라고 표시된 비석의 수는 78개에 달한다. 행방불명자로 신청했으나 인정되지 못해 비석을 세우지 못한 이들까지 포함하면 그 수는 242명에 달한다.

　　　　김군의 죽음을 규명하는 일은 쉽지 않을 것이다. 그는 신원을 알 수 없으면서 시신의 행방이 묘연한, 이중으로 부정의 상황에 놓인 희생자이다. 계엄군의 살인이 있었다는 사실과 망자의 신원을 특정하기 위해 가장 직접적인 물증이 될 수 있는 '몸'은 이미 당시 학살을 자행한 계엄군에 의해 사라졌다. 현재까지 송암동·진월동 양민학살의 가해자인 11공수여단 63대대에 대한 조사는 제대로 이뤄진 적이 없었으며, 이들의 범죄는 1990년대 전두환 씨를 비롯한 계엄군 지도부의 처벌로 면책됐다가, 그 처벌마저도 대통령 사면을 통해 무색해진 일이 있었다.[38] 학살에 참여했던 가해 당사자들이 스스로 양심선언을 통해 죄를 고백하지 않는 이상, 진상규명위의 조사 역시 2006년 과거사진상규명위의 경우처럼 가해자 측 진술이 없는 미완의 보고서로 남을 것이다. 현재 국회에서는 5·18 특별법 개정안을 통해, 진상규명위에서 가해자가 조사에 응하지 않을 시 강제로 구인해 조사를 진행할 수 있는 권한을 부여하는 것을 논의 중이다.

　　　　2020년 3월, 최진수 씨는 연초에 출범한 국회 5·18 진상규명조사위원회에 1980년 5월 24일 11공수여단 63대대에 의해 진월동 민가에서 사살된 시민군 김군의 행방과 관련한 가해자 조사와 처벌을 촉구하는 진정서를 제출했다. 이와 맞물려 5월 19일 남구청에서

38. 1997년 4월 대법원은 전두환, 노태우 씨에게 각각 무기징역과 징역 12년형을 선고했으나 같은 해 12월 김영삼 전 대통령이 이들을 모두 특별 사면했다.

열린 5·18 학술 포럼에서 이재의 씨는 송암동 양민학살 사건이 법률적으로는 '계엄군의 정당방위'로 정리되어 있는 맹점을 지적하며, 가해자들의 학살 행위를 구체적으로 조사하고 사라진 시신의 행방을 확인해야 한다는 입장을 밝혔다.[39] 5월 21일 진월동 현장 조사를 시작한 조사단은 김군의 죽음을 비롯해 송암동·진월동에서 벌어진 계엄군의 양민학살 사건을 재조사할 방침이다.

　　　　만약 11공수여단 63대대의 가해 당사자들의 양심선언을 통해 암매장된 시신의 행방이 밝혀질 수 있다면, 그에게 본래의 이름을 돌려 주고자 했던 우리의 작업이 미결 상태에 그친다 할지라도, 또 다른 생존자 최진수 씨가 그를 대신해 살아남았다는 죄책감을 조금이나마 덜 수 있을 것이다. 지난 40년 동안, 양심의 가책을 이기지 못하고, 동료들과의 관계가 끊어질 것을 감수하고 학살과 암매장 상황을 목격하거나 참여한 사실을 고백한 계엄군들이 존재했다.[40] 우리는 가해자가 특정돼 있음에도 기본적인 조사조차 이루어지지 않았던 '살인 사건'에 대한 상식적이고 엄정한 조사가 이뤄지기를, 그럼으로써 우리가 완수할 수 없었던 과업이 부디 해결되기를 기대하고 있다.

　　　　…… 죽은 시민군 말입니다. 그런 동료들을 찾기 위해서 말입니다. 제가 알아볼 수 있는 길은 다 알아봤습니다. 그런데 그런 시민군 말입니다. 그런 주검들이 아무 데도 없었습니다.

39. 이재의 씨는 "검찰은 1995~96년 조사를 진행해 이들의 피해 사실을 전두환 등의 내란목적살인죄의 증거로 법원에 제출했다. 하지만 재판부는 5월 27일 도청진압작전에만 내란목적살인죄를 적용했다"며, "27일 이전 계엄군 사격으로 발생한 사건들은 '자위권 행사'라는 논리 속에서 정당방위가 돼버렸다"고 지적했다. 이어 "5·18유공자로 인정돼 있지만 송암동 지역 피해자들은 엄밀하게 따지자면 명예회복이 되지 않은 상태"라면서 "5·18진상규명조사위원회는 송암동 사건에서 사라진 시신의 행방을 확인하고 가해자들의 학살 행위에 대한 구체적으로 조사해야 한다"고 말했다. https://www.news1.kr/articles/?3939211

40. 우리가 작업을 진행하던 당시, 2017년 11월 15일 CBS 라디오방송 〈김현정의 뉴스쇼〉에 출연한 신순용 전 3공수여단 소령은 기관총을 장착한 트럭에 탔던 세 명의 시민군을 사살한 뒤 암매장한 사실을 증언했다. 또한 송암동·진월동 양민학살의 주체인 11공수여단 63대대 윤 모 중위는 베트남전에서 살상 경험이 있는 하사관들의 잔혹함을 증언한 바 있다. http://518kdfamily.org/article/34100

이게 암매장당한 거 아닙니까. 입으로만 말입니다. 믿어
보세요, 믿어 보세요, 하지만 말고. 실질적으로 광주학살
책임자의 한 일원으로서. 스스로 하야하고. 국민의 심판에
따라 행동을 해야 될 것이라고 생각을 하면서. 부디 제가
말입니다. 부탁드리는 건, 암매장당한 그런 죽음들을 하루
속히 찾아내어 양지바른 곳에 묻어 줬으면 하는 바람입니다.

— 국회 광주진상조사특위 청문회 최진수 최후 발언,
　　1989/02/22

김군을 찾아서

에필로그

영화 〈김군〉은 2018년 10월 부산국제영화제에서 처음으로 상영됐다. 10월 7일 첫 상영에 오기철, 양동남, 차종수, 최진수 선생님이 참석했고, 오기철 선생님과 함께 관객과의 대화를 진행했다. 10월 9일 두 번째 상영에는 가족들과 함께 부산을 방문한 주옥 선생님이 관객과의 대화에 참석해 주셨다. 나는 일반 관객의 반응보다 영화의 출연자인 선생님들이 영화를 어떻게 보셨을지 궁금했다. 영화에서 김군을 찾는 작업의 위험성을 지적하는 역할로 등장한 (동시에 김군 찾기에 적극적으로 도움을 주신) 오기철 선생님께서 상영이 끝난 뒤 호평을 해주셔서 마음이 놓였다.

한편 12월 광주독립영화제에서 영화를 처음 본 이강갑 선생님은 송암동 양민학살이 기대했던 것만큼 큰 비중으로 다뤄지지 못한 것 같다며 아쉬움을 표하셨다. 이날 영화를 관람한 한 시민군은 5월 27일 도청 진압 상황이 영화에서 언급되지 않는 것에 대해 아쉬움을 표했고, 또 다른 시민군은 도청 앞 광장의 상황을 보여 주는 사진 타임랩스 시퀀스에 당시 시민들의 함성 소리가 빠져 있어 뭔가 현실감이 떨어진다고 평했다. 열흘간의 항쟁 기간을 사실적으로 재연할 목표는 애초부터 없었지만, 한편 생존자들이 여전히 목말라하는 부분이 무엇인지를 그들의 영화 관람평을 통해 헤아려 볼 수 있었다.

영화는 재편집을 거쳐 2019년 5월 극장 개봉했다. 1980년 이후 광주를 떠났고 40년 가까이 5·18 시민군이었다는 사실을 숨기고 살았던 최진수 선생님은 개봉에 맞춰 영화 출연 소식을 주변 지인들에게 알렸다.

개봉 이후 영화를 본 지만원 씨는 혹평을 남겼다. 그는 2019년 8월 1일 자신의 웹사이트에 올린 글에서 "광주 아이들"의 "초점 없는 말들, 앞뒤가 맞지 않는 말들"로 채워진 이 영화가 "너무나 의미 없고 지루하여 그 영화를 보았던 사람들은 본전 생각이 났을 것"이라고 말했다. 예외적으로 지만원 씨 본인이 등장한 두 시퀀스만은 "이 영화의 화면을 가장 아름답고 시원하게 장식했다"고 평하며 만족을 표했다. 그의 리뷰를 읽고 이런저런 생각이 들었지만, 자신의 출연 부분에 만족했다는 점만은 다행이라고 생각했다. 제작진의 입장에서 출연자였던 그에게 상영 소식을 직접 알리지 못한 것은 다소 미안한 일이었기 때문이다. 한편 그는 홈페이지에 영화평을 남기기 직전인 7월, 자신이 북한군 '광수'로 지목한 5·18 생존자들에게 1억 원을 배상하라는 판결을 받았다. 2020년 2월 진행된 별개의 명예훼손죄 소송 1심에서는 징역 2년형과 추가 벌금을 선고받았다.

우리는 2019년 12월 처음으로 일반에 공개된 계엄군 보안사령부 사진첩에서 숫자 '9'가 우측에 새겨진 김군의 페퍼포그 차량 사진을 발견할 수 있었다. 아마도 5월 27일 계엄군의 도청 진압 직후 도청에 주차돼 있던 시민군 차량들을 하나하나 기록한 사진 가운데 한 컷이었을 것이다. 김군이 탑승했던 차량들이 9번 페퍼포그, 10번 GMC 차량으로 나란히 번호를 부여받았다는 사후적 증거인 셈이다.

또한 우리는 이 사진첩에서 총을 든 여성 시민군들의 이미지를 발견했다. 항쟁 마지막에 총기를 회수하는 과정에서 총을 든 여성 시민군이 있었다는 증언[1]은 과거에도 있었지만, 사진으로 확인한 것은 이때가 처음이었다. 계속해서 발화돼야 할 목소리들이 남아 있다는 사실을 깨닫는 순간이었다.

또 영화를 본 지인의 제보로 '제43광수'로 지목된 자신의 얼굴을 발견한 시민군이 나타났다.[2] 이 기사가 개재된 포털 뉴스 댓글 창에는 시민군의 무장을 조롱하는 댓글 수백 개가 달렸다.

2020년 5월 24일, 송암동 양민학살 40주기를 맞아 최진수 선생님은 김군을 비롯해 희생자들을 추모하는 행사를 시민군이 최초 결성된 광주공원에서 열었다. 최진수 선생님의 의뢰로 제작한, 사진 속 김군의 형상을 기반으로 한 시민군 동상이 우여곡절 끝에 세워졌다. 내게 동상이란 매체는 여전히 어려운 주제이지만, 송암동에서 살아남은 이강갑, 최영철, 최진수 선생님이 동상을 향해 무릎을 꿇고 술잔을 따르는 모습을 멀찍이 지켜보며 이상한 기분이 들었다. 김군은 이름이 알려져

1. 광주전남여성단체 기획, 이정우 편집, 『광주, 여성』, 후마니타스, 2012, 344쪽.
2. 「지만원이 '43광수'로 지목한 청년······ 5·18 폄훼 증거가 바로 접니다」, 『한겨레』, 2020/02/25.

있지 않고 가족이 없다는 이유로 북한군으로 지목됐고, 같은 이유로 5·18 국립묘역에 그를 기리는 비석을 세울 수 없다. 몸은 사라지고 이미지로만 떠도는 동료에게 굳건히 존재할 수 있는 동상을 선물하고 싶었던 최진수 선생님의 마음을 조금이나마 알 것도 같았다. 이날 모인 시민군들은 매해 5월 24일마다 김군과 항쟁 당시 이름 없이 사라진 '김군'들을 기리는 제를 지내기로 했다.

　　　　1989년 광주청문회 때, 시위 진압 당시 대검을 사용하지 않았다는 계엄군의 일관된 주장이, 총에 대검을 착용한 계엄군이 시민을 쫓는 사진이 증거로 제시되면서 거짓으로 드러난 사례가 있었다. 우리도 영화 〈김군〉 작업을 시작할 때, 살아 있는 김군을 직접 대면하게 되거나 어느 누구도 부정할 수 없는 단서를 발견하는 것으로 영화를 마무리할 수 있길 바랐다. 그러나 우리는 5·18 당시 시민군뿐만 아니라 계엄군 역시 '기록'을 거부했으며 심지어 없애려는 시도를 했다는 사실을 알게 됐다. 계엄군이 지우고자 했던 것은 학살의 흔적이었다.

　　　　이는 40여 년 전에 일어난 5·18 항쟁뿐만 아니라, 목격자가 없는 곳에서 벌어진 살인 사건이나 성폭력 사건처럼 사법적 결론이 매일 수백 번 이뤄지는 경우에도 마찬가지로 적용된다. 〈블랙 미러〉[3] 시즌1의 세 번째 에피소드처럼 모든 사람이 보고 듣는 시청각적 정보가 CCTV처럼 생체 칩에 기록되는 세계가 아닌 이상, 영상과 사진처럼 누구도 부정할 수 없는 소위 '객관적' 증거만으로 피해 사실을 입증하는 일은 불가능에 가깝다. 확인할 수 있는 기록 자료만으로 판단했을 때, 우리는 가해자들이 증거를 인멸하거나 조작한 수많은 사건들의 존재를 알 수 없게 되어 버린다. 많은 음모론자들이 '팩트'의 부재를 근거로 홀로코스트나 일본군 성노예제를 부정하는 것처럼.

　　　　많은 경우 기록은 가해자의 편이다. 많은 일들은 기록될 수 없는 곳에서 일어나고, 기록된 것은 권력을 가진 자들에 의해 소각된다. 기록이 소거된 상황에서 남아 있는 것은 살아남은 생존자들의 기억뿐이다. 기억은 때로 불완전하고, 시간이라는 변수에 따라 세세한 정황들이

3. 영국 채널4 방송국에서 제작한 SF 드라마 시리즈. 한국에서는 넷플릭스를 통해 시청 가능하다.

뒤틀리기도 한다. 우리는 생존자들이 기억하는 순간에 대해 들으며 무언가를 '진실'로 입증하는 과정이 매우 연약한 기반 위에서 이뤄질 수밖에 없음을 깨달아야만 했다. 동시에 생존자의 기억은 (은유적인 의미뿐만 아니라 법률적인 측면에서도) 가장 강력한 '증거'이므로, 누군가는 살아남은 생존자의 기억과 그 사이의 개연성과 무수한 정황만을 제시하는 불완전한 자료들에 의존해, 진실을 찾는 지난한 작업을 계속할 수밖에 없는 것이다.

다시 김군의 사진으로 돌아가 본다. 우리는 사진의 촬영 장소와 시간대별 거리 정보와 촬영자에 의해 셔터가 터진 순간의 정황까지도 실증적으로 파악하기 위해 최선을 다했다. 하지만 신경계에서 일어나는 물리화학적 상호작용의 세부적인 작동 원리를 파악한다고 해서 그로부터 발현되는 '의식'의 차원을 규명할 수 없듯이, 프레임 안에 포착된 얼굴이 주는 느낌은 여전히 프레임 속에 포착된 그 찰나의 순간으로부터 발현된다. 나는 여전히 그 모든 것들로 쉽게 설명되거나 환원되지 않는 한 사람의 얼굴 그 자체에 가장 큰 감흥을 느낀다. 그냥 존재하고 있었던 어떤 사람. 이름은 모르는. 그냥 얼굴.

앞으로도 스크린에 영사되는 빛의 형태로, 한 번씩 그를 마주하는 미래의 관객들이 계속 있길 바랄 뿐이다.

증언			인터뷰 진행	
강보원	박봉진	장정운	강상우	2014/04, 2015/08~09,
강상원	박선재	전용호		2016/10~2020/05
고광덕	박영순	정다은	김예은	2016/07
곽희성	박인수	정수만	신연경	2015/09
구성주	박종단	정정우	안지환	2015/05, 2015/10,
국순병	박철[1]	조비오		2016/01~09
김경덕	박철[2]	주대체		
김경림	서강원	주서윤		
김공휴	서정열	주옥	**인터뷰 질문 준비**	
김규재	서한성	지대지		
김녕만	송경상	지만원	강상우	
김대길	송희성	지유진	고유희	
김방	안종철	차종수	신연경	
김양래	양동남	최영철	안지환	
김영복	양홍범	최진동		
김용균	염경태	최진수		
김윤호	오기철	최차영	**인터뷰 동시녹음**	
김일수	오인수	최창기		
김정기	오종렬	추혜선	강상우	
김정자	윤갑성	허상회	고유희	
김종배	윤다현	홍순진	신연경	
김종선	윤영규	홍흥준		
김준봉	윤청자	황종건		
김준선	이강갑	A	**인터뷰 촬영**	
김진순	이규홍	Bradley Martin		
김춘국	이근례	G	강상우	
김태종	이선	M	김현석	
김태찬	이성전	P	고유희	
김향득	이옥희	S		
나경택	이은정			
나일성	이재의		**페퍼포그차 관련자 인터뷰 촬영**	
노영숙	이재춘			
문관	이창성		**동시녹음**	배수찬, 채형식
문병림	이흥철		**미술**	김혜진
문장우	임영수		**촬영부**	송원재, 정재훈
민농기	임영옥		**제작부**	백종관, 이동석
민양식	장은자		**인터뷰 녹취**	강소명, 이선화, 이승구

엔딩크레딧

도움 주신 단체 및 업체

5·18구속부상자회
5·18기념재단
5·18민주유공자유족회
5·18민주화운동부상자회
5·18민중항쟁기념행사 전야제 사무국
5·18항쟁구속자동지회
오월민주여성회
오월어머니회
오월을사랑하는사람들
광주가톨릭평생교육원
광주과학기술원
광주광역시 5·18민주화운동기록관
광주광역시 농아인협회
광주광역시 동구청 청소행정과
광주광역시 인권평화협력관실
광주미화
광주생수
광주북부경찰서
광주서부경찰서
광주스토리창작센터
광주직업소년원 사랑의식당
광주트라우마센터
광주희망원
광주CGI센터
국립5·18민주묘지
국립아시아문화전당 민주평화교류원
금선사
남자가한밥
뉴욕커피
대원자원
동양고물상
메이엔터테인먼트
민주사회를위한변호사모임 광주지부
베토벤음악감상실
뷰티미용실
빛고을식육점
소화천사의집

신도자원
양림고물상
양수이발관
에스플러스모텔
예담은광주떡집
우진대장간
월풀세탁소
유스퀘어광주버스터미널
정광중학교
정읍자원
홀리데이인 광주
화순광업소

사진 자료

5·18기념재단
　(나경택 기자 사진
　아카이브)
5·18민주화운동기록관
　(이창성 기자
　사진 아카이브)
경향신문
동아일보

영상 자료

5·18기념재단
5·18민주화운동기록관
광주MBC

김군을 찾아서

1판 1쇄 | 2020년 8월 14일

지은이 | 강상우

펴낸이 | 정민용
편집장 | 안중철
책임편집 | 강소영
편집 | 윤상훈, 이진실, 최미정

펴낸곳 | 후마니타스(주)
등록 | 2002년 2월 19일 제2002-000481호
주소 | 서울 마포구 신촌로14안길 17, 2층 (04057)
전화 | 편집: 02.739.9929/9930 영업: 02.722.9960
팩스 | 0505.333.9960
블로그 | humabook.blog.me
트위터, 페이스북, 인스타그램 | @humanitasbook
이메일 | humanitasbooks@gmail.com

인쇄 | 천일문화사: 031.955.8083
제본 | 일진제책사: 031.908.1407

값 16,000원

ISBN 978-89-6437-356-9 04300
     978-89-6437-355-2 (세트)

이 도서의 국립중앙도서관 출판예정도서목록(CIP)은
서지정보유통지원시스템 홈페이지 (http://seoji.nl.go.kr)와
국가자료종합목록 구축시스템(http://kolis-net.nl.go.kr)에서
이용하실 수 있습니다. (CIP제어번호: CIP2020032363)